विमल प्रसाद जैन

क्रांतिकारी जीवन की कुछ झलकियाँ

लेखिका का परिचय

इस पुस्तक की लेखिका *श्रीमती रूपवती जैन* का जन्म पश्चिम उत्तर प्रदेश के जिला मुजफ्फरनगर में रोहाना गांव में हुआ था। उनका विवाह श्री विमल प्रसाद जैन के साथ हुआ जो शादी के पूर्व से ही देश की स्वतन्त्रता के लिये क्रांतिकारी आन्दोलन में सक्रिय थे। शादी के कुछ दिन बाद ही एक दिन अपने पति श्री विमल प्रसाद को चिन्तामग्न देखकर उनसे चिन्ता का कारण पूछा और यह ज्ञात होने पर कि शादी कहीं उनके पति के क्रांतिकारी जीवन में बाधक न हो जाय, श्रीमती रूपवती स्वयं क्रांतिकारी आन्दोलन में भाग लेने लगी और कुछ ही समय में उनका परिचय श्री चन्द्रशेखर आज़ाद एवं उनके साथियों से हो गया। क्रांतिकारियों की दिल्ली स्थित बम फैक्ट्री में श्रीमती रूपवती जैन बम का मसाला बनाने का काम करने लगी और अपने पति के साथ-साथ स्वाधीनता संग्राम में भाग लेने लगी। श्री विमल प्रसाद जैन की गिरफ्तारी के बाद पुलिस उन्हें भी गिरफ्तार करने के लिये प्रयत्न करती रही लेकिन वे हाथ नहीं आईं। श्रीमती रूपवती जैन ने अपने जीवन के अन्यन्त महत्वपूर्ण वर्ष देश की आज़ादी के आन्दोलन में बिताये।

देश आज़ाद होने के बाद उनकी रुचि साहित्य सृजन की ओर बढ़ी। बाल साहित्य में उनकी पुस्तकें "सुनो कहानी कहती नानी", "उगता सूरज" बच्चों में बहुत लोकप्रिय रही है। सामाजिक समस्याओं पर भी उन्होंने कई पुस्तकें लिखी हैं जिनमें 'पत्नी की अदालत', 'पत्नी की वापसी', साधू मेरा बाप था' आदि उपन्यास प्रमुख हैं।

1989 में अपने पति श्री विमल प्रसाद की मृत्यु से दुखित होकर उन्होंने उनकी स्मृतियों को सदा ताज़ा रखने हेतु एक पुस्तक लिखी जो 'विमल प्रसाद जैन : क्रांतिकारी जीवन की कुछ झलकियाँ' शीर्षक से प्रकाशित हुई। इस पुस्तक को लेखिका की ओर से भारत के राष्ट्रपति को एक विशेष समारोह में भेंट की गई जिसकी उन्होंने बहुत प्रशंसा की और श्रीमती रूपवती जैन को क्रांतिकारी इतिहास को अधिक विस्तार से लिखने हेतु प्रोत्साहित किया। इसके फलस्वरूप श्रीमती रूपवती जी ने उस पुस्तक की विषय-वस्तु को अधिक गहनता के साथ विस्तारित करते हुये उसी शीर्षक के अर्न्तगत यह पुस्तक लिखी है।

क्रांतिकारी आन्दोलन से जुड़ी श्रीमती रूपवती जैन एक देशभक्त महिला है। उनकी भाषा सरल, सहज एवं पाठकों को आकृष्ठ करती है।

विमल प्रसाद जैन
क्रांतिकारी जीवन की कुछ झलकियाँ

रूपवती जैन

कन्सेप्ट पब्लिशिंग कम्पनी, नई दिल्ली-110059

ISBN 81-7022-908-1

First Published 2003

Published and Printed by
Ashok Kumar Mittal
Concept Publishing Company
A/15-16, Commercial Block, Mohan Garden
New Delhi-110059 (INDIA)

Phone : 25351460, 25351794
Fax : 091-11-25357103
Email : publishing@conceptpub.com

रूपवती जैन

भूमिका

एक लम्बे समय तक दासता की बेड़ियों में जकड़े इस महान भारत देश को स्वतन्त्र कराने में क्रांतिकारियों के बलिदान, यातनायें और त्याग की गाथायें भारत के इतिहास में बिखरी पड़ी हैं। अपने जीवन को देश की आज़ादी के लिये लड़ते न्यौछावर करने वाले महान क्रांतिकारी चन्द्रशेखर आज़ाद, सरदार भगतसिंह, अशफाक उल्ला खां, राम प्रसाद बिस्मिल, सुखदेव आदि के चित्र और चारित्रों का जहां विशिष्ट उल्लेख किया गया है, वहीं स्वतन्त्रता संग्राम के अनेकों ऐसे देश भक्त हैं जिन्होंने निःस्वार्थ भाव से तन मन धन से देश की आज़ादी के लिये सब कुछ अर्पण किया है लेकिन उनके क्रिया-कलाप उभर कर आम जनता के समक्ष नही आ सके।

प्रस्तुत पुस्तक में लेखिका श्रीमती रूपवती जैन ने स्व. विमल प्रसाद जैन के क्रांतिकारी जीवन की महत्वपूर्ण घटनाओं का उल्लेख करते हुये क्रांतिकारी इतिहास की उन टूटी हुई कड़ियों को जोड़ने का प्रयास किया है जिससे कि ऐसे क्रांतिकारियों के बलिदान की भी गाथा सामने आ सके जिनके विषय में हम बहुत कम जानते हैं।

लेखिका श्रीमती रूपवती जैन स्वयं क्रांति के आन्दोलन में सक्रिय रही हैं और उनका महान क्रांतिकारियों जैसे श्री चन्द्रशेखर आज़ाद, सरदार भगत सिहं, भगवती चरण बोहरा एवं दुर्गा भाभी आदि से निकट का सम्बन्ध रहा है। इसी कारण उनके चरित्र-चित्रण में लेखिका की तीव्र दृष्टि गहराई तक जाकर क्रांतिकारियों के जीवन की रोचक घटनाओं को हमारे सामने उजागर करने में सफल हुई हैं। विभिन्न घटनाओं का वर्णन सहज भाषा में बड़े रोचक ढंग से किया गया है जो पाठक को अनायास ही अपनी ओर आकर्षित करता है।

हमें आशा है कि यह पुस्तक स्वतन्त्रता संग्राम के इतिहास से युवा पीढ़ी को भली-भांति परिचित करायेगी और उनके लिये प्रेरणा का श्रोत बनेगी।

रूपवती जैन

विषय सूची

विमल प्रसाद जैन

आज़ादी के दीवाने

सदा हम याद रखें
शहीदों की अमर कहानी,
हर युग के नौजवान जानें
कैसे-कैसे हुए बलिदानी।
रक्षा के लिये ऊँचे आदर्शों के,
जो करते अपने जीवन की कुर्बानी,
हम भूल न जायें उनके,
उद्देश्यों की कहानी।
पराधीनता के विरुद्ध जिन्होंने,
लड़ी आज़ादी की लड़ाई,
कहाँ तक करें उनकी,
वीरता की बड़ाई।

शहीदों की पुकार हम तो,
सुनाये जाएंगे,
समझाने से हम न बाज़ आएंगे।

जो पाखण्डों का नाश करे,
झूठे मसलों को हटा सत्य प्रकाश करे,
हम तो उनके गुण गाये जाएंगे,
शहीदों की पुकार सबको सुनाए जाएंगे।

आज़ादी के दीवाने थे वे,
प्राणों पर खेल गये,
'जय हिन्द' बोल के वे,
फाँसी पर झूल गये।

लेकिन लगता है कि अपनी तमाम हसरतों की पूर्ण होने की आशा में आज भी आज़ादी के दीवाने आज़ाद हुए भारत में देश और समाज की रचना एवं विकास के लिये श्मशान घाट में आँसुओं और दर्द की सौगात लिए वेदना के दीप जलाये बैठे हैं, मानों कह रहे हों–

कर चले हम फिदा,
जान-औ-तन साथियों,
अब तुम्हारे हवाले,
वतन देश वासियों।

ऊधम सिंह की संघर्ष गाथा

राष्ट्रीय अभिलेखागार ने हाल ही में जलियांवाला बाग हत्याकांड के सम्बन्धित दस्तावेजों को आम जनता के लिए पहली बार प्रदर्शित किया। शहीद ऊधम सिंह क्रांतिकारी स्वतंत्रता सेनानी की अब तक गुम संघर्ष गाथा। उन दस्तावेजों में लिखी हुई, छुपी थी। *'नवभारत टाइम्स'* 19 जून, 1994 में वह छपी और मैंने पढ़ी। अमर शहीद ऊधम सिंह की गुम संघर्ष गाथा *'नवभारत टाइम्स'* में उजागर करने वाले शम्सुल इस्लाम की मैं आभारी हूँ। मुझे जानकारी मिली थी ऊधम सिंह भारतीय क्रांतिकारी स्वतंत्रता सेनानी संग्राम गुमनाम शहीद के लिए यह सोचते हुए कि उनके बारे में मुझे और भी जानकारी होनी चाहिए थी।

'विमल प्रसाद जैन : क्रांतिकारी जीवन की कुछ झलकियाँ' नाम की पुस्तक में मैंने इतना ही विवरण दिया कि क्रांतिकारी ऊधम सिंह ने माइकेल ओडायर को लन्दन में अपनी पिस्तौल का शिकार बनाकर बदला ले लिया और 12 जून, 1940 में फांसी के फंदे को पहन कर वह लन्दन में शहीद हुए थे। लेकिन आज पता चला कि ऊधम सिंह ने एक गरीब सिख परिवार में पटियाला में जन्म लिया था। छोटी उम्र में मां-बाप परलोक सिधार गए थे। अनाथ हो जाने पर अमृतसर के अनाथालय में इनकी परवरिश हुई। अमर बलिदानी ऊधम सिंह की उम्र 18 वर्ष की भी नहीं थी, जब वह 13 अप्रैल, 1919 में जलियाँवाला बाग अमृतसर में हुई उस विरोध सभा में साम्मलित होने गये थे। जिस समय जनरल डायर ने हजारों लोगों, महिलाओं और मासूम बच्चों पर मशीनगन से गोलीबारी कराई, उस समय ऊधम सिंह वहां पर मौजूद थे। दनादन चलती गोलियों के बीच में से वह इसलिए बच गये थे कि उनके ऊपर लाशें पड़ गयी थी। देशवासियों की लाशों के बीच दबे अमर ऊधम सिंह ने शपथ ली थी कि वह इस बर्बरता का बदला आवश्य लेंगे। इस आदर्श प्रतिज्ञा पर वे वह दृढ़ थे। इस प्रतिज्ञा को निभाने के लिए उन्होंने 21 साल तक उस मौके का इंतजार किया, जब जलियाँवाला बाग नरसंहार का हिसाब-किताब चुकाया जा सके।

जब उन्होंने पंजाब के भूतपूर्व गवर्नर सर माइकेल ओडायर को इंडिया एसोसिएसन की सभा में कैक्सटन हाल लंदन में 13 मार्च, 1940 की शाम गोली मारी तब वह बिलकुल शान्त थे। उन्होंने भारत के मंत्री लार्ड गेटलैंड, पंजाब के एक और भूतपूर्व गवर्नर सरलूईडेन और बम्बई के भूतपूर्व गवर्नर लार्ड लैमिंगटन

पर भी गोलियाँ चलाई पर वे बच गये। जब उन्हें बन्दी बना कर बोस्ट्रीट अदालत ले जाया गया, तब वह मुस्करा रहे थे। उन्होंने अपना नाम एम. मोहम्मद सिंह आजाद बताया (जो अंग्रेजी शासन के खिलाफ हिन्दू-मुसलमान-सिख एकता का प्रतीक था)। उन्होंने जो मजिस्ट्रेट के सामने बयान दिया वह इतिहास बनकर हमेशा याद रहेगा। उन्होंने कहा कि मैंने उसे इसलिए मारा क्योंकि मुझे इससे हिसाब-किसाब चुकाना था। इसका यही अंजाम होना था। वह ही असली मुजरिम था। वह मेरे लोगों की भावनाओं को कुचलना ही नहीं चाहता था बल्कि उसने कुचला, इसलिए मैंने उसे कुचल दिया। मैंने यह हिसाब-किताब चुकाने के लिए इक्कीस साल इंतजार किया है। मैं आज बहुत खुश हूँ कि मैंने अपना कार्य पूरा कर दिया है। मैं मरने से नहीं डरता क्योंकि मैं अपनी मातृभूमि के लिए मर रहा हूँ। अंग्रेजों के राज में मैंने अपने लोगों को भूख से मरते हुए देखा है। मैंने सदा इसका विरोध किया है। यह मेरा फर्ज था जो मैंने पूरा किया।

मुझे इससे बड़ा और क्या सम्मान मिलेगा कि मैं अपने देश के लिए जान दे रहा हूँ। ऊधम सिंह को 12 जून, 1940 की सुबह भारत से हजारों मील दूर लंदन की एक जेल में फाँसी पर चढ़ा दिया गया। ऊधम सिंह को जलियाँवाला बाग के कत्लेआम का अंग्रेज नौकरशाही से बदला लेने की तपस्या ने उन्हें कहाँ-कहाँ भ्रमण कराया और उनसे क्या-क्या काम कराया, इसका विस्तृत ब्यौरा भारत के खुफिया विभाग के 6 अप्रैल, 1940 वाले अति गोपनीय उस पत्र से मिलता है जो हाल ही में राष्ट्रीय अभिलेखागार, नई दिल्ली से सार्वजनिक किया गया है। मोहम्मद सिंह आजाद दरअसल ऊधे सिंह उर्फ उधम सिंह उर्फ फ्रैंक बाजील उर्फ शेर सिंह है। वह इंग्लैंड पहुँचने से पहले मैसोपोटामिया में बढ़ईगिरी का काम करता था और फिर कीनिया-उगांडा रेलवे में काम करने के बाद बिना पासपोर्ट के अमेरिका पहुँचा, जहाँ बढ़ईगिरी ही करता रहा। कैलीफोर्निया में वह गदरपार्टी के संपर्क में था। 1927 में दो रिवाल्वर लेकर वह अमृतसर पहुँचने में सफल हुआ और इससे पहले कि वह अंग्रेज अफसरों को मार सके, हथियारों के साथ गिरफ्तार हुआ। पांच साल सजा भुगतने के बाद ऊधम सिंह के नाम से उसने लाहौर में एक पासपोर्ट हासिल किया और 1936 में कम्युनिस्ट रूस का चक्कर लगाया। 1939 में वह इंग्लैंड पहुँचा, जहाँ अंग्रेज मजदूरों के साथ बढ़ईगिरी करते हुए क्रांतिकारी चर्चाएं करता रहा। हत्या के बाद जो डायरी उसके पास से मिली, उसमें लिखा है 'मार्च, 1940 मेरा अंतिम महीना है। अब बस मेरी एक ही इच्छा है कि मेरा भारत देश आजाद हो जाए। लंदन के कुछ कम्युनिस्ट और सिख मजदूर हत्यारे के मुकदमे में सहायता कर रहे हैं।

साम्राज्यवादी अंग्रेज सरकार ऊधम सिंह के कारनामें के राजनैतिक महत्व से अच्छी तरह परिचित थी। माइकेल ओडायर की हत्या का भारत में अंग्रेज विरोधी माहौल में बदले जाने से अंग्रेज चिंतित थे। इसके लिए वे किस तरह प्रेस को संचालित करना चाहते थे, वह प्रजातंत्र प्रिय अंग्रेज सरकार के इस गुप्त टेलीग्राम से साफ जाहिर हो जाता है जो 16 अप्रैल, 1940 को गृह विभाग भारत सरकार द्वारा भारत मंत्री, लंदन के नाम भेजा गया। हमें ऐसा लगता है कि कातिल (उधम सिंह) मुकदमे की सुनवाई को अंग्रेज विरोधी प्रचार के लिए इस्तेमाल करेगा। इस प्रकार के कदम उठाये जायें कि इंग्लैंड में प्रेस इस मुकदमे को महत्व न दे और पत्रकार केवल संक्षिप्त ब्यौरा ही छापें।

अफसोस है अपनी सरकार होते हुए, अमर शहीद ऊधम सिंह क्रांतिकारी संघर्ष राज की जानकारी, इतने अर्से बाद प्राप्त हुई। इन अमर शहीदों की स्मृति हृदय में वह लहर पैदा करती है जिससे हर भारतीय का सर गर्व से ऊँचा उठता है। लाशों में दबे ऊधम सिंह की ली गई शपथ अमर हुई। संसार में सत्य की ही जय होती है। अंग्रेज माइकेल जनरल ओडायर जैसे नर-पिशाचों से भारत की आजादी के लिए संघर्ष करते हुए, भारत माँ के गुम हुए लाल न जाने कितने जाने-अनजाने शहीद हुए, उन सब को मेरी सादर श्रद्धांजलि।

अमृतसर जलियाँवाले बाग में अंग्रेज ओडायर ने जो हत्याकांड कराया था उसके लिए 'जागृति' फिल्म में उस हत्याकांड को दर्शाया गया था।

जलियाँवाला बाग यह देखो जहाँ चली थी गोलियाँ,
ये मत पूछो किसने खेली वहाँ खून की होलियाँ।
एक तरफ बन्दूकें दन-दन एक तरफ थी टोलियाँ,
मरने वाले बोल रहे थे इंकलाब की बोलियाँ।।
बहनों ने भी यहां लगायी बाजी अपनी जान की।
आओ बच्चों तुम्हें दिखायें झाँकी हिन्दुस्तान की,
इस मिट्टी से तिलक करो यह धरती है बलिदान की।
बन्दे मातरम् - बन्दे मातरम्।

उन्हें हम कैसे भूलें!

आजादी के दीवानों के लिए सच्ची पावन श्रद्धांजलि की दिशा हमारी क्या हो? फाँसी का फन्दा, कारागार, कोडे, टिकटिकी, गोलियों का मुकाबला, कोल्हू में तेल पेलना व लाठियों के प्रहार आदि परिषह उनके मनोबल को तोड़ न सकी उनकी भावनाओं के अनुसार हमें देश की स्वतंत्रता को स्थाई बनाए रखना, उसकी रक्षा करना तथा राष्ट्र की प्रगति व समृद्धि के लिए कार्य करना है। भारत

माँ के उन महान् सपूतों, महिलाओं और बच्चों जिन्होंने देश की स्वतंत्रता के लिए अपने प्राणों की आहुति दी, यही सच्ची श्रद्धांजलि होगी। अनगिनत शहीदों और उनके अनगिनत सहयोगियों के जीवन का हम अनुसरण करना सीखें, जिन्होंने अंग्रेजों द्वारा भारत में किये गये अन्याय, जुल्म सामाजिक और आर्थिक शोषण के विरुद्ध खुली चुनौती दी थी। ये आजादी के दीवाने केवल देश में राजनैतिक परिवर्तन ही नहीं बल्कि सामाजिक और आर्थिक क्षेत्र में भी पूर्णतः कायाकल्प अथवा क्रांति चाहते थे। उन्होंने शोषण रहित समाज, न्याय की समानता से भरपूर स्वतंत्र राष्ट्र का चित्र हमारे सामने रखा। देश और समाज में हर क्षण पग-पग पर समझदारी से हम सभी को राष्ट्र के सामाजिक आर्थिक विकास में सहयोग देने तथा समाज की कुरीतियों से दूर करने एवं देश को तेजस्वी, सुखी व समृद्ध राष्ट्र बनाने का संकल्प लेना चाहिए। शहीदों के प्रति हमारी यही सच्ची श्रद्धांजलि होगी कि हम देश की स्वतंत्रता को बनाये रखें और राष्ट्रीय निर्माण में अपनी महत्वपूर्ण सक्रिय भूमिका निभाते रहें। पार्टी का भेद-भाव मिटाकर स्कूल, कालिजों में विद्यार्थियों के लिए साहित्यिक पुस्तकों पर ध्यान देना चाहिए। स्कूलों में शहीदों के गाने गाने से, प्रार्थना सभा में चर्चा करने से और गली मोहल्लों में प्रभात फेरी लगाना जिससे आने वाली पीढ़ी को मालूम हो कि हमारे पूर्वजों ने कैसे जान की बाजी लगाकर आजादी प्राप्त की। यह अत्यन्त आवश्यक कि हम उन महान शहीदों की अभूतपूर्व कुर्बानियों को न केवल याद रखें बल्कि स्वाधीन भारत के नव-निर्माण में उनके जैसी राष्ट्रभक्ति की भावना से हम जुटें। हम सब उनके आदर्शों की प्राप्ति के लिए उन शहीदों की याद में अपना जीवन सादगी में व्यतीत करें ताकि गरीबों के जीवन में भी खुशहाली आ सके।

राष्ट्रपति डॉ. शंकरदयाल शर्मा से मिलने 14 मई, 1994 के दिन विमल जी के परिवार और दोस्तों के साथ जब राष्ट्रपति भवन जा रही थी तो ऐसा लग रहा था जैसे बहन भाई के घर जा रही हो। राष्ट्रपति भवन में आदर-सत्कार के साथ जब राष्ट्रपति जी ने मुझे बधाई दी तो ऐसा महसूस हुआ कि भैया दूज का दिन है और भाई मुझे बधाई दे रहे हैं। जब मैंने राष्ट्रपति जी को गुलदस्ता भेंट किया तो लगा जैसे मैंने भाई को राखी पेश की और भाई ने आदरपूर्वक राखी स्वीकार की। हमें आदर-सम्मान से विदाई देते समय राष्ट्रपति जी ने मुझसे कहा कि 'आपने यह काम बहुत अच्छा किया है', मैंने कहा कि–'भाई साहब आप की मेहरबानी है।' भाई के घर जाने के चाव में मैंने पहले अपना ही वर्णन पेश कर दिया। लेकिन क्षण-क्षण में विमल जी की याद आती रही। मैं उनका फोटो साथ ले गई थी। स्वागत कक्ष में फोटो ले जाने की इजाजत तो नहीं मिली, परन्तु राष्ट्रपति भवन के प्रांगण में विमल जी की छोटी बहन माला देवी अपने भाई का

फोटो अपनी भुजाओं में लेकर सबके बीच खड़ी हो गई और फोटो कैमरे में प्रवेश कर गया।

जब हम स्वागत कक्ष में पहुँचे तो कुछ देर प्रतीक्षा करने के बाद राष्ट्रपति जी अंगरक्षक के साथ आये। सब ने खड़े होकर उनका स्वागत किया। संयोजक स्वतंत्रता सेनानी सहायता समिति श्री टी. एन. कुन्द्रा ने राष्ट्रपति जी से सब का परिचय कराया। फिर सब अपनी-अपनी सीट पर बैठ गए।

कुन्द्रा जी ने राष्ट्रपति जी को सूत की माला पहना कर उनका स्वागत किया। डॉ. शिशिर कान्त जैन और पंजाब के चीफ मिनिस्टर राम किशन जी ने राष्ट्रपति जी के सम्मान में उनको गुलदस्ता भेंट किया। मयंक कुमार जैन, हिमांशु जैन, शशांक जैन, और अनिल वर्मा ने राष्ट्रपति जी के सम्मान में उनसे हाथ मिलाया। सर्वश्री अमित जैन, जुगमन्दर दास जैन, वी. एम. तारकुन्डे जज साहब, वी. एन. सिंह पूर्व प्रधान मंत्री श्री लालबहादुर शास्त्री जी के दामाद, गजानन सदाशिव पोद्दार, इन्दु जैन, मालादेवी जैन, रंजना वर्मा, उस अवसर पर उनके स्वागत में सभी उपस्थित थे। कक्ष में जलपान का भी आयोजन था। प्रकाशक सुभाषचन्द जैन ने राष्ट्रपति जी को 'विमल प्रसाद जैन क्रांतिकारी जीवन की कुछ झलकियाँ', पुस्तक भेंट की और विमल जी और अन्य क्रांतिकारियों तथा शहीदों का सम्मान बढ़ाया। उन्होंने जमादारनी श्रीमति अशर्फी देवी की महान भावनाओं के विषय में कुछ विवरण पेश किया। जमादार दयाराम की पत्नी श्रीमती अशर्फी देवी जी की अदालत में गवाही हुई थी।

उन्होंने बताया कि सन् 1920 में दिल्ली में फलश लैट्रीन का प्रबन्ध नहीं था। सफाई के लिए कर्मचारी घरों में आते थे। बम फैक्टरी में सफाई के लिए जो जमादारनी आती थी, उसका नाम अशर्फी था। यह अधेड़ उम्र की थी और बातचीत से शराफत टपकती थी। अशर्फी की एक विशेषता यह थी कि उसको इधर-उधर ताक-झाँक करने की आदत नहीं थी। मैं ही उसको प्रतिदिन खानान देती थी और कभी-कभी नहाने की या कपड़े धोने के साबुन की टिक्की अथवा तेल की शीशी उसको दे देती थी, इसलिए उसको यह विश्वास हो गया था कि फेक्टरी में तेल साबुन का ही धन्धा होता है।

सन् 1930 में विमल प्रसाद जैन व वात्सायन आदि के गिरफ्तार हो जाने के बाद और कैलाशपति के सुलतानी गवाह बन जाने के फलस्वरूप पुलिस को अपनी छानबीन से पता चला कि अशर्फी जमादारनी केस में एक महत्वपूर्ण गवाह बन सकती है। पुलिस ने अशर्फी को डराना-धमकाना और उस पर नाजायज दबाव डालना शुरू कर दिया। धन का प्रलोभन भी दिया। अयोध्याप्रसाद गोयल को जब मालूम हुआ कि अशर्फी एक महत्वपूर्ण गवाह है तो इस बात की परवाह

न करते हुए अशर्फी के इर्द-गिर्द पुलिस मंडराती रहती है, वे पूछ-ताछ करते हुए अशर्फी के घर पहुँच गये। उन्होंने अशर्फी के पैर छुए और माँ कहकर उसको सम्बोधित किया और कहा माँ तुम्हारे हाथ में कुछ नौजवानों की मौत और जिन्दगी का सवाल है, तुम्हारी गवाही से उन्हें जेल या फाँसी हो सकती है। फिर उसको अंग्रेजों से लड़कर भारत को स्वतंत्र करने का इन लोगों का इरादा समझाया।

अशर्फी देवी ने कहा ''ऐसी बात है तो मैं किसी भी कीमत पर उनके खिलाफ गवाही नहीं दूँगी, आप निश्चिंत होकर जाइये और मुझ पर विश्वास रखिये। तुमने मुझे माँ का स्थान दिया है, मैं यह कभी नहीं भूलूँगी।''

अशर्फी पर गवाही देने के लिए हर प्रकार से दबाव डाला जा रहा था। पुलिस की उस पर मार पड़ी। उसके पति ने भी उसको मारा क्योंकि उसकी गवाही की एवज में पुलिस ने उसको काफी धन देने का वायदा किया था। परन्तु अशर्फी ने तो रटना लगा रखी थी कि जब मैंने किसी को देखा नहीं तो किसको पहचानूं।

अदालत में आकर भी उसने किसी की शनाख्त नहीं की। साफ बात है वह अपने दिए वचन पर दृढ़ रही और धन के दिये लोभ में उसकी पवित्र भावना डगमगा न सकी। और देश के लिए इतना बड़ा त्याग करने के बाद भी वह सम्मान और प्रतिष्ठा पाने से वंचित रहीं।

लेकिन 14 अक्टूबर, 1997 को एल. सी. जैन (दक्षिण अफ्रीका में भारत के राजदूत) ने फोन करके मुझसे कहा था कि - ''बम फैक्टरी में स्कूल खोला गया है; मैंने वहां सुझाव दिया कि स्कूल अशर्फी के नाम से खोला जाय। परन्तु मैं रूपवती जी से पूछ लूँ कि उनकी क्या राय है।'' मैंने कहा कि मेरे लिए तो बहुत खुशी की बात है कि आज अशर्फी की छुपी पवित्र भावनायें प्रदर्शित होकर सम्मान में ओत-प्रोत हो रही हैं। एल.सी. जैन ने कहा कि 'आपको स्कूल का उद्घाटन करने के लिए आना होगा।'' मैंने कहा कि मेरा स्वास्थ्य अब इस काबिल नहीं रहा कि कहीं आ-जा सकूँ। लेकिन अशर्फी को सम्मान देने के लिए जरूर उपस्थित होऊंगी। एल. सी. जैन ने कहा कि आपको गाड़ी लेने के लिए आएगी और आपको कोई परेशानी नहीं होगी।

श्री साहब सिंह जी मुख्यमंत्री दिल्ली सरकार ने फोन किया था जो मेरे दामाद एम. पी. जैन ने एटैंड किया था। श्री साहब सिंह जी ने कहा कि सभारोह में रूपवती जी को जरूर आना है और आने-जाने का इन्तजाम हो जाएगा और आपको भी आना है। एम. पी. जैन ने नमस्कार करते हुए कहा कि हम जरूर आएंगे।

लेखिका के परिवार के सदस्य राष्ट्रपति के स्वागत कक्ष में

श्रीमती रूपवती जैन लेखिका द्वारा राष्ट्रपति को पुस्तक भेंट करते हुए

16 अक्टूबर, 1997 को एम. पी. जैन, डॉ. शिशिर कान्त जैन, डॉ. शशांक जैन, मयंक जैन और हिमांशु जैन मेरे साथ समारोह में पहुँच गये थे। स्कूल के छात्रों ने मुझे कुर्सी पर बिठाकर मेरी कुर्सी स्टेज पर रख दी। स्कूल के छात्र और छात्राओं ने महात्मा गांधी और क्रान्तिकारियों के सम्मान में कई बहुत अच्छे कार्यक्रम प्रस्तुत किए। तालियों की आवाज़ से समारोह स्थल गूँज उठा। मुख्यमंत्री जी ने अशर्फी एवं क्रान्तिकारियों के सम्मान में बहुत अच्छा भाषण दिया। अंत में राष्ट्रीय गान से समारोह सम्पन्न हुआ। जलपान का भी आयोजन था। उक्त समारोह के समय मैं मन ही मन कह रही थी कि अशर्फी की पुण्य स्मृति में आज मैं नत मस्तक हूँ कि आज (16 अक्तूबर, 1997) को अशर्फी की छुपी पवित्र भावनाएं अमर हो रही हैं।

राष्ट्रपति भवन
नई दिल्ली,

दिनांक : 14 मई, 1994

अमर शहीद सरदार भगत सिंह और बटुकेश्वर दत्त के निकट सहयोगी और क्रांतिकारी आंदोलन के प्रमुख कार्यकर्ता स्वर्गीय विमल प्रसाद जैन के जीवन और कार्यकलापों के बारे में एक पुस्तक आज दिनांक 14 मई, 1994 को राष्ट्रपति डॉ. शंकर दयाल शर्मा जी को राष्ट्रपति भवन में भेंट की गयी। इसे स्व. विमल प्रसाद जैन की धर्मपत्नी श्रीमति रूपवती जैन ने लिखा है। वे स्वयं भी क्रांतिकारी आंदोलन से जुड़ी रही हैं।

इस अवसर पर राष्ट्रपतिजी को बताया गया कि आत्मकथात्मक शैली में लिखी गयी इस पुस्तक के द्वारा श्रीमती जैन ने क्रांतिकारी आंदोलन के उद्देश्यों, क्रांतिकारियों के कार्यकलापों, उनकी विचारधाराओं तथा भारतीय स्वतंत्रता संघर्ष में उनके योगदान को सामने लाने का प्रयास किया है। स्वर्गीय विमल प्रसाद जैन के अतिरिक्त, उस समय के अनेकों जाने-माने और अनजाने क्रांतिकारियों के बारे में भी पुस्तक में विस्तार से जानकारी दी गयी है। पुस्तक में इस तथ्य को भी उजागर किया गया है कि भगत सिंह और बटुकेश्वर दत्त के लिए असेंबली बम-कांड में प्रवेश-पत्रों की व्यवस्था श्री विमल प्रसाद जैन ने ही की तथा बम-कांड के तुरंत बाद इन दोनों क्रांतिकारियों के फोटो भी अखबारों में उन्होंने ही पहुँचाये।

पुस्तक स्वीकार करते हुए राष्ट्रपतिजी ने श्रीमती रूपवती जैन को इस बात के लिए बधाई दी कि उन्होंने भारतीय स्वतंत्रता संग्राम के एक महत्वपूर्ण अध्याय को आसान और रोचक शैली में लोगों के सामने लाने का प्रयास किया है।

श्री एम. पी. जैन

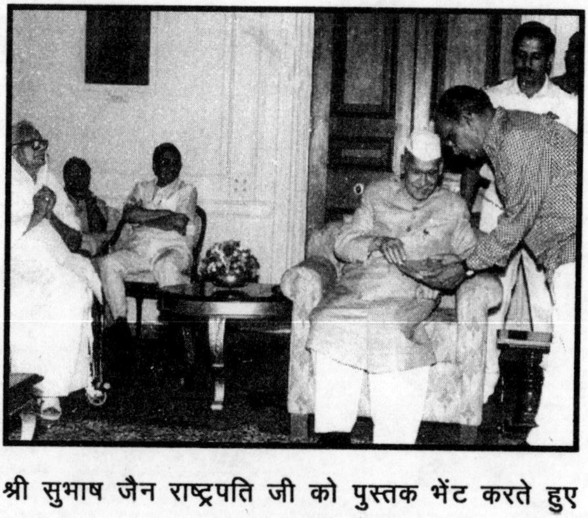

श्री सुभाष जैन राष्ट्रपति जी को पुस्तक भेंट करते हुए

उन्होंने कहा कि स्वतंत्रता संग्राम में शामिल स्वतंत्रता सेनानियों द्वारा अपने अनुभवों पर आधारित पुस्तकें निश्चत ही देश के नवयुवकों को स्वतंत्रता संग्राम के उद्देश्यों से परिचित करायेंगी और देश के नव-निर्माण में कार्य करने की उन्हें प्रेरणा देंगी।

पुस्तक के प्रकाशक श्री सुभाष जैन, संचालन शुकल प्रकाशन नई दिल्ली ने पुस्तक राष्ट्रपति जी को भेंट की।

प्रधानमंत्री श्रीमती इंदिरा गाँधी ने 15 अगस्त, 1972 को दिल्ली षड्यंत्र केस के क्रांतिकारियों के स्वागत में उन्हें बुलाने के लिए निमंत्रण भेजा था। श्री लक्ष्मी चन्द शुक्ला जी, उनकी धर्मपत्नी बसुमती जी, श्री विमल जी, श्री जयदेव कपूर जी आदि हम आठ-दस क्रांतिकारी उनके निवास स्थान पर स्वागत कक्ष में पहुँचे। कोकाकोला आदि सामान पेश किया गया। लेकिन हमने प्रधानमंत्री जी के उपस्थित होने के बाद उनके सम्मान में उनसे हाथ मिलाकर ही ग्रहण किया था। प्रधानमंत्री जी ने फूल-मालायें और ताम्रपत्र भेंट करते हुए आशीर्वाद दिया था कि 'देश की आजादी के दीवानों का त्याग और बलिदान भुलाया नहीं जा सकता।'

सर्वोच्च क्रांतिकारी सेनापति
श्री चन्द्रशेखर आजाद

हिन्दुस्तान समाजवादी प्रजातन्त्र संगठन की दिल्ली में गतिविधियाँ

महान क्रांतिकारी श्री चन्द्रशेखर आजाद का जीवन देश में आजादी की क्रांति की लहर फैलाने के लिए समर्पित था।

इस आलेख में भारत की राजधानी दिल्ली में ब्रिटिश शासन की जड़ें हिलाने के लिए श्री चन्द्रशेखर आजाद ने कैसे-कैसे और किस प्रकार क्रान्ति का बीजारोपण किया। इस बिगुल की गूंज का अनुभव पाठक इन पंक्तियों में पाएंगे।

श्री चन्द्रशेखर आजाद जिन्हें सहयोगी वर्ग भैया व पंडित जी शब्द से भी सम्बोधन करता था उन्होंने अपनी दूरदर्शिता, साहस, दृढ़ संकल्प के साथ जो भी निर्णय लिया, उससे ब्रिटिश शासक हिल गये।

इस महान क्रांतिकारी योद्धा की प्रमुख गतिविधियां उत्तरप्रदेश, पंजाब, मद्रास, बम्बई, दिल्ली, ग्वालियर, मध्यप्रदेश आदि में अपना चमत्कारिक रूप फैलाती रही।

हिन्दुस्तान समाजवादी प्रजातन्त्र संगठन को बहुत महत्वपूर्ण बनाने के लिए एक गोपनीय मीटिंग 8 व 9 सितम्बर, 1928 में कोटला फिरोजशाह के उद्यान, नई दिल्ली में हुई। इस मीटिंग में श्री सुखदेव, सरदार भगत सिंह, श्री कुन्दन लाल, श्री शिव वर्मा, श्री ब्रह्मदत्त मिश्रा, श्री जयदेव कपूर, श्री विजय कुमार सिन्हा श्री विमल प्रसाद जैन आदि उपस्थित थे। परन्तु श्री चन्द्रशेखर आजाद मीटिंग से पूर्व ही अपने विचार अपने कुछ सहयोगियों को दे चुके थे और वे स्वयं सार्वजनिक स्थान पर होने वाली मीटिंग में सम्मिलित नहीं हुए। इन क्रांतिकारी युवकों का मत था कि एक शक्तिशाली क्रांतिकारी संगठन के आधीन देश में आन्दोलन का सृजन करें। सन् 1924 से अब तक इस संगठन का नाम हिन्दुस्तान रिपब्लिकन संघ था। जिसको अब नया नाम देकर हिन्दुस्तान समाजवादी प्रजातन्त्र संगठन कर दिया और यह भी निश्चय हुआ कि भिन्न-भिन्न प्रान्तों में पृथक्-पृथक् संगठन अपनी सूझबूझ के अनुसार कार्य कर रहे हैं और

अंग्रेजी शासक उन्हें आतंकवादी के नाम से सम्बोधित करते हैं, जब कि वास्तव में ये संगठन क्रांतिकारियों का है और आतंकवाद के भुलावे में संगठन का विगठन न हो ये हम सब का प्रयास रहना चाहिए। ये भी निश्चय हुआ कि वर्तमान में गोपनीय संगठनों के लिए धन संग्रह करना एक बहुत बड़ा कठिन कार्य है और यदि इस कार्य के लिए उचित व्यवस्था न हो तो धन संगृहित करने के लिए डकैतियों आदि का सहारा लेना हो उचित है। जिससे विस्फोटक पदार्थ व आवश्यक शस्त्र मंगाकर संगृहीत किये जा सके। सब गतिविधियाँ के लिए एक सेनापति का आदेश व नियंत्रण सब पर लागू रहे और क्योंकि इस संगठन ने सेनापति के अनुरूप सिवाय चन्द्रशेखर आजाद के और कोई व्यक्ति कसौटी पर नहीं उतरता था इसलिए इस संगठन का सर्वोच्च सेनापति श्री चन्दशेखर आजाद को मान्य किया गया।

उक्त मीटिंग में जाने के कुछ देर बाद माँ ने मुझसे पूछा–''विमल कहाँ गये हैं।'' मैंने कहा कि माँजी मुझे मालूम नहीं है कि वह कहाँ गये हैं। किन्तु जब शाम को वह घर लौटे तो उनके हाथ में एक दौना था। माँ ने पूछा कि विमल कहाँ गये थे, कितना वक्त हो गया, न खाना न पीना, किसी का डर नहीं रहा। छोटी बहन माला के हाथ में दौना देते हुए बोले–''माँ मैं माला के लिए जलेबी लेने गया था तो रास्त में एक दोस्त मिल गया और वह मुझे अपने घर ले गया। वह मुझे अब भी नहीं आने दे रहा था और पिक्चर चलने को कह रहा था।'' माँ के कन्धे पर हाथ रखते हुए कहा–''मैं तो डरते-डरते आ रहा हूँ कि डांट पड़ेगी, माँ खाना दो भूख लगी है।'' माँ मुस्करा दी। उस समय हम पताशे वाली गली के मकान में रहते थे। उसी मकान में श्री चन्द्रशेखर आज़ाद, श्री भगवती चरण वोहरा, विमल जी के साथ खाना खाने आए थे।

देश में नये धमाके की गूंज होनी चाहिए
ब्रिटिश शासकों का शासन डोलायमान होना चाहिए

प्रमुख सेनापति श्री चन्द्रशेखर आजाद और सरदार भगत सिंह, श्री जयदेव कूपर, श्री विमल प्रसाद जैन, श्री विजय कुमार सिन्हा, श्री शिव वर्मा आदि की ये धारणा थी कि मजदूर आन्दोलन को दमन करने के लिए ब्रिटिश शासक नई दिल्ली लेजिस्लेटिव असेम्बली में एक दमनकारी बिल लाए जो राष्ट्रीय भावना वाले सांसदों के मत से अस्वीकार हो गया। परन्तु विधान के अनुसार जिस बिल को संसद में स्वीकृति न मिले उस बिल को वायसराय महोदय अपने विशेष अधिकार से अधिकृत रूप दे सकते हैं और जब दमनकारी बिल वायसराय महोदय के विशेष अधिकारों से अधिकृत होकर विधान के अनुसार संसद में सूचनार्थ पेश

किया जा रहा था। उस समय क्रांतिकारियों ने देशवासियों को जागृत करने के लिए संसार के प्रत्येक जागरूक व्यक्ति तक भारतवासियों को ये संदेश पहुँचाने का उचित अवसर समझा कि भारतीय इस दमनकारी कानून को सहन नहीं करेंगे और भारतीय हितों की रक्षा के लिए सर्वोच्च बलिदान में वे सदैव अग्रसर रहेंगे।

असेम्बली में बम की गूंज

इस भावना के अनुरूप सरदार भगतसिंह ने श्री बटुकेश्वर दत्त को अपना सहयोगी बनाया और श्री विमल प्रसाद जैन के माध्यम से दर्शक दीर्घा तक पहुंचने के लिए सदन के सदस्य से एडमिशन (प्रवेश-पत्र) कार्ड संगृहीत किए और 8 अप्रैल, 1929 को दर्शक दीर्घा में जाकर शांत रूप से बैठ गये और अन्दर बैठने के बाद अपने एडमिशन कार्ड श्री विमल प्रसाद जैन को देकर उन्हें बाहर भेज दिया। उस समय महान राष्ट्रीय नेता प्रेसीडेन्ट श्री विट्ठल भाई जबेर भाई पटेल असेम्बली अधिवेशन की प्रधानता कर रहे थे और जैसे ही सरकारी पक्ष ने उस बिल पर उपस्थित सदस्यों को सूचित करने के लिए खड़े हुए, ठीक उसी समय इन दोनों बहादुर आत्मबलिदानी युवक क्रांतिकारियों की आवाज के प्रतीक दीर्घा कक्ष में खड़े हो गये और बम से एकदम धमाका किया। उनका लक्ष्य किसी को हानि पहुंचाना नहीं था। केवल देश की भावनाओं को जागृत कर आकर्षित करना था और इसके साथ ही उन्होंने लाल स्याही में छपे पर्चे दर्शक दीर्घा कक्ष से एसेम्बली के अधिवेशन कक्ष में फैंक दिए और सर्वत्र वह फैल गए। परन्तु धमाके के साथ सभी सदस्य जो जहाँ पर अपने को छुपा सकता था, छुपाने के प्रयास में लग गये और कुछ सदस्य असेम्बली सदन के फर्श पर लेट गये। राष्ट्रवादी नेता पं. मदन मोहन मालवीय व आदि सहयोगी नेता अविचल रूप से बिना किसी भय की कल्पना से अपने स्थान पर बैठे रहे। मैंने विमल जी से पूछा कि पर्चों में क्या लिखा था उन्होंने बताया कि–

क्रांतिकारी भावनाओं से प्रेरित पर्चों का हिन्दी भावान्तर निम्न प्रकार है : 8 अप्रैल, 1929 को भगत सिंह व बी. के. दत्त ने असेम्बली में बम फैंका, वहां फैंके गये पर्चे का हिन्दी रूपान्तर–

हिन्दुस्तान समाजवादी प्रजातन्त्र सेना

बहरों को सुनाने के लिए ऊंची आवाज की जरूरत होती है। फ्रांस के अराजकतावादी शहीद बेला के ऐसे ही अवसर पर कहे गये इन अमर शब्दों से क्या हम अपने काम का औचित्य सिद्ध कर सकते हैं ?

शासन सुधारों के नाम पर ब्रिटिश हुकूमत द्वारा पिछले दस वर्षों में हमारे देश का जो अपमान किया गया है, उस निन्दनीय कहानी को हम दोहराना नहीं चाहते। हम भारतीय राष्ट्र के नेताओं के साथ किए गये अपमानों का भी उल्लेख नहीं करना चाहते। जो इस असेम्बली द्वारा किये गये हैं, जिसे भारत की पार्लियामेंट कहा जाता है।

हम यह स्पष्ट कर देना चाहते हैं कि कुछ लोग साईमन कमीशन के द्वारा सुधारों के नाम से जो टुकड़े मिलने की सम्भावना है, उसी पर आशा लगाये हुए हैं और मिलने वाली ताजी हड्डियों के बटवारे के लिए झगड़ा तक कर रहे हैं। इसी समय सरकार भी भारतीय जनता पर दमनकारी कानून लादती जा रही है। जैसे कि "पब्लिक सेफ्टी बिल, ट्रेड डिसप्यूट्स बिल" इन्हीं के साथ उसने "प्रेस-सिडीशन" बिल को असेम्बली के अगले अधिवेशन के लिए सुरक्षित रख लिया है। मजदूर नेता जो खुले रूप में अपना कार्य कर रहे थे, उनकी अन्धाधुन्ध गिरफ्तारियों से यह भी स्पष्ट हो जाता है कि सरकार का रूख क्या है ?

इन बेहद उत्तेजनक परिस्थितियों में "हिन्दुस्तान समाजवादी प्रजातंत्र सेना" ने पूर्ण गम्भीरता के साथ अपना उत्तरदायित्व अनुभव करते हुए अपनी सेना को यह कार्य करने का आदेश दिया है, जिससे कानून का यह अपमानजनक मजाक बन्द हो। विदेशी सरकार की शोषक नौकरशाही चाहे जो करे, परन्तु उसका नग्न रूप तो जनता के सामने लाना बहुत आवश्यक है।

जनता के चुने हुए प्रतिनिधि अपने निर्वाचन क्षेत्रों में लौट जाएं और जनता को आने वाली क्रांति के लिए तैयार करें। सरकार को यह जान लेना चाहिए कि सेफ्टी बिल और ट्रेड डिसप्यूट्स बिल और लाला लाजपतराय जी की नृशंस हत्या का असहाय भारतीय जनता की ओर से विरोध करते हुए हम इस पाठ पर जोर देना चाहते हैं। जिसे कि बहुत बार इतिहास ने दोहराया है कि व्यक्तियों की हत्या कर डालना आसान है, लेकिन तुम विचारों की हत्या नहीं कर सकते। बड़े-बड़े साम्राज्य नष्ट हो गये, जबकि विचार जीवित रहे। (फ्रांस के) ब्रुवा और (रूस) के जार समाप्त हो गये, जबकि क्रांतिकारी विजय की सफलता के साथ आगे बढ़ गये।

हम मनुष्य के जीवन को पवित्र समझते हैं। हम ऐसे उज्ज्वल भविष्य में विश्वास रखते हैं जिसमें प्रत्येक व्यक्ति पूर्ण शान्ति और स्वतन्त्रता का उपभोग करेगा।

हम मानव रक्त बहाने के लिए अपनी विवशता पर दुःखी है, परन्तु क्रांति द्वारा सब को समान स्वतन्त्रता देने और मनुष्य द्वारा मनुष्य के शोषण को समाप्त

कर देने के लिए क्रांति में कुछ व्यक्तियों का बलिदान अनिवार्य है–इन्कलाब जिन्दाबाद।

ह. बलराज (ये कल्पित नाम है)

उक्त पर्चे में दिए गये विचार वास्तव में श्री चन्द्रशेखर आज़ाद के थे।

कमाण्डर-इन-चीफ

इस पर्चे की मूल कापी जो अंग्रेजी में लाल स्याही से छपी हुई है–

–होम 1929 पोल. के. डब्ल्यू. 2 फाईल नं. 192/29 में उपलब्ध है-
(5/770) ये पर्चा अदालत में सबूत के रूप में पेश किया गया था।

असेम्बली बम विस्फोट से जो तहलका संसार के सभी क्षेत्रों में मचा, उसी के अनुरूप सरदार भगत सिंह, श्री बटुकेशवर दत्त की ये भावना थी कि अदालत में मुकदमें का समय हमारी पार्टी के प्रचार और उद्देश्यों के प्रसार के लिए प्रभावशाली मंच के रूप में उपयोग होना चाहिए।

दिल्ली के प्रख्यात राष्ट्रीय नेता श्री आसफ अली बैरिस्टर जब भगत सिंह के मुकदमे की पैरवी के लिए उनसे जेल में मिलने के लिए गये तो उन्होंने श्री आसफ अली को स्पष्ट रूप से अपनी भावना व्यक्त कर दी कि हमारा मुख्य उद्देश्य इस पार्टी के उद्देश्यों के प्रचार करने का है। सफाई पक्ष की ओर से हर कदम पर इस लक्ष्य को दृष्टि में रखा जाए। हमें कितनी सजा हो या मुकदमें का परिणाम क्या हो- ये सब हमारा मुख्य लक्ष्य नहीं है।

दिल्ली सैशन कोर्ट में भगत सिंह व बटुकेश्वर दत्त ने अपने रोमांचकारी ऐतिहासिक बयान दिए। ये मुकदमा 7 मई, 1929 को सैशन जज दिल्ली की अदालत में प्रारम्भ हुआ और 6 जून, 1929 को दोनों अभियुक्तों ने निम्न बयान दिए : "सुनोगी?"

"हाँ सुनाओ।"

हमने बम क्यों फैंके

हमारे विरुद्ध गंभीर अपराधों के आरोप लगाए गए हैं। इस समय हम अपने आचरण का स्पष्टीकरण करना चाहते हैं।

इस सन्दर्भ में निम्न प्रश्न उठते हैं :–

1. क्या सदन में बम फैंके गए थे? यदि ऐसा हुआ तो इसका क्या कारण था ?
2. निम्न न्यायालय ने जिस प्रकार आरोप लगाया है, वह सही है अथवा नहीं ?

प्रथम प्रश्न के पूर्वार्द्ध के लिए हमारा उत्तर स्वीकारात्मक है, परन्तु कुछ साक्षियों ने घटना का असत्य विवरण प्रस्तुत किया है। हम बम फैंकने का दायित्व स्वीकार करते हैं। अतः हम यह अपेक्षा करते हैं कि हमारे इस वक्तव्य का सही मूल्यांकन किया जा सकेगा। उदाहरणार्थ, हम इस बात की ओर संकेत करना चाहते हैं कि सार्जेण्ड टेरो का यह कथन जान-बूझकर बोला गया असत्य है कि उन्होंने हम में से एक के हाथ से पिस्तौल छीनी। वस्तुतः जिस समय हमने आत्मसमर्पण किया, उस समय हम दोनों में से किसी के पास पिस्तौल नहीं थी। जिन साथियों ने यह कहा कि इन्होंने बम फैंकते हुए हमें देखा, उन्हें भी बेसिर-पैर का झूठ बोलने में कोई झिझक नहीं हुई। हमें आशा है कि जिन लोगों का ध्येय न्यायिक शुद्धता तथा निष्पक्षता की रक्षा करना है, वे इन तथ्यों से स्वयं निष्कर्ष निकालेंगे। साथ ही हम स्वीकार करते हैं कि अभी तक सरकारी पक्ष ने औचित्य की रक्षा की है तथा न्यायालय ने न्यायपूर्ण रवैया अपनाए रखा है।

प्रथम प्रश्न के उत्तरार्द्ध का उत्तर कुछ विस्तार में देना होगा, जिससे कि हम उन प्रयोजनों और परिस्थितियों को पूर्ण और खुले रूप में स्पष्ट कर सकें, जिनके परिणामस्वरूप वह घटना हुई है वह अब इतिहास बन गया है। जेल में हमारे साथ जिन पुलिस अधिकारियों ने भेंट की, उनमें से कुछ ने जब हमें यह बताया कि विचाराधीन घटना के पश्चात् दोनों सदनों के संयुक्त अधिवेशन को सम्बोधित करते हुए लार्ड इरविन ने यह कहा कि हम लोगों ने बम फैंककर किसी व्यक्ति पर नहीं, वरन् स्वयं एक व्यवस्था पर आक्रमण किया है, उस समय हमें तुरन्त यह आभास हुआ कि उस घटना के वास्तविक महत्व का सही मूल्यांकन किया गया है।

मानव मात्र के प्रति हमारा प्रेम किसी से भी कम नहीं है, अतः किसी व्यक्ति के प्रति द्वेष रखने का प्रश्न ही नहीं उठता। इसके विपरीत हमारी दृष्टि में मानव जीवन इतना अधिक पवित्र है कि उस पवित्रता का वर्णन शब्दों में नहीं किया जा सकता। छद्म समाजवादी दीवान चमनलाल ने हमें जघन्य आक्रमणकारी और देश के लिए अपमानकारक बताया है, वह सत्य नहीं है। साथ ही लाहौर के समाचार-पत्र "ट्रिब्यून" तथा कुछ अन्य लोगों की यह धारणा भी असत्य है कि हम उन्मत हैं।

हम नम्रतापूर्वक यह दावा करते हैं कि हमने इतिहास, अपने देश की परिस्थिति तथा मानवीय आकांक्षाओं को गंभीरतापूर्वक अध्ययन किया है एवं हम पाखण्ड से घृणा करते हैं।

हमारा ध्येय उस संस्था के विरुद्ध व्यावहारिक प्रतिरोध प्रकट करना था। जिसने अपने आरम्भ से केवल अपनी निरूपयोगिता का ही नहीं, वरन हानि

पहुंचाने की दूरगामी शक्ति का भी नग्न प्रदर्शन किया है। हमने जितना अधिक चिन्तन किया, हम उतने ही अधिक इस परिणाम पर पहुंचे कि इस संस्था (केन्द्रीय असेम्बली) के अस्तित्व का प्रयोजन संसार के समक्ष भारतीय दीनता और असहायता का प्रदर्शन करना है तथा यह एक अनुत्तरदायी एवं स्वेच्छाचारी शासन की दमनकारी सत्ता की प्रतीक बन गई है।

जनता के प्रतिनिधियों की राष्ट्रीय मांग को बार-बार रद्दी को टोकरी में फैंक दिया जाता रहा है। सदन द्वारा पारित पवित्र प्रस्तावों को तथाकथित भारतीय संसद के फर्श पर निरादरपूर्वक पांवों तले कुचला जाता रहा है। दमनकारी एवं स्वेच्छाचारी कानूनों के निवारण से संबंधित प्रस्तावों की सबसे अपमानजनक उपेक्षा की गई तथा निर्वाचित प्रतिनिधियों ने जिन सरकारी कानूनों और प्रस्तावों को अस्वीकार कर दिया, उनको भी सरकार द्वारा स्वेच्छाचारित पूर्वक स्वीकृति प्रदान की जा रही है।

संक्षेप में :– ईमानदारी के साथ प्रयत्न करने पर हमारी समझ में यह नहीं आ सका है कि ऐसी संस्था का अस्तित्व किस प्रकार न्यायसंगत माना जा सकता है, जिसकी शान-शौकत बनाये रखने के लिए भारत के करोड़ों लोगों के गाढ़े पसीने की कमाई व्यय की जाती है और इसके बाद भी जो सारहीन अभिनय और शैतानी से भरा षडयंत्र मात्र बनकर रह गई है।

अन्ततः समूचे देश के प्रतिनिधियों को इस प्रकार अपमानित किया गया है, जिसे हम अमानवीय और बर्बर कहते हैं। साथ ही देश के करोड़ों भूखे तथा दरिद्र लोगों को उनके मौलिक अधिकारों तथा आर्थिक हित के एकमात्र साधन से वंचित कर दिया गया है।

कोई भी ऐसा व्यक्ति जिसके हृदय में मूक और पराधीन श्रमिकों की दुर्दशा के प्रति हमारे जैसी सहानुभूति है, इन दृश्य को शांतिपूर्वक नहीं देख सकता और जिसके हृदय में उन श्रमिकों के लिए करुणा है, जिन्होंने उन श्रमिकों के आर्थिक ढाँचे के निर्माण के लिए मौन रहकर अपना जीवन रक्त गिराया है, जिनकी यह सरकार सबसे अधिक समर्थक है। निर्दय निर्दयता के फलस्वरूप उठने वाले आत्मा के क्रन्दन को दबा नहीं सकता। परिणामतया हमने गवर्नर जनरल की कार्यकारी परिषद के भूतपूर्व विधि सदस्य स्वर्गीय श्री आर. एस. दास के उन शब्दों से प्रेरणा ग्रहण की जो उन्होंने अपने पुत्र के नाम एक पत्र में लिखे थे और जिनका तात्पर्य यह था कि इंग्लैण्ड को उसके दुस्वप्न से जगाने के लिए बम आवश्यक है और हमने उन लोगों की ओर से प्रतिरोध प्रकट करने के लिए असेम्बली के फर्श पर बम फैंका, जिनके पास अपनी हृदयविदारक व्यथा की अभिव्यक्ति का कोई दूसरा मार्ग नहीं रह गया है। हमारा एकमात्र ध्येय यह था

कि हम बहरों को अपनी आवाज सुनाएं और समय की चेतावनी उन लोगों तक पहुंचाएं जो उसकी उपेक्षा कर रहे हैं। दूसरे लोग भी हमारी ही तरह सोच रहे हैं और यद्यपि भारतीय जाति ऊपर से एक शांत समुद्र की भांति दिखाई दे रही है, तथापि भीतर ही भीतर एक भयंकर तूफान उफन रहा है। हमने उन लोगों को खतरे की चेतावनी दी है जो आने वाली गंभीर परिस्थितियों की चिन्ता किए बिना सरपट दौड़े जा रहे हैं। हमने उस काल्पनिक अहिंसा की समाप्ति की घोषणा की है जिसकी निरूपयोगिता के बारे में नई पीढ़ी के मन में किसी प्रकार का संदेह नहीं बचा है। हमने ईमानदारीपूर्ण सदभावना तथा मानवजाति के प्रति अपने प्रेम के कारण उन भयंकर खतरों के विरुद्ध चेतावनी देने के लिए यह मार्ग चुना है, जिनका पूर्वाभास हमें भी दुनिया के करोड़ों लोगों की भांति स्पष्ट रूप से हुआ है।

हमने पिछले अनुच्छेद में काल्पनिक अहिंसा शब्द का प्रयोग किया है। हम इसकी व्याख्या करना चाहते हैं। हमारी दृष्टि से बल-प्रयोग उस समय अन्यायपूर्ण होता है; जब वह आक्रामक रीति से किया जाए और यह हमारी दृष्टि में हिंसा है; परन्तु जब शक्ति का उपयोग किसी विहित समाज सम्मत, उद्देश्य की पूर्ति के लिए किया जाए, तो वह नैतिक दृष्टि से न्यायसंगत हो जाता है। बल प्रयोग का पूर्ण अविष्कार कोरी काल्पनिक भ्रांति है। इस देश में एक नया आन्दोलन उठ खड़ा हुआ है और जिसकी पूर्व सूचना हम दे चुके हैं यह आंदोलन गुरु गोविन्द सिंह और शिवाजी, कमालपाशा और वार्शिगटन और गैरीआल्ड़ी तथा लाफायेते और लेनिन के कार्यों से प्रेरणा ग्रहण करता है।

हमें ऐसा लगा कि विदेशी सरकार और भारत के सार्वजनिक नेताओं ने इस आन्दोलन की ओर से आँखें मूँदें ली हैं तथा उनके कानों में इसकी आवाज नहीं पड़ रही है, अतः हमें यह कर्तव्य प्रतीत हुआ कि हम ऐसे स्थान पर चेतावनी दें, जहां हमारी आवाज अनसुनी न रहे।

हमने अभी तक विचाराधीन घटना के पीछे निहित प्रयोजनों की चर्चा की है। अब हम अपने प्रयोजनों की मर्यादा के बारे में भी कुछ कहना चाहते हैं। हमारे मन में उन लोगों के प्रति कोई व्यक्तिगत द्वेष अथवा बैर नहीं था जिनको इस घटना के दौरान मामूली चोटें आई हैं। इतना ही नहीं, असेम्बली में उपस्थित किसी भी व्यक्ति के विरुद्ध हमें कोई व्यक्तिगत द्वेष नहीं था। हम तो यहां तक कह सकते हैं, हम मानवीय जीवन को शब्दातीत रूप में पवित्र मानते हैं तथा किसी को चोट पहुँचाने के बजाय मानव जाति की सेवा के लिए हम अपने प्राण देने को तत्पर हैं। हम साम्राज्यवादी सेना के उन भडेत सैनिकों की भांति नहीं हैं; जो हत्या करने में रस लेते हैं। इसके विपरीत हम मानव जीवन की रक्षा

करने का प्रयत्न करेंगे। इसके बावजूद भी हम स्वीकार करते हैं कि हमने जान-बूझकर असेम्बली भवन में बम फैंके तथ्य स्वयं मुखर है तथा हमारा अनुरोध है कि हमारे प्रयोजनों को हमारे कार्य के परिणाम से आंका जाना चाहिए न कि काल्पनिक परिस्थितियों तथा पूर्व मान्यताओं के आधार पर। सरकारी विशेषज्ञ द्वारा दिए गये प्रमाणों के बावजूद सत्य यह है कि हमने असेम्बली भवन में जो बम फैंकें उनसे एक खाली बैंच को मामूली क्षति पहुंची और आधा दर्जन से भी कम लोगों को मामूली खरोंचें आई। सरकार के वैज्ञानिकों ने इसे एक चमत्कार कहा है, परन्तु हमारी दृष्टि में यह पूर्णतया एक वैज्ञानिक प्रक्रिया है। पहली बात तो यह है कि दो बम डेस्कों और बैचों के बीच की खाली जगह पर फटे, दूसरी यह कि जो लोग विस्फोट से केवल दो फुट दूर पर थे। जैसे श्री राउ, श्री शंकर राव तथा श्री जार्ज शुस्टर, उन लोगों को या तो बिल्कुल ही चोट नहीं आई या केवल कुछ खरोंचें आयी। यदि बमों के भीतर पोटेशियम-क्लोरेट और पिकरेट के प्रभावशाली तत्व भरे होते तो उन्होंने लकड़ी के अवरोधों को खण्डित कर दिया होता तथा विस्फोट स्थल से कई गज की दूरी पर बैठे बहुत से लोग आहत हो गये होते। यदि उनके भीतर उससे भी अधिक प्रभावशाली विस्फोटक तथा विनाशकारी तत्व भरे होते, तो वे केन्द्रीय असेम्बली के अधिकांश सदस्यों की जीवनलीला ही समाप्त कर सकते थे, हम यह भी कर सकते थे कि हम उन्हें सरकारी बाक्स में फैंकते, जहाँ महत्वपूर्ण लोग बैठे थे। आखिरकार हम यह भी कर सकते थे कि उस समय अध्यक्ष-दीर्घा में बैठे हुए सर जान साइमन पर चोट करते जिसके दुर्भाग्यपूर्ण कमीशन को देश के सभी विवेकवान लोग घृणा करते हैं, परन्तु हमारा प्रयोजन यह सब नहीं था और बमों का जिस प्रयोजन के लिए निर्माण किया गया था, उन्होंने उससे अधिक काम नहीं किया। इसमें कोई चमत्कार नहीं था, हमने जानबूझकर यह ध्येय निश्चित किया था कि सभी लोगों का जीवन सुरक्षित रहे।

इसके पश्चात् हमने अपने कार्य के परिणामस्वरूप दण्ड प्राप्त करने के लिए स्वेच्छा से अपने-आपको प्रस्तुत कर दिया और साम्राज्यवादी शोषकों को यह बता दिया कि वे व्यक्तियों को कुचल सकते हैं, विचारों की हत्या नहीं कर सकते। दो महत्वहीन इकाइयों को कुचल देने से राष्ट्र नहीं कुचला जा सकता। हम इस ऐतिहासिक निष्कर्ष पर बल देना चाहते हैं कि फ्रांस में लेटर्स डे केटचेंट तथा बेस्टाइल्स की घटनाओं से क्रांतिकारी आन्दोलन को नहीं कुचला जा सका। फांसी की रस्सी और साइबेरिया में बिछाई गई सुरंगें रूसी क्रांति की ज्वाला को नहीं बुझा सकी। इसी प्रकार यह भी असंभव है कि अध्यादेश और सुरक्षा विधेयक भारतीय स्वाधीनता की लपटों को बुझा सकें। षड्यंत्रों का भेद खोजने, उनकी जोरदार शब्दों में निन्दा करने तथा आदर्शों का स्वप्न देखने वाले

सभी नौजवानों को फांसी के तख्ते पर चढ़ा देने से क्रांति की गति अवरुद्ध नहीं की जा सकती। यदि हमारी इस चेतावनी की उपेक्षा नहीं की गई तो यह जीवन की हानि और व्यापक उत्पीड़न को रोकने में सहायक सिद्ध हो सकती है। यह चेतावनी देने का भार हमने स्वयं अपने कंधों पर लिगा और अगने कर्तव्य का पालन किया।

अब सुनो न्यायालय में भगत सिंह से किया गया प्रश्न।

"हां, सुनाओ।"

"निम्न न्यायालय में भगत सिंह से पूछा गया था कि वे क्रांति से क्या समझते हैं? प्रश्न के उत्तर में हमें यह कहना है कि क्रांति में घातक संघर्षों का अनिवार्य स्थान नहीं है, न उसमें व्यक्तिगत रूप से प्रतिरोध लेने की ही गुंजाइश है। क्रांति बम और पिस्तौल की संस्कृति नहीं है। क्रांति से हमारा प्रयोजन यह है कि अन्याय पर आधारित वर्तमान व्यवस्था में परिवर्तन होना चाहिए। उत्पादक तथा श्रमिक समाज के अत्यन्त आवश्यक तत्व हैं किन्तु शोषक लोग उन्हें उनके श्रम के फलों और मौलिक अधिकारों से वंचित कर देते हैं। एक ओर सबके लिए अन्न उगाने वाले कृषक सपरिवार भूखों मर रहे हैं, सारी दुनियाँ के बाजारों में कपड़े की पूर्ति करने वाले बुनकर अपने और अपने बच्चों के शरीर को ढापने के लिए पूरे वस्त्र प्राप्त नहीं कर पाते, भवन-निर्माण, लौहारी और बढ़ईगिरी के कामों में लगे लोग शानदार महलों का निर्माण करके भी गन्दी बस्तियों में रहते और मर जाते हैं, दूसरी ओर पूंजीपति शोषक और समाज पर घुन की तरह जीने वाले लोग अपनी सनक पूरी करने के लिए करोड़ों रुपये पानी की तरह बहा रहे हैं। ये भयंकर विषमताएं और विकास के अवसरों की कृत्रिम समानताएं समाज को अराजकता की ओर ले जा रही हैं। यह सत्ता ज्वालामुखी के मुख पर खड़ी हुई आनन्द मना रही है, और शोषकों के अबोध बच्चे भी करोड़ों शोषित बच्चों की भांति एक खतरनाक खाई के कगार पर खड़े हैं। यदि सभ्यता के ढांचे को समय रहते नहीं बचाया गया तो वह नष्ट-भ्रष्ट हो जाएगा, अतः क्रांतिकारी परिवर्तन की आवश्यकता है, और जो लोग इस आवश्यकता को अनुभव करते हैं, उनका यह कर्त्तव्य है कि वे समाज को समाजवादी आधारों पर पुनर्गठित करें। जब तक यह नहीं होगा और एक मनुष्य के द्वारा दूसरे मनुष्य का तथा एक राष्ट्र के द्वारा दूसरे राष्ट्र का शोषण होता रहेगा, जिसे साम्राज्यवाद कहा जा सकता है, तब तक उससे उत्पन्न होने वाली पीड़ाओं और अपमानों से मानव जाति को नहीं बचाया जा सकता एवं युद्ध मिटाने तथा सार्वभौमिक शांति के युग का सूत्रपात करने के बारे में की जाने वाली समस्त चर्चाएं कोरा पाखण्ड रहेंगी। क्रांति से हमारा प्रयोजन अन्ततः एक ऐसी सामाजिक व्यवस्था की स्थापना

करना है जिसको इस प्रकार के घातक खतरों का सामना न करना पड़े और जिसमें सर्वहारा वर्ग की प्रभुता को मान्यता दी जाए। इसका परिणाम यह होगा कि विश्व संघ मानव जाति को पूंजीवाद के बन्धन तथा युद्ध से उत्पन्न होने वाली बरबादी और मुसीबतों से बचा सकेगा।

हमारा आदर्श यह है कि इस आदर्श से प्रेरणा ग्रहण करके हमने एक समुचित और काफी जोरदार चेतावनी दी है। यदि इसकी भी उपेक्षा कर दी जाती है तथा वर्तमान शासन-व्यवस्था नवोदित प्राकृतिक शक्तियों के मार्ग को अवरुद्ध करने का काम जारी रखती है तो एक भीषण संघर्ष उत्पन्न होना निश्चित है, जिसके परिणामस्वरूप समस्त बाधक तत्वों को उठाकर फैंक दिया जाएगा और सर्वहारा वर्ग का आधिपत्य स्थापित होगा, जिससे क्रांति के लक्ष्य की उपलब्धि की जा सके। क्रांति मानव जाति का जन्मजात अधिकार है। स्वतन्त्रता सभी मनुष्यों का एक ऐसा जन्मसिद्ध अधिकार है, जिसे किसी भी स्थिति में छीना नहीं जा सकता। श्रमिक वर्ग समाज का वास्तविक आधार है। लोक प्रभुता की स्थापना श्रमिकों का अंतिम ध्येय है। इन आदर्शों तथा इस अवस्था के लिए हम उन सब कष्टों का स्वागत करेंगे जो हमें न्यायालय द्वारा दिए जाए। क्रांति की इस वेदी पर हम अपना यौवन धूपबत्ती की भांति जलाने के लिए सन्नद्ध है। इतने महान ध्येय के लिए कोई भी बलिदान बड़ा नहीं माना जा सकता। हम क्रांति के उत्कर्ष की संतोषपूर्वक प्रतीक्षा करेंगे।

इन्कलाब जिन्दाबाद।

असेम्बली बम कांड के बाद पुलिस अधिकारियों व न्यायाधीशों द्वारा जो कार्यवाही की गयी, उसका संक्षिप्त विवरण निम्न प्रकार है-

सरदार भगत सिंह व बी. के. दत्त की हाईकोर्ट से अपीलें नामंजूर हुई

8 अप्रैल, 1929 को सरदार भगत सिंह व बटुकेश्वर दत्त/बी. के. दत्त द्वारा दिल्ली लेजिस्लेटिव असेम्बली के हाल में बम विस्फोट करने व क्रांतिकारी भरे पर्चे फैकने के आरोप में एक मुकदमा कायम किया गया। इस मुकदमे की प्रारम्भिक रिपोर्ट पार्लियामेंट पुलिस थाना नई दिल्ली में एफ. आई. आर. 113 दिनांक 8 अप्रैल, 1929 को धारा 307 भारतीय दण्ड विधान संहिता व धारा 3 विस्फोटक एक्ट मे दर्ज की गई थी। दोनों अभियुक्तों के विरुद्ध 6 मई, 1929 को श्री एफ. जी. पूल एडिशनल डिस्ट्रिक्ट मैजिस्ट्रेट दिल्ली की अदलत में जो दिल्ली जेल के प्रांगण में हुई—मुकदमें की प्रारम्भिक कार्यवाही की गई और सरकारी गवाहों के बयान लेने के बाद 8 मई, 1929 को मुकदमे का फैसला सुनाते हुए दोनों अभियुक्तों को आजीवन कारावास कैद की सजा सुना दी। इस

सजा के विरुद्ध अभियुक्तों की ओर से लाहौर हाईकोर्ट में अपील पेश हुई। हाईकोर्ट के न्यायाधीशों ने फैसला सुनाते हुए दोनों अभियुक्तों की अपील नामंजूर कर दी।

जतिन्द्र नाथ दास के बलिदान पर क्रांतिकारियों के चित्रों वाली तस्वीरें।

जनवरी, 1930 में लाहौर हाईकोर्ट के मुकदमें का फैसला हो जाने के बाद जनसमूह में भारी जोश पैदा हो गया और जतिन्द्रनाथ दास की शहादत पर एक रुपये के मूल्य की रंगीन रसीदें छपवाई गई–जिन पर सरदार भगत सिंह, श्री बटुकेश्वर दत्त, श्री जतिन्दनाथ दास व भारत माता का चित्र अंकित था और एक रुपये के मूल्य की ये तस्वीरें हाथों-हाथ विक्रय होने लगी। ये तस्वीरें नेचुरंल आर्ट प्रेस, अनारकली, लाहौर ने छापी थी। एक विज्ञप्ति के द्वारा सरकार ने ये तस्वीरें जब्त कर ली थीं।

–होम 1930 पोल नं. 18/पार्ट। फोर्टनाइटली जनवरी 1930 (5/906)

काकोरी षड्यंत्र केस और लाहौर में सांडर्स मर्डर केस के साहसपूर्ण घटनाओं के बाद दिल्ली असेम्बली में बम विस्फोटक कांड की कार्यवाही का पुलिस की ओर से सरदार भगत सिंह व श्री बटुकेश्वर दत्त को सजाएं होने के बाद पटाक्षेप हो गया परन्तु दूरदर्शी, साहसी और भावनाओं से भरपूर चन्द्रशेखर आजाद के ह्रदय में कुछ कर गुजरने की लहरें उमड़ रही थी और अपने साथी युवकों के साहसी सहयोगियों के साथ कई प्रकार के विकल्पों पर वह गहराई से विश्लेषण कर रहे थे।

उसके बाद लाहौर में सरदार भगत सिंह, सुखदेव और राजगुरु को लाहौर षड्यन्त्र बम काण्ड साण्डर्स की हत्या और राजद्रोह अपराध मुकदमें में फाँसी की सजा दे दी गई। 23 मार्च, 1931 को लाहौर जेल में उन्हें फाँसी दी गई। फाँसी के तख्ते पर चढ़ते हुए श्री सरदार भगत सिंह आजादी के दीवाने ने नारा लगाया 'इन्कलाब जिन्दाबाद ब्रिटिश साम्राज्यवाद का नाश हो। बटुकेश्वर दत्त सजा काट कर अंडमान जेल से लौट आए थे। 1965 में कैंसर रोग से उनकी मृत्यु हो गई थी।

विमल जी ने कहा आगे सुनो फांसी का कारण क्या था–

भूलों का प्रमाण

''एक्शन के समय आजाद ब्रहम्मा वाक्य होता था। विचार-विनियम के समय सभी अपना-अपना दृष्टिकोण रखते, परन्तु निर्णय हो जाने पर सभी निर्णय को शिरोधार्य मानते असेम्बली बम काण्ड का निर्णय इसका प्रमाण है। आजाद का

विचार था कि असेम्बली में बम फैंकने के बाद भगत सिंह और दत्त बाहर निकल आए। आजाद ने दावा किया था कि वे उन्हें सुरक्षित बचा ले जाएंगे। इस दृष्टि से आजाद ने असेम्बली के भवन का निरीक्षण भी किया था। परन्तु बहुमत इस पक्ष में नही था। विशेष रूप से सरदार भगत सिंह इस बात पर बल दे रहे थे कि वहाँ क्रांतिकारियों को आत्मसमर्पण करना ही चाहिए, जिसे वे प्रोपेगेण्डा प्रचार का सक्रिय तरीका कहा करते थे। उस कार्य में जहां समस्त विश्व में दल का प्रचार हुआ, वहाँ दल के संगठन की दृष्टि से भारी हानि भी हुई। हानि का कारण दल की भूलों का ही प्रमाण था।

असेम्बली में बम काण्ड तक पुलिस को यह पता नहीं चल सका था कि साण्डर्स हत्याकांड में किसका हाथ है। परन्तु पुलिस को ऐसे सूत्र मिल गये, सरदार भगत सिंह के पास असेम्बली में जो पिस्टल था उसी का उपयोग साण्डर्स हत्याकाण्ड में हुआ था। पुलिस ने तुरन्त उस पिस्टल के बोर को मिलाया और पुलिस इस नतीजे पर पहुँची कि इसी बोर का पिस्टल साण्डर्स के काम में आया था। इसलिए पुलिस ने निर्णय किया कि भगत सिंह उस में थे। श्री भगत सिंह के साथियों की खोजबीन करके वह उनकी गिरफ्तारी करने में सफल हुई। अफ़सोस है कि सुखदेव साण्डर्स हत्याकांड में नहीं थे उसे भी फांसी पर चढ़ा दिया।''

हाथ से कलम रखते हुए मैंने कहा कि अफसोस है ''बलि बेदी पर चढ़ने वाले आजादी के दीवानों का अदालत में दिया गया बयान लिखते हुए लग रहा है, कि अदालत का पूरा नक्शा दृष्टि गोचर होते हुए जैसे मैं आज भी वह चलचित्र देख रही हूँ कि उनके आदर्श उच्च भावनाओं को अंग्रेजी अदालत में कुचला जा रहा था। ऐसे साहसी वीरों का कोई न्याय का रास्ता नहीं अन्याय की दृष्टि से आदर्श जीवन देश पर बलिदान तथा निछावर हो रहा था। महान अफसोस के साथ उन साहसी वीरों के आदर्श स्वाभिमान की जय बोलते हुए कलम आगे बढ़ती है।

क्या आजादी के दीवानों को जीने का कोई हक नहीं। आजादी के दीवानों का आदर, सम्मान की दृष्टि से उनका अदालत में दिया गया बयान अभिमान नहीं। स्वाभिमान है जो कभी नहीं छोड़ना चाहिए। स्वाभिमान के जाने पर व्यक्ति में दीनता आ जाती है। दीनता के आने पर व्यक्ति के गुण प्रभा रहित हो जाते हैं और मनुष्य याचक बन जाता है। उससे उसकी आत्मा कुंठित हो जाती है। दूसरे के प्रभाव में आकर धर्म-मार्ग को भी छोड़ देता है और दूसरे के पथ और कुपथ को सुपथ समझ कर अंगीकार कर लेता है। यह स्वाभिमान ही है जिस से व्यक्ति अनुचित काम नहीं करता, अनुचित प्रभाव को स्वीकार नहीं करता,

अनुचित बात को नहीं मानता। कुल मिलाकर वह अनुचित से समझौता नहीं करता और उचित से इंकार नहीं करता। अतः स्वाभिमान करना उतना ही आवश्यक है जितना आवश्यक अभिमान का त्याग करना है। स्वाभिमान आत्मा का, उसके गुणों का स्वीकार है जब कि अभिमान स्वयं को भुलाकर पर को अपना मान कर किया जाता है। अदालत में दिया गया बयान उनका आदर्श बयान है। जिसका लक्ष्य यहाँ प्रदर्शित होता है–

सन् 1902 में बंगाल के क्रांतिकारियों ने अपने को अनुशीलन समिति नाम की एक पार्टी के रूप में समिति की स्थापना के समय जारी घोषणा पत्र में कहा था : "अनुशीलन कल्पना के समाज में अनपढ़, गरीब लोग नहीं होंगे, कायर, दुष्ट लोग नहीं होंगे और अस्वस्थ लोग भी नहीं होंगे। ऐसे समाज के निर्माण के लिए सभी प्रकार की विषमताओं को समाप्त करना होगा। विषमता के बीच मानव की मानवता विकसित नहीं हो सकती। मानव समाज से, धन की विषमता, सामाजिक विजमता, साम्प्रदायिक विषमता और प्रादेशिक विषमता दूर कर सभी मनुष्यों में समानता लानी होगी, केवल राष्ट्रीय सरकार द्वारा ही ऐसा किया जाना सम्भव है। पराधीनता की दशा में अनुशीलन के स्वप्न समाज की स्थापना संभव नहीं है, इसलिए अनुशीलन पराधीनता के विरुद्ध विद्रोह की घोषणा करती हैं। अनुशीलन भारत की पूर्ण स्वतन्त्रता चाहती है। उनकी भावनाओं की देश में रचनाओं के निर्माण पर ध्यान देते हुए उनके गुणों की प्राप्ति के लिए हम उन्हें श्रद्धांजलि अर्पित करें। तभी हमारी दी हुई श्रद्धांजलि देश में खुशहाली का मार्ग बनेगी।"

विमल जी ने कहा कि भगत सिंह के लिखे गये पत्र सुनो

फाँसी की सजा सुनने के बाद मुलतान जेल में बन्दी अपने साथी बटुकेश्वर दत्त के नाम नवम्बर, 1930 का भगत सिंह का पत्र।

प्यारे भाई,

मुझे दण्ड सुना दिया गया है और फाँसी का आदेश हुआ है। इन कोठरियों में मेरे अतिरिक्त फाँसी की प्रतीक्षा करने वाले बहुत से अपराधी हैं। ये लोग यही प्रार्थना कर रहे हैं कि किसी तरह फाँसी से बच जाए, परन्तु उनके बीच शायद मैं ही एक ऐसा आदमी हूँ जो बड़ी बेताबी से उस दिन की प्रतीक्षा कर रहा हूँ अब मुझे अपने आदर्श के लिए फाँसी के फन्दे पर झूलने का सौभाग्य प्राप्त होगा।

मैं खुशी के साथ फाँसी के तख्ते पर चढ़ कर दुनिया को यह दिखा दूंगा कि क्रांतिकारी अपने आदर्शों के लिए कितनी वीरता से बलिदान दे सकते हैं।

मुझे फाँसी का दण्ड मिला है, किन्तु तुम्हें आजीवन कारावास का दण्ड मिला है। तुम जीवित रहोगे और तुम्हें जीवित रह कर दुनिया को यह दिखाना है कि क्रांतिकारी अपने आदर्शों के लिए केवल मर ही नहीं सकते बल्कि जीवित रहकर हर मुसीबत का मुकाबला भी कर सकते हैं। मृत्यु संसारिक कठिनाइयों से मुक्ति प्राप्त करने का साधन नहीं बननी चाहिये बल्कि जो क्रांतिकारी संयोगवश फाँसी के फंदे से बच गये हैं उन्हें जीवित रहकर दुनिया को यह दिखा देना चाहिए कि वे न केवल अपने आदर्शों के लिए फाँसी पर चढ़ सकते हैं, बल्कि जेलों की अंधकारपूर्ण छोटी कोठरियों में घुल-घुल कर निकृष्टतम दर्जे के अत्याचारों को सहन भी कर सकते हैं।

तुम्हारा भगत सिंह

प्रार्थना-पत्र

श्री भगत सिंह के पिता सरदार किशन सिंह ने अदालत में एक प्रार्थना-पत्र दिया कि भगत सिंह को साण्डर्स वध के मामले में निर्दोष सिद्ध करने के लिए कई अकाट्य प्रमाण हैं। इस लिए भगत सिंह को सफाई पेश करने का अवसर दिया जाए। इस पर भगत सिंह ने अपने पिता को यह पत्र लिखा :–

पूज्य पिता जी,

मुझे यह जान कर आश्चर्य हुआ कि आपने स्पेशल ट्रिब्यूनल को मेरे बचाने के लिए एक प्रार्थना-पत्र भेजा है। यह समाचार मेरे लिए इतना दुःखदायी था कि मैं इसे शान्त रहकर सहन नहीं कर सकता। इस समाचार ने मेरे हृदय की सारी शान्ति समाप्त कर दी। मेरी समझ में नहीं आया कि वर्तमान स्थिति में आप इस विषय पर किस प्रकार ऐसा प्रार्थना-पत्र दे सकते हैं?

आपका बेटा होने के नाते मैं आपकी पैतृक भावनाओं एवं इच्छाओं का पूरा सम्मान करता हूँ परन्तु इसके साथ ही मैं ऐसा समझता हूँ कि आप को मेरे साथ परामर्श किए बिना मेरे विषय में कोई प्रार्थना-पत्र देने का अधिकार न था।

आप जानते हैं कि राजनैतिक क्षेत्र में मेरे विचार आप से सर्वथा भिन्न हैं। मैं आप की सहमति या असहमति का विचार किए बिना ही सदैव स्वतन्त्रतापूर्वक कार्य करता रहा हूँ। मुझे विश्वास है कि आप को यह बात स्मरण होगी कि आप आरम्भ से ही मुझे यह बात मना लेने के लिए प्रयत्न करते रहे हैं कि मैं अपना मुकदमा समझदारी से लडूँ एवं अपना बचाव ठीक रूप से उपस्थित करूँ। यह बात भी आप की जानकारी में है कि मैं इस का सदैव विरोध करता रहा हूँ। मैंने कभी अपने बचाव के लिए स्पष्टीकरण देने की इच्छा प्रकट नहीं की और न मैंने

कभी इस बात पर गम्भीरतापूर्वक विचार ही किया है। यह बात एक गलत दृष्टिकोण का परिणाम थी या मेरे पास इन कार्यों के प्रमाण में उपस्थित करने के लिए कोई तर्क न थे। यह एक ऐसी बात है जिस पर इस समय विचार नहीं किया जा सकता। आप जानते हैं कि इस मुकद्मे में हम एक निश्चित नीति पर चल रहे हैं। मेरा प्रत्येक कार्य, उस नीति से मेरे सिद्धांतों से एवं हमारे कार्यक्रम से सामजस्य से रखते हुए होना चाहिए। आज परिस्थिति सर्वथा भिन्न है, परन्तु यदि परिस्थिति इसके अतिरिक्त कुछ और होती तो भी मैं अन्तिम व्यक्ति होता जो अपना बचाव उपस्थित करता। इस सारे मुकद्मे में मेरे सामने एक ही विचार था और वह यह कि यह मानते हुए भी कि हमारे विरुद्ध भयानक अपराध लगाए गये हैं, हम उस और से पूर्णतया अवहेलना की वृत्ति बनाए रखें। मेरा यह दृष्टिकोण रहा है कि समस्त राजनैतिक कार्यकर्त्ताओं को ऐसी दशा में अदालत की अवहेलना और उपेक्षा दिखानी चाहिए और उनको जो कठोर दण्ड दिया जाए, वह उन्हें हंसते-हंसते सहन करना चाहिए। इस पूरे मुकद्मे के बीच हमारी नीति इसी सिद्धांत पर आधारित रही है। हम ऐसा करने में सफल हुए हैं या नहीं, यह निर्णय करना मेरा कार्य नहीं है। हाँ, हम स्वार्थपरता को छोड़कर अपना कार्य करते रहे हैं।

वायसराय ने लाहौर षड्यन्त्र केस ओर्डिनेंस जारी करते हुए उसके साथ जो बयान जारी किया था, उसमें उन्होंने कहा था कि इस षड्यन्त्र के अपराधी शान्ति, सुव्यवस्था और कानून को समाप्त करने का प्रयत्न कर रहे हैं। इससे जो वातावरण उत्पन्न हुआ, उसने हमें यह अवसर दिया कि हम जनता के समक्ष यह बात उपस्थित करें कि वह यह देखें कि शान्ति, सुव्यवस्था और कानून समाप्त करने का प्रयास हम कर रहे हैं या हमारे विरोधी। इस बात पर विभिन्न दृष्टिकोण हो सकते हैं।

संभवतया आप भी उन लोगों में से एक हैं जो इस बात में हम से विरुद्ध मत रखते हैं, परन्तु इसका यह आशय नहीं है कि आप मेरी ओर से ऐसे प्रयत्न बिना मेरे परामर्श करते रहें। मेरा जीवन इतना मूल्यवान नहीं है, जितना आप समझते हैं कि इसे सिद्धांतों की अमूल्य निधि बलिदान करके बचाया जाये।

मेरे और साथी भी हैं, जिनके अभियोग इतने ही भारी हैं, जितना कि यह मेरा अभियोग। हमने एक सम्मिलित नीति अपनाई है और हम एक-दूसरे के साथ कंधा मिलाकर अन्तिम क्षण तक खड़े रहेंगे। हमें इस बात की चिन्ता नहीं है कि हमें व्यक्तिगत रूप में इस निश्चय का कितना मूल्य चुकाना पड़ता है।

पिता जी ! मैं बड़ी चिन्ता अनुभव कर रहा हूँ कि मुझे डर है कि आप पर दोष लगाते हुए या इससे भी अधिक आपके इस कार्य की निन्दा करते हुए, मैं

कहीं सभ्यता की परिधि न लांघ जाऊँ तथा मेरे शब्द अधिक कठोर न हो जायें, फिर भी मैं इतनी बातें अवश्य कहूँगा। कि यदि कोई दूसरा व्यक्ति मेरे प्रति इस प्रकार का बर्ताव करता, तो मैं उसे देशद्रोही से कुछ कम न समझता, परन्तु आपके लिए मैं यह बात नहीं कह सकता।

बस, इतना ही कहूँगा कि यह एक कमजोरी थी, निम्नकोटि की मानसिक दुर्बलता। यह एक ऐसा समय था, जब हम सब की परीक्षा हो रही थी। पिता जी, मैं यह कहना चाहता हूँ कि आप इस परीक्षा में असफल रहे हैं। मैं जानता हूँ कि आपने समस्त जीवन भारत की स्वतन्त्रता के लिए न्यौछावर कर दिया है, परन्तु इस महत्वपूर्ण घड़ी में आपने ऐसी दुर्बलता क्यों दिखाई, मैं यह बात समझ नहीं पाया।

अन्त में मैं आपको और अपने दूसरे मित्रों एवं मेरे मुकदमे में सहानुभूति रखने वाले सभी व्यक्तियों को यह बता देना चाहता हूँ कि मैं आपके इस कार्य को अच्छी दृष्टि से नहीं देखता हूँ। मैं आज भी किसी मूल्य पर अपना बचाव उपस्थित करने के पक्ष में नहीं हूँ। यदि न्यायालय हमारे कुछ साथियों की ओर से स्पष्टीकरण इत्यादि के बारे में उपस्थित की गई प्रार्थना स्वीकार कर लेता, तो भी मैं कोई स्पष्टीकरण न करता। भूख-हड़ताल के दिनों में मैंने अदालत को जो प्रार्थना-पत्र दिया था और उन दिनों में मैंने जो भेंट की थी, उसका अर्थ गलत समझा गया और समाचार-पत्रों में यह प्रकाशित कर दिया गया कि मैं अपना स्पष्टीकरण देना चाहता हूँ। इसके विपरीत में तो किसी भी अवसर पर बचाव उपस्थित करने के लिए सहमत नहीं था। आज भी मेरे विचार वही हैं, जो पहले थे। बोर्स्टल जेल में बन्दी मेरे साथी इस बात को मेरी ओर से पार्टी के साथ विद्रोह एवं विश्वासघात समझते होंगे। मुझे उनके सामने अपनी स्थिति स्पष्ट करने का अवसर भी नहीं मिल सकेगा।

मैं चाहता हूँ कि इस सम्बन्ध में जो कठिनाइयाँ उत्पन्न हो गई हैं, उनके विषय में लोगों को वास्तविकता का ज्ञान हो जाये। अतः मैं आपसे प्रार्थना करता हूँ कि आप शीघ्र ही यह पत्र प्रकाशित करा दें।

आपका ताबेदार
भगत सिंह

यह चिट्ठी नहीं है, यह तो पिता की अदालत में लगे अपराध से बरी होने के लिए न्याय करने का दिया जजमेंट है कि अपने न्याय के रास्ते में यदि फाँसी का दौर भी आए, तो अपने सिद्धांत, नीति और न्यायसंगत आदर्श जीवन से मुख मोड़ कर अथवा डिग कर जीने की आशा नहीं रखनी चाहिए, फाँसी की सजा

होने पर जितना समय बचे मुस्कराकर जियो। आजादी के दीवाने भगत सिंह ने अपने सिद्धांत, नीति और चरित्र को उजागर करते हुए एक सच्चा, वास्तविक अमर जजमेंट दिया। इन आजादी के दीवानों की भविष्य में आने वाली पीढ़ी को ही नहीं, देश के सभी नागरिकों को इनके वास्तविक सिद्धांतों को समझना चाहिए। दृढ़प्रतिज्ञ रहकर उन्हें अपनाना चाहिए। तभी आने वाली पीढ़ी में इनके स्वप्न साकार करने की शक्ति पैदा हो सकेगी।''

''यहाँ यह भी उल्लेखनीय जरूरी है कि फाँसी से एक दिन पहले 22 मार्च, 1931 को सेंट्रल जेल में 14 नम्बर वार्ड में रहने वाले बन्दी क्रांतिकारियों ने भगत सिंह के पास एक परचा भेजा–सरदार यदि आप फाँसी से बचना चाहते हो तो बताएं। इन घड़ियों में शायद कुछ हो सकें।''

भगत सिंह ने उन्हें यह लिख भेजा

साथियों,

जिन्दा रहने की ख्वाहिश कुदरती तौर पर मुझ में भी होनी चाहिए। मैं इसे छिपाना नहीं चाहता। लेकिन मेरा जिन्दा रहना मशरूर (एक शर्त पर) है। मैं कैद होकर या पाबन्द होकर जिन्दा रहना नहीं चाहता। मेरा नाम हिन्दुस्तानी इन्कलाब (भारतीय क्रांति) का निशान (मध्य बिन्दु) बन चुका है और इन्कलाब पसन्द पार्टी (क्रांतिकारी दल) के आदर्शों और बलिदानों ने मुझे बहुत ऊँचा कर दिया है। इतना ऊँचा कि जिन्दा रहने की सूरत में इससे ऊँचा मैं हरगिज नहीं हो सकता।

आज मेरी कमजोरियाँ लोगों के सामने नहीं है। अगर मैं फाँसी से बच गया तो वह जाहिर हो जाएगी और इन्कलाब का निशान मद्धम पड़ जायेगा या शायद मिट ही जाए, लेकिन मेरे दिलेराना ढ़ंग से हंसते-हंसते फाँसी पाने की सूरत में हिन्दुस्तानी मातायें अपने लाडलों को भगत सिंह बनने की आरजू किया करेंगी और देश की आजादी के लिए बलिदान होने वालों की तादाद इतनी बढ़ जायेगी कि इन्कलाब को रोकना इम्पीरियलिज्म (साम्राज्यवाद) की तमामतर (सम्पूर्ण) शैतानी शक्तियों के बस की बात न रहेगी।

हाँ, एक विचार आज भी दिल में मौजूद है। देश और इन्सानियत के लिए जो कुछ हसरतें मेरे दिल में थी, उनका हजारवाँ हिस्सा भी मैं पूरा नहीं कर पाया। अगर 'आजाद' जिन्दा रह सकता, तो शायद उनको पूरा करने मौका मिलता और मैं अपनी हसरतें पूरी कर सकता।

इसके सिवा कोई लालच मेरे दिल में फाँसी से बच रहने के लिए कभी नहीं आया। मुझसे ज्यादा खुशकिस्मत कौन होगा ? मुझे आजकल अपने आप पर

बहुत नाज़ (गर्व) है। अब तो बड़ी बेताबी से आखरी इम्तहॉन (परीक्षा) का इन्तजार हैं। आरजू है कि यह और करीब हो जाये।

आपका साथी
भगत सिंह

अपमान का बदला

साइमन कमीशन 1928, फरवरी के महीने में इंग्लैंड से हिन्दुस्तान आया। उसके विरोध में लाहौर में जुलूस निकला। जुलूस पर पुलिस ने लाठियां बरसाईं एवं घुड़सवारों ने जनता को रोंद डाला। लाला लाजपत राय घायल हो गये। उसी दिन शाम को कांग्रेस की ओर से मूरी दरवाजे के बाहर मैदान में साइमन कमीशन के विरोध में एक बड़ी सभा हुई। लाठी प्रहार के पश्चात् कुछ दिनों के बाद लाला जी का देहान्त हो गया। शोक सभा हुई, लाला जी के प्रति साम्राज्यवाद का यह व्यवहार भारत का अपमान था। सारा देश बिलबिला उठा। राष्ट्र का यह अपमान असह्य था। क्रांतिकारी दल ने प्रतिशोध लेने की ठानी। जिस समय लाहौर में ब्रिटिश शासन मुर्दाबाद। लालाजी जिन्दाबाद। खून का बदला खून से के नारे लगाते हुए डेढ़ लाख की भीड़ के साथ 18 नवम्बर को लाला जी की अर्थी निकली, 8 और 9 दिसम्बर, 1929 को भोजंग हाउस में एक बैठक हुई थी जिसमें लालाजी के हत्यारे को मारने की योजना बनी। उस योजना के अनुसार ऐक्शन करने से पहले आजाद ने घटनास्थल का भली प्रकार से निरीक्षण किया कि ऐक्शन कहाँ किया जाएगा। ऐक्शन के समय आजाद डी. ए. वी. कॉलेज के गेट पर थे। जय गोपाल साण्डर्स को पहचान लेने के लिए खड़ा था। भगत सिंह और राजगुरु पुलिस स्टेशन से सटे खडे थे। साण्डर्स मोटर साइकिल पर अन्दर से फाटक तक आया, जय गोपाल के इशारे पर दोनों आगे बढ़े। राजगुरु की पहली गोली से साण्डर्स की हल्की सी चीख निकली और वह मोटर साईकिल समेत जमीन पर गिर पड़ा किन्तु भगत सिंह ने भी जब तक गोलियां बरसाई तब तक उसे विश्वास नहीं हुआ कि अब इसमें कोई जान बाकी नहीं रही। गोलियों को आवाज सुनकर थाने के बरामदे में खड़ा सिपाही चिल्लाया। सुनकर ट्रैफिक इन्सपेक्टर फर्न दो सिपाही तथा हवलदार चानन सिंह के साथ थाने से दौड़ा आया। फर्न ने राजगुरु को पकड़ने का प्रयत्न किया। भगत सिंह ने फर्न को पीछा करते देखा तो गोली चलाई गोली की आवाज सुनकर फर्न जमीन पर लेट गया। आजाद ने चिल्ला कर कहा–'चलो'। आदेश पाते ही दोनों डी. ए. वी. कॉलेज होस्टल की ओर भागे, फर्न के पीछे चानन सिंह था वह गोली की परवाह न कर राजगुरु और भगत सिंह के पीछे दौड़ा। लेकिन दोनों डी. ए. वी. कॉलेज के अहाते के छोटे से दरवाजे में घुस

चुके थे। आजाद ने माउजर से मोर्चा सम्हाला और चेतावनी देते हुए गरजे-खबरदार पीछे हट जाओ। यह सिंह गर्जना सुन दोनों सिपाही तो रुक गये पर चानन सिंह नहीं रुका। आजाद ने गोली चला दी। हवलदार वहीं घायल होकर गिर गया और मेयो अस्पताल में जाकर एक घंटे बाद ही वह मर गया। ये लोग साईकिल से भोजंग हाउस चले गये।

इनके जाने के कुछ ही देर बाद बहुत बड़ी संख्या में पुलिस ने डी. ए. वी. कालेज के होस्टल को घेर लिया। उसका कोना-कोना छान डाला, किसी का पता न चला। दूसरे दिन प्रातःकाल लोगों ने लाहौर शहर में जगह-जगह हिन्दुस्तान सोशलिस्ट रिपब्लिकन आर्मी के पोस्टर लगे देखे जिन में बड़े-बड़े अक्षरों में लिखा था–साण्डर्स इज डैड, लालाजी डैथ इज अवेंजेड।

'साण्डर्स मारा गया और लाला जी के अपमान का बदला ले लिया गया।' खीजी हुई सरकार इससे और खीज उठी। उसने सारे लाहौर में कड़ा पहरा बैठा दिया। वह हर आने-जाने वाले युवक की छान-बीन करती रही। स्टेशन, चौराहों तथा गलियों में सरकार के गुप्तचर घुमते रहे, परन्तु क्रांतिकारियों का कुछ पता न चला। सरकार पुलिस, सी. आई. डी. आदि सब को क्रांतिकारियों ने आश्चर्य में डाल दिया। ऐसे थे वे जान पर खेलने वाले क्रांतिकारी आजादी के दीवाने। एक दिन आजाद ने विश्वनाथ वैशमपायन उर्फ बच्चन से चानन सिंह की मृत्यु पर दुःख प्रगट करते हुए कहा–'बच्चन एक हिन्दुस्तानी और एक अंग्रेज की निष्ठा का अन्तर देखो। फर्न को गोली की आवाज सुनते ही प्राणों का मोह हो गया और चानन सिंह ने अपने कर्तव्य पालन के लिए गोली और मौत की परवाह न की। मैंने बहुत कोशिश की कि चानन को गोली न मारनी पड़े पर जब कोई चारा ही नहीं रहा तो गोली मार दी।' बच्चन को उनके मुँह से चानन सिंह की प्रशंसा सुनकर विस्मय हुआ और बच्चन ने कहा–'चिंतन के क्षणों में मानवता कठोर कर्तव्य पर विजय पाती है।' साण्डर्स के विषय में भी वे कभी-कभी बच्चन से सहानुभूति प्रगट करते थे।'' किन्तु मैंने कहा कि ''जिनका न्याय न्यायालय में नहीं, वे न्यायकर्ता स्वयं बन जाते हैं और जेलों के हर जुल्म सहने और फाँसी का फंदा चूमने के लिए तैयार रहते थे। अन्याय के सामने सर झुकाने की विद्या तो उन्होंने पढ़ी ही नहीं थी। लेकिन सिर्फ श्रद्धांजलि अर्पित करना ही आजादी के दीवानों का सम्मान नहीं, उनका सम्मान देश में भाईचारा, एकता और सब से न्याय एवं मित्रता का भाव रखना अर्थात् सब के हृदय में ऐसा पौधा अंकुरित करना कि जिस में सब भेद-भाव मिटाकर सबको सुख शांति के फल मिलते रहें। लेकिन आजकल तो उस अहिंसावादी-महान कांग्रेसी नेता महात्मा गांधी जी पर भी कीचड़ उछाली जाती है जिसने अछूतों का उद्धार करने में, देश और

समाज को ऊँचा उठाने के प्रयत्न में संपूर्ण जीवन त्याग एवं तपस्या में व्यतीत किया और क्रांतिकारी स्वतंत्रता सेनानियों को जेल में सहायता देने में सम्मिलित ही नहीं हुए उन्हें जेल से भी छुड़ाया। उन्होंने जाति-पांति का भेद-भाव मिटाने में परस्पर भाईचारा को बढ़ावा दिया और एकता पैदा करने के लिए नाथूराम गोडसे की गोली के शिकार हुए। उन्होंने इन्सान को बराबर का इन्सान समझते हुए देश में प्रचार किया कि अपनी मैल और गन्दगी सब स्वयं साफ करो। दूसरों से यह काम करा कर पीढ़ी दर पीढ़ी तक पिछड़ा न बनाए रखा। यह बात भली-भाँति मालूम होनी चाहिए कि समाज में आई बुराइयों को दूर करके ही देश ऊँचा उठता है।

आजादी अथवा राजनीति दूसरों को अछूत बनाना अथवा आरोप लगाना नहीं है। देश में पिछड़े भी हैं और गरीब भी हैं। उनकी गरीबी का कारण है कि उनको काम के पैसे कम मिलते हैं। इस काम का उन्हें समुचित पारिश्रमिक मिलना चाहिए, जिससे ये लोग अपने बच्चों का पालन-पोषण ठीक रीति से कर सकें। अच्छे स्कूल में उन्हें भर्ती करा सकें और साफ रह सकें। जिस मल व गन्दगी को ये लोग महिला और उनके बच्चे संगृहीत करते हैं, यह मल कच्चे पदार्थ के रूप में होता है। यह काम छोटा नहीं है, देश के लिए बहुत बड़ा काम है। इसे जब पक्के माल में परिवर्तित किया जाता है या खाद बनाई जाती है तो वह किसानों के काम आती है। इससे ही खेती-बाड़ी की उपज होती है और सारे देश को खाद्य पदार्थ आनाज, फल, सब्जी-मेवा-दूध, रूई आदि सब मिलता है। पिछड़ों और किसानों पर ही देश निर्भर और जिन्दा है। इस मल गन्दगी का परिवर्तन कभी कच्चे माल में कभी पक्के माल में सदैव होता रहता है, कभी रुकता नहीं। बनाये गये अछूत गरीब बच्चों को तालीम मिलेगी तो देश में खुशहाली आनन्द की महक पैदा होगी।

क्या यह बात भुला देने वाली है। जब गांधी जी, वायसराय के निमंत्रण पर इंग्लैंड उनसे मिलने गये तो वहाँ एक अंग्रेज ने गांधी जी से प्रश्न किया कि-"क्या आप इस वेशभूषा में ही असेम्बली में वायसराय से मिलने जाओगे ?" गाँधी जी ने सहज स्वभाव से उत्तर दिया कि 'इसी का इन्तजाम करने जा रहा हूँ।' उनका प्रण था कि जब तक देश में सब गरीबों को पहनने के लिए कपड़ा और पेट भर खाना नहीं मिलेगा, तब तक मेरा खाना-पीना वेशभूषा यही रहेगी। गांधी जी सिर्फ बकरी का दूध पीते थे। नाथूराम गोडसे की गोली लगने पर अन्तिम समय भी उन्होंने कहा था कि गोली मारने वाले को फाँसी की सजा नहीं मिलनी चाहिए। अन्तिम समय में उन्होंने यह भी कहा था कि मेरी समाधि पर सूत की आंटी चढ़ाना गरीबों का भला होगा। दोनों बातें मुझे आप (विमल जी) ने बतलाई थी। हालाँकि आप उस समय वहाँ पर नहीं थे सुन कर आये थे।

गांधी जी का सम्मान तथा उनके रहन-सहन, त्याग-तपस्या का अनुसरण करते हुए, नशा करना और रिश्वत खोरी को जड़ से मिटा देना चाहिए। गरीबों का नशा ही नहीं, अमीरों का नशा भी देश और समाज पर भारी पड़ता है।

गांधी जी चम्पारण से बेतिया जा रहे थे, वहाँ उन्हें एक आम सभा में भाषण देना था। गांधी जी हमेशा की तरह तीसरी श्रेणी के डिब्बे में यात्रा कर रहे थे। उस दिन ज्यादा भीड़-भाड़ नहीं थी। एक बर्थ तो बिलकुल खाली थी और अन्य स्थानों पर भी गिने-चुने मुसाफिर बैठे थे या लेटे थे। उन लोगों का गांधी जी की तरफ ध्यान नहीं था क्योंकि वे उन्हें पहचानते नहीं थे। गांधी जी खाली पड़ी बर्थ पर कुछ देर बैठे और फिर लेट गए। थोड़ी देर बाद अगला स्टेशन आया। गाड़ी वहाँ रुकी तो एक किसान उस डिब्बे में आया जहाँ गाँधी जी लेटे हुए थे। किसान ने गांधी जी को उठाते हुए कहा–'ऐसे फैले पड़े हो जैसे गाड़ी तुम्हारे बाप की हो'। गांधी जी चुपचाप शान्त भाव से उठ कर बर्थ पर ही एक ओर बैठ गए। दरअसल में वह किसान गांधी जी के दर्शनों के लिए ही बेतिया जा रहा था लेकिन उन्हें पहचानता नहीं था। किसान ने गांधी जी के बराबर बैठते हए कहा–''मैं कितना भाग्यशाली हूँ। आज गांधी जी के दर्शन करूँगा, जो गरीबों के नेता हैं।'' उसके ये शब्द गांधी जी सुनकर 'मुस्कराये' थे। जब गाड़ी बेतिया पहुँची तो स्टेशन पर गांधी जी के स्वागत के लिए हजारों की संख्या में लोग उपस्थित थे। उन्होंने गांधी की जय के नारे लगाते हुए उन्हें फूल-मालाएं पहनाई। किसान ने पश्चाताप करते हुए गांधी जी से क्षमा मांगी। गांधी जी ने गले से माला निकालकर किसान को पहनाई और उसे गले से लगा लिया। उस डिब्बे में जो और मुसाफिर सफर कर रहे थे, उन्होंने भी गांधी जी जिन्दाबाद के नारे लगाये थे और पश्चाताप किया कि हम गांधी जी को पहचान न सके।

महात्मा गांधी ने एक बार कहा था कि अहिंसा तत्व को यदि किसी ने अधिक से अधिक विकसित किया तो वे महावीर स्वामी थे। हम महावीर स्वामी के उपदेशों को पहचाने, उन पर विचार करें और उनका अनुसरण करें। गांधी जी की भावनाओं को पर्याप्त महत्व दिया जाना चाहिए। यहाँ उन्होंने धर्म का भी भेद-भाव मिटा दिया है। भारत के पूर्व राष्ट्रपति डॉ. राधाकृष्ण जी ने कहा था कि यदि मानवता को विनाश से बचाना है और कल्याण के मार्ग पर चलना है तो महात्मा महावीर के संदेशों और उनके बताए हुए मार्ग को ग्रहण किए बिना कोई रास्ता नहीं है।

जीवों के प्रति दया और समता भाव ने जैन दर्शन को काफी ऊँचा उठाया है। इस गम्भीर स्थिति में परिवर्तन की सख्त आवश्यकता है। जब तक रिश्वतखोरी, विलासप्रियता, कर्त्तव्य विमुखता, श्रम का अपमान, मुफ्तखोरी आदि सामाजिक

बुराइयाँ समाप्त नहीं होंगी, जब तक मूलभूत परिवर्तन हो नहीं सकता। समाजवाद की स्थापना की बात सभी करते हैं, किन्तु प्रयास का कहीं पता नहीं। 'जागृति' फिल्म में महात्मा गांधी के आदर्श जीवन की झलक दिखाई गई है :

साबरमति के सन्त तूने कर दिया कमाल,
बिना ढाल और तलवार ही ले लिया स्वराज।
देश के कोने कोने में
आजादी के दीवानों की
है गूंज रही आवाज–
भूत काल भी है महान
हम को मिला स्वराज
देश हुआ खुशहाल
गांधी ने जिन्ना को समझाया
उसकी समझ में कुछ न आया
अंग्रेजों ने बांटा हिन्दुस्तान
अदली बदली करने में
झगड़ा हुआ और कत्ले आम
भविष्य भी है महान
यदि सम्भालो इसे आप
समझो जो है वर्तमान।

गांधी जी का संकल्प

बात उस जमाने की है, जब मोहनदास करमचन्द गांधी बैरिस्ट्री पास करके बड़े ठाठ से पगड़ी और टाई पहनते थे। गांधी जी रेल के पहले दर्जे के डिब्बे में सफर कर रहे थे। एक अंग्रेज ने उस डिब्बे में आकर गांधी जी को डिब्बे से नीचे उतर जाने के लिए कहा तो गांधी जी ने उसको पहले दर्जे का टिकट दिखाते हुए कहा कि मेरे पास टिकट है, मैं क्यों उतरूँ ? मैं तो पहले से सफ़र कर रहा हूँ। गांधी जी नहीं उतरे तो अंग्रेज ने पुलिस बुला ली। पुलिस ने गांधी जी को जबर्दस्ती खींच कर स्टेशन पर उतार दिया। गांधी जी ने सोचा कि भारतीयों का यह अपमान ! मुझे एक दिन अदालत में भी अंग्रेज जज ने कहा था कि पगड़ी उतार कर अदालत का सम्मान करो। दिया गया आदेश न मान कर अदालत में मुकदमा छोड़कर मैं वापस चला आया था। इस गुलामी से तो मौत भली और उन्होंने वहीं देश की आज़ादी के लिए मर मिटने का संकल्प लिया था।

विमल जी ने विचारों से सहमत होकर कहा था कि "उनके किए परिश्रम का पैसा उनको पूरा मिलना ही चाहिए। तभी उनके बच्चे स्कूल में पढ़ सकते

हैं। हर जगह अच्छे स्कूल खुलें। इस प्रकार की योजनाएँ और कानून बनाए जाएं कि सरकार आयकर देने वाले को यह जानकारी दें कि उनका पैसा किस जगह इस्तेमाल होता है अथवा सरकार के पास जमा है। इससे आयकर देने में लोगों की जिज्ञासा अर्थात् उत्सुकता बढ़ेगी और देश में परस्पर भाईचारे एवं प्रेम का बन्धन भी बढ़ेगा। उन गरीबों को भी तब पता चलेगा कि उनके लिए पैसा किसके जरिए इकट्ठा किया गया है। सरकार व सरकारी कर्मचारियों को देश सम्मान व आदर की दृष्टि से देखेगा। चोरी-डकैती भी रुकेंगी।

विदेशों में यदि ट्रेन की सीट का गद्दा फटा हो तो आयकर देने वाला आदमी यह सोचकर उसी समय उसकी मरम्मत कर देता है कि वहाँ उसका ही पैसा लगा हुआ है। विदेशों में उम्मीदवार को जनता चुनकर अपना नेता बनाती है। यदि वह अपने कार्य को पूरा नहीं कर पाता है तो कानूनन उसको पद से हटाने का अधिकार वोटर के पास होता है। रामसिंह जी ने अमरीका से लौटकर बताया था कि "बस की खिड़की से फैंका हुआ सिगरेट का टोटा सड़क पर गिरा तो ट्रैफिक पुलिस ने उसी समय बस रुकवाई। यह सोचते हुए कि जरूर कोई हिन्दुस्तानी बैठा होगा।"

उसे बस से उतारकर कहा कि "तुम्हारी यही सज़ा है कि सिगरेट के टोटे को उठाकर कूड़ेदान में डालो।"

स्कूल अगर दूर हो तो खर्चे के हिसाब से भी स्कूल में अमीरों के बच्चे ही पढ़ने जा पाते हैं। लेकिन आजकल बच्चों को देश और समाज की शिक्षा नहीं मिलती। स्कूल की बस बच्चों को लेने व छोड़ने आती है। बच्चों के घर वाले भी बच्चों के लिए कार, स्कूटर इस्तेमाल करते हैं। इससे व्यर्थ पैट्रोल खर्च होता है और प्रदूषण बढ़ता है पैसे की ओर ध्यान देते हुए यह खर्च कम करने की भी योजना बनानी चाहिए। हर गाँव में स्कूल हों, स्कूल बस्ती से बहुत दूर-दूर न हों, गरीब बच्चे पैदल ही स्कूल पहुँच सके। इस प्रकार शिक्षा पाना कठिन नहीं रहेगा।

विदेश में धन जमा कराना प्रजातंत्र का अपमान

विमल जी ने आगे कहा कि "प्रजातन्त्र राज्य में विदेशों में गुप्त रकम किसी को भी नहीं रखनी चाहिए। यह प्रजातन्त्र राज्य का अपमान है और देश के लिए हानिकारक बात है। सम्पन्न देशों को इस नाजायज फायदे से अलग रहना चाहिए। दोनों के लिए यह भ्रष्टाचार का मार्ग है एवं सजा पाने के अधिकारी हैं।"

प्रजातन्त्र राज्य में यह देखना चाहिए कि गरीब क्यों है जबकि उनके परिश्रम से उद्योग चलते हैं।

श्री आचार्य कल्प पंडित टोडरमल जी ने गरीबों पर प्रकाश डालते हुए अपने लिखित ग्रन्थ 'मोक्ष-मार्ग' प्रकाशकीय में लिखा है–

राजा अर रंक मनुष्य पने की अपेक्षा तो समान है।
राजा पना रंक पना की अपेक्षा तो समान नाहिं।।

सब मनुष्यों का उद्धार करने वाले आचार्य कल्प पंडित टोडरमल जी और उनकी लेखनी को मेरा बारम्बार नमस्कार। विमल जी के साथ मैंने भी उन्हें झुक कर नमस्कार किया था। आगे विमल जी ने कहा "इतिहास ने हमें पाठ पढ़ाया है कि हमें सदा स्वतंत्र रहना, शोषितों का साथ देना तथा जुल्म का विरोध करना चाहिए। इसी में देशवासियों की परीक्षा है। गाँव में अच्छे डाक्टर और अस्पतालों का भी प्रबन्ध हो। जब ग्रामीणों को अपने परिश्रम का पूरा पैसा मिलेगा तो वे इलाज के लिए पैसा खर्च कर सकेंगे अतः वहाँ पर डाक्टरों को पैसे का अभाव भी नहीं अखरेगा और गाँव के रहने वाले शहर की ओर नहीं भागेंगे, जबकि सब सुविधाएं वहीं उन्हें मिल जाएंगी। भारत गरीब देश नहीं यदि सोच-समझ कर इस ओर कदम उठाये जाएं।

देश-प्रेम की भावनाएँ तभी पैदा होती हैं। जब स्वार्थ का त्याग करके अपने जीवन में सादगी उत्पन्न हो। भोग-विलास की सामग्री को कम किया जाए, और धर्म को कर्त्तव्य के रूप में ग्रहण किया जाए। व्यापार में धन कमाने के लिए भी शुद्ध आचरण और नैतिकता के नियमों को भुला नहीं देना चाहिए। वास्तव में सच्चा धर्म तो देशभक्ति द्वारा ही प्राप्त होता है। देशभक्ति की भावना हमारे हृदय से स्वार्थ को निकाल फेंकती है। देशभक्त, अदूरदर्शी, स्वार्थी और खुशामदियों की तरह ऐसे कार्य कदापि नहीं करता जिससे देशवासियों को हानि पहुँचे। वह सत्यव्रती और दृढ़ता प्रिय आत्माओं की भाँति असंख्य कष्ट उठाते हुए भी ऐसा कार्य नहीं करता है जिसमें देश का भला न हो। उसका लक्ष्य तो यही रहता है कि उसके कार्यों से सामाजिक दुःख मिटे और दुर्भिक्ष आदि विपत्तियाँ दूर होकर लाखों आत्माओं को सुख पहुँचें। जब हम इस मार्ग पर चलेंगे, तभी देश में बढ़ती हुई गरीबी-अमीरी की विषमता और बेरोजगारी दूर होगी। मानव हृदय शुद्ध होंगे, देशवासियों के जीवन स्तर में सुधार होगा। अज्ञानता का अंधकार दूर होकर ज्ञान और शिक्षा का प्रकाश फैलेगा और हम मानव कल्याण के कार्यों में लगेंगे। उनके लिए यही हमारी सच्ची श्रद्धांजलि होगी कि हम उनकी भावनाओं के अनुसार ऐसा कर सकें।"

आपकी रकम मंजूर नहीं

सन् 1930 का जिक्र है। बम फैक्टरी का काम तो बन्द हो गया था किन्तु अभी फैक्टरी छोड़ी नहीं थी। क्रांति के महान सेनानी श्री चन्द्रशेखर आजाद देहली में

विमल जी के पास बम फैक्टरी में ठहरे हुए थे। कई नई योजनाओं पर विमल जी से विचार-विमर्श कर रहे थे। उस समय वहाँ सुशीला देवी जी भी आ गई थी। रुपये की बहुत कठिनाई थी और विचार हो रहा था कि कुछ रुपया अपने देश के सहानुभूति रखने वालो से इकट्ठा किया जाए। सुशीला देवी जी का प्रस्ताव था कि श्री विमल जी उनका पत्र लेकर मेरठ श्रीमती सत्यवती जी के पास जाए। जो अपनी हमदर्द हैं और मेरे साथ गुरुकुल में पढ़ी हैं। सत्यवती जी श्री विजयपाल सिंह की धर्मपत्नी हैं। श्री विमल जी पत्र लेकर मेरठ गये और सत्यवती जी से भेंट की। उन्होंने और लोगों के अलावा डॉ. भोपाल सिंह से मिलने का समय तय किया। दोपहर के समय वह श्री विमल को साथ लेकर डॉ. भोपाल सिंह के यहाँ गईं। डॉ. भोपाल सिंह जी ने आदर-सत्कार से दोनों को बैठाया। सत्यवती जी ने आने का कारण बतलाया। भोपाल सिंह जी ने विनम्रता से कहा कि उनका विश्वास हिंसा के मार्ग में नहीं है। वह गांधी जी के अनुयायी हैं। बात खत्म हो गई। दोनों उठने को हुए, परन्तु डॉक्टर साहब ने उठने नहीं दिया और थोड़ी देर में अन्दर जाकर एक लिफाफे में 500 रुपये के नौट रख लाए और पेश किए।

श्री विमल जी ने उस लिफाफे को लेने से यह कहकर इन्कार कर दिया कि अगर आप की सहानुभूति नहीं है तो मैं इसको मंजूर नहीं करूँगा। यह कह कर दोनों चले आए। बात यहाँ समाप्त हो गई।

यहाँ एक अन्य घटना का उल्लेख अनिवार्य है। क्योंकि उसका सम्बन्ध डॉ. भोपाल सिहं जी से ही है। विमल जी जेल से रिहा होकर आ गये थे और फिर दोबारा सन् 1938 में डॉ. भोपाल सिंह जी से एक और सिलसिले में भेंट हुई। मेरी छोटी बच्ची इन्दु ने जो उस समय दो साल की थी, अपने कान में सिलेट की पैंसिल तोड़ ली थी। हमें डाक्टरों ने कह दिया था कि डॉ. भोपाल सिंह के पास ले जाओ। वहीं इसे ठीक तरह से निकाल सकेंगे। हम बच्ची को लेकर डॉ. साहब के पास पहुँचे। वह समय उनका मरीजों को देखने का नहीं था, फिर भी वह फौरन बाहर आए और सब से पहले अपने मरीज पर ध्यान दिया। पैंसिल निकाल दी। विमल जी ने उनको विनम्रता से फीस देनी चाही। उन्होंने लेने से इन्कार कर दिया और विमल जी का हाथ पकड़कर अपने ड्राईंगरूम में ले गये। उनका सवाल था कि विमल जी क्या उनको पहचानते हैं। विमल जी को सवाल अजीब-सा लगा। विमल जी ने कहा—''डॉक्टर साहब, मेरठ का बच्चा-बच्चा आपसे वाकिफ़ है।' उन्होंने कहा—''तुम्हें याद है इसी ड्राईंगरूम में सात-आठ वर्ष पहले भी एक बार हमारी मुलाकात हुई थी। उन्होंने बताया कि वह रुपया तुम छोड़कर चले गये, मगर मेरे दिल और दिमाग पर उसका इतना

प्रभाव पड़ा कि उस घटना को में भूले नहीं भुला सका और आज तक मुझे उस बात की कसक है। मैं पास में कुर्सी पर इन्दु को गोद में लिए बैठी थी। विमल जी ने आदरपूर्वक डॉक्टर साहब का हाथ अपने हाथ में ले लिया और मन-ही-मन विचार किया कि बहुत ही कम ऐसे महान व्यक्ति होते हैं जो अपनी कमजोरी इस प्रकार किसी के सामने व्यक्त करते हों।

(यहाँ यह उल्लेख करना भी जरूरी है कि बिमल जी से जेल में मुलाकात के समय मैंने उनसे कहा था कि मेरी भाभी अंगूरमाला बीमार हैं। मैं मेरठ जाना चाहती हूँ। विमल जी ने बतलाया था कि सत्यवती जी दिल्ली आई हुई हैं। उनके साथ चली जाओ, मैं धनकुमार (विमल जी के छोटे भाई) को कह देता हूँ। वह उनसे मिलकर इन्तजाम कर देंगे।" मांजी ने उनके साथ भेजने में कोई एतराज नहीं किया। मैं सत्यवती के साथ मेरठ चली गई, उन्होंने मुझे घर तक पहुँचाया था)

धन कुमार जैन

काकोरी कांड का देश में हंगामा मच गया था। इस सिलसिले में बात करते हुए विमल जी ने एक दिन बतलाया था–"काकोरी सरकारी खजाना लूटने में अभियुक्तों पर लखनऊ अदालत में जब केस चल रहा था तो श्री विजयपाल सिंह उनका केस सुनने के लिए अदालत में जाते थे।"

श्री विजयपाल सिंह के विषय में संक्षेप में लिखना आवश्यक है। सन् 1921 में चौधरी श्री विजयपाल सिंह जी ने एल. एल. बी. की परीक्षा छोड़ कर असहयोग आन्दोलन में भाग लिया। गिरफ्तार हुए और उन्होंने एक साल का

कारावास मेरठ और कानपुर की जेलो में बिताया। कानपुर की जेल में चौधरी साहब और उनके निकटतम सहयोगी श्री विष्णुशरण दुबलिश दोनों के साथ बहुत से क्रांतिकारियों का भी सम्पर्क हुआ। जेलों से बाहर आने के बाद चौधरी साहब तो स्वराज का प्रचार करने के लिए देहातों का भ्रमण करने लगे और 1924 में वह स्वराज पार्टी के टिकट पर यू. पी. लेजिस्लेटिव कौन्सिल में भारी बहुमत से चुने गए। दुबलिश जी मेरठ के वैश्य अनाथालय के प्रबन्धक बनकर उसमें ही रहने लगे। जेल में क्रांतिकारियों का जो सम्पर्क मेरठ वालों से हुआ था, उसी सम्पर्क द्वारा कुछ क्रांतिकारी मेरठ आये क्योंकि मेठर में दुबलिश जी हर समय उपस्थित रहते थे, इसलिए बाहर के क्रांतिकारियों का ठहरना और रहना दुबलिश जी के पास ही होता था।

काकोरी कांड : अंग्रेजी सरकार बौखलाई

काकोरी कांड में क्रांतिकारियों ने रेल का खजाना लूटकर अंग्रेजी सरकार को तिलमिला दिया था। अनेक नौजवान राजनीतिक कार्यकर्ताओं को पुलिस ने गिरफ्तार कर काकोरी षड्यन्त्र केस चालू कर दिया।

जब यह केस लखनऊ में चालू था तो चौधरी विजयपाल सिंह गवर्नर की कौन्सिल के मेम्बर हो चुके थे। कौन्सिल की बैठकों में उनको लखनऊ जाना ही होता था। वह काकोरी केस को देखते और सुनते थे। मेरठ में अपनी कानून की छोड़ी हुई एल. एल. बी. क्लास में चौधरी जी पुनः दाखिल हो गए।

मेरठ कालेज में एक जिमनेजियम खोला गया। उसमें पांच-छः विद्यार्थी अच्छे स्पोर्ट्समैन थे, उनमें क्रांतिवीर राजेन्द्रपाल सिंह वारियर और रणवीर गहलोत नाम के भी विद्यार्थी थे। चौधरी साहब भी जिमनेजियम में अपनी क्लास पूरी करने के बाद आते थे।

उन पांच-छः नौजवानों से जो जिमनेस्टिक्स के बहुत शौकीन थे, चौधरी साहब काकोरी षड्यन्त्र केस के नौजवान वीरों की वीरता, उनके साहस, उनकी देशभक्ति और बलिदान की प्रशंसा करते रहते थे, जिसका उनके दिमाग पर गहरा असर पड़ता था। उन लोगों ने भी प्रतिज्ञा की कि हम भी अपने देश के लिए अवश्य कुछ करेंगे। अपना सम्पर्क क्रांतिकारी दल से अवश्य ही करेंगे। उन्होंने अपना यह निश्चय चौधरी साहब को बताया तो पहले तो उन्होंने उन्हें बहुत समझाया कि वे ऐसे खतरनाक काम में न पड़ें, किन्तु जब उनका दृढ़ निश्चय देखा तो वायदा किया कि वह तो स्वयं गांधीवादी हैं, परन्तु भूले-भटके

श्रीमती सुशीला दीदी

से यदि कोई क्रांतिकारी उनके पास आया तो वह अवश्य ही उनका परिचय उनसे करा देंगे।

चौधरी साहब की धर्मपत्नी सत्यवती जी स्नातिका की बहन दीदी सुशीला, जो क्रांतिकारी दल की प्रसिद्ध सदस्या थी, मेरठ आई। उनके साथ एक प्रमुख क्रांतिकारी भी था। इस अवसर पर उनका परिचय ऊंचे क्रांतिकारियों से करा दिया गया। उसी समय से सब साथी एक जुट होकर गुप्त क्रांतिकारी संघर्ष में जुट गए।

काकोरी केस के वीरों की वीरता और बलिदान ने उन सबको देश सेवा के लिए बड़ी प्रेरणा दी। काकोरी के वीर सेनानियों की देन भारत को आजाद कराने में बहुत महत्वपूर्ण है। परन्तु अभी उन शहीदों के सपने का भारत बनना बाकी है जिसमें गरीबी, बेकारी, भ्रष्टाचारी और व्यक्तिगत लाभ के लिए मनुष्य द्वारा मनुष्य का शोषण सम्भव न हो।

खजाना लूटने वाले ये क्रांतिवीर देश की विख्यात क्रांतिकारी संस्था हिन्दुस्तान रिपब्लिकन आर्मी के सदस्य थे।

काकोरी के शहीद !

अमर शहीद पं रामप्रसाद बिस्मिल

अमर शहीद पं. रामप्रसाद बिस्मिल जी आर्य समाजी थे। उनका जन्म ज्येष्ठ शुक्ल पक्ष की एकादशी संवत् 1954 विक्रमी में हुआ था। उनके पिता का नाम पं. मुरलीधर था। मध्यप्रदेश तोमरधार के निवासी थे और दिनों के हेर-फेर से ग्रस्त होकर चरम सीमा की निर्धनता में उत्तरप्रदेश के नगर शाहजहांपुर में आ बसे थे। बिस्मिल जी के युवा होने के पूर्व ही उनका सम्बन्ध सशस्त्र क्रांतिकारियों से हो गया था।

पं. रामप्रसाद बिस्मिल भारतीय सशस्त्र क्रांतिकारी प्रयास के इतिहास के काकोरी काल में दल के सर्वप्रमुख सैनिक नेता थे और काकोरी केस में उन्हें सशस्त्र क्रांतिकारी देशभक्ति का सर्वश्रेष्ठ पुरस्कार "प्राणदण्ड" मिला था। अर्थात् अंग्रेज सत्ता के न्यायालय से 19 दिसम्बर, 1927 को उन्हें गोरखपुर जेल में फाँसी दे दी गयी थी।

जब रामप्रसाद जी फाँसी देने के लिए ले जाये जा रहे थे तो "बन्दे मातरम्", 'भारत माता की जय' बोलते हुए वह बड़े उत्साह से चल दिए थे। फाँसीघर के दरवाजे पर उन्होंने नारा लगाया था—"मैं ब्रिटिश साम्राज्य का नाश चाहता हूँ।"

अमर शहीद रामप्रसाद बिस्मिल जी ने एक पुस्तक 'आत्मकथा' फाँसी की सजा सुनने के बाद फाँसी की कोठरी में फाँसी पर झूलने से तीन दिन पहले तक अधिकारियों की नजर बचाकर लिखी थी और उसे तीन खेमों में, एक सहानुभूति रखने वाले जेल वार्डर के हाथ, गोरखपुर से प्रकाशित होने वाले सुप्रसिद्ध कांग्रेसी पत्र 'स्वदेश' के सम्पादक द्विवेदी के पास भेजा था। अन्ततः जीवनी की यह पाण्डुलिपि श्री गणेशशंकर विद्यार्थी 'प्रताप' कानपुर के महान सम्पादक के पास पहुँची, उन्होंने उसे 'काकोरी के शहीद' नामक पुस्तक में छाप कर प्रकाशित किया। वह पुस्तक सरकार द्वारा जब्त कर ली गयी थी। उन्होंने और भी कई पुस्तकें लिखी थी।

अमर शहीद राजेन्द्रनाथ लाहिड़ी

शहीद राजेन्द्रनाथ लाहिड़ी का जन्म जून, 1909 में बंगाल के पवना जिले के भड़गा ग्राम में हुआ था। इनके परिवार के लोग 1909 में बनारस में आ बसे थे और वहीं पर राजेन्द्रनाथ जी ने शिक्षा प्राप्त की।

राजेन्द्रनाथ श्री शचीन्द्रनाथ सान्याल के सम्पर्क में आकर क्रांतिकारी दल में सम्मिलित हो गए थे। सान्याल जी बंगाल के "युगान्तर" दल से सम्बन्धित थे। बंगाल का दूसरा क्रान्तिकारी दल 'अनुशीलन' नाम का था। उत्तर प्रदेश में ये दोनों दल मिल गए और जो संयुक्त दल बना, उसका नाम हुआ 'हिन्दुस्तान प्रजातंत्र संघ'। राजेन्द्रनाथ इस संघ के बनारस के जिला संगठनकर्ता नियुक्त हुए। वह उसकी प्रान्तीय समिति के भी सदस्य थे जिसमें विष्णुशरण दुबलिश, सुरेशचन्द्र भट्टाचार्य तथा पं. रामप्रसाद बिस्मिल भी थे।

काकोरी ट्रेन काण्ड में जो दल क्रांतिकारी सम्मिलित हुए थे, उनमें राजेन्द्र जी भी थे। बाद में वह कलकत्ता में बम बनाने का शिक्षा प्राप्त करने और क्रांतिकारी दलों से सम्पर्क जोड़ने के लिए गए थे। वहां वह दक्षिणेश्वर बम फैक्टरी काण्ड में गिरफ्तार कर लिए गए। उस समय वह एम. ए. के छात्र थे। इस केस में उन्हें दस वर्ष की सजा हुई।

जब काकोरी काण्ड वाला राजनीतिक क्रांतिकारी षड्यंत्र केस चला तो उसमें भी वह अभियुक्त बनाए गए और केस में हत्या सहित डकैती आदि अभियोग लगा कर मृत्युदण्ड दिया गया।

काकोरी के शहीदों में राजेन्द्र लाहिड़ी को अन्य तीन शहीदों से दो दिन पूर्व यानि 17 दिसम्बर, 1927 को ही गोण्डा जेल में फाँसी दे दी गयी थी। क्योंकि अधिकारियों को कहीं से यह खबर मिली थी कि क्रांतिकारी दल उनको जेल से निकाल ले जाने का प्रयास कर रहे हैं, ऐसी किसी सम्भावना से बचने के लिए यह किया होगा।

फाँसी के लिए चलने से पहले उन्होंने स्नान और गीतापाठ के साथ कुछ व्यायाम भी किया तो अंग्रेज जिला मजिस्ट्रेट को आश्चर्य हुआ तो उसने राजेन्द्र जी से पूछा–"आपने आगे आने वाली घटना के लिए स्नान करके धर्मग्रंथ का पाठ किया वह तो ठीक है, परन्तु मैं यह नहीं समझ पाया कि इस अवसर पर आपने जो व्यायाम किया, उसकी क्या उपयोगिता है ?"

राजेन्द्र जी ने मुस्कराते हुए उत्तर दिया–"मैं हिन्दू हूँ, और मेरा विश्वास है कि मैं अपने देश की आजादी के लिए पुनः दूसरा शरीर प्राप्त करने जा रहा हूँ। उस स्वस्थ और बलिष्ठ शरीर में अपने देश को स्वतंत्र करने के लिए पुनः जन्म लूंगा। मैं आशा करता हूँ कि एक भले अंग्रेज की तरह आप मेरा यह अन्तिम संदेश मेरे देशवासियों को पहुँचा देंगे।

अमर शहीद अशफाक उल्ला खां

अमर शहीद अशफाक उल्ला खां शाहजहांपुर के रहने वाले थे और उनका खानदान वहां के रईसों में गिना जाता था। तैराकी, घुड़सवारी, हाकी, बन्दूक से निशानेबाजी में कुशल थे। शाहजहांपुर में वह बचपन से ही पं. रामप्रसाद बिस्मिल जी के दोस्त थे। अशफाक रामप्रसाद जी के जरिये ही क्रांतिकारी आंदोलनों में शामिल हुए थे।

जब 9 अगस्त, 1925 के दिन काकोरी रेलवे स्टेशन के निकट में सरकारी खजाने पर डाका डाला गया और जब गिरफ्तारियाँ हुईं तो समझा गया कि यह हिन्दुस्तान की इन्कलाबी जमात का काम है। गिरफ्तारियाँ होने से पहले अशफाक उल्ला जी अपने घर से गायब हो गए थे। किसी की धोखेबाजी से सितम्बर, 1926 को दिल्ली में वह गिरफ्तार हुए। उन पर लखनऊ में अलग से काकोरी पूरक केस चला, क्योकि मुख्य केस रामप्रसाद बिस्मिल आदि पर पहले ही चल रहा था और उसमें श्री चन्द्रभान गुप्त एवं कृपाशंकर हजेला दोनों वकील अभियुक्तों की पैरवी कर रहे थे।

मुकदमा मजिस्ट्रेट खान बहादुर ऐनुद्दीन साहब की अदालत में चला। वह अशफाक के बहनोई अब्दुल कादिर डिप्टी मजिस्ट्रेट को जानते थे, इसलिए उन्होंने चाहा कि अशफाक किसी मुसलमान वकील से पैरवी कराएं। लेकिन अशफाक ने कहा कि मैं सिवाय हजेला साहब के और किसी से पैरवी नहीं कराऊंगा। उनको राय दी गयी कि "हजेला साहब तो आर्य समाजी हैं, तुम्हें फंसवा देंगे। उन्होंने कहा–"अच्छा है उनके ही हाथ से यह काम हो"।

मुकदमा अशफाक और शचीन्द्रनाथ बख्शी पर सैशन अदालत में चला तो उसमें शचीन्द्रनाथ बख्शी के वकील श्री चन्द्रभानु गुप्त नियुक्त हुए। सरकार दूसरे वकील का खर्च उठाना नहीं चाहती थी, इसलिए अशफाक की यह बात नहीं मानी गयी। तब अशफाक ने कहा–"तो आप मुझे फाँसी पर चढ़ा दीजिए, मेरा वकील हजेला ही होगा"। अदालत को आखिर उनका यह आग्रह मानना पड़ा और हजेला साहब उनके वकील नियुक्त हुए।

मुकदमे के दौरान कई मुसलमान सरकारी अफसर खास तौर पर सुपरिंडेंट पुलिस तसद्दुक हुसैन साहब इस बात की कोशिश करते रहे कि अशफाक सारी बातों का इकबाल कर लें और अपनी जान बचा लें। जब यह बात हजेला साहब को मालूम हुई तो एक वकील के नाते उन्होंने भी उनकी जान बचाना अपना फर्ज समझा क्योंकि पहला मुकदमा चल ही रहा था और उसका फैसला मुलजिमों के खिलाफ जाना था।

श्री हजेला ने अशफाक से जब इस बात का जिक्र किया तो अशफाक ने दृढ़ता से कहा–"हजेला साहब किसी यकीन से मैंने आपको अपना वकील मुकर्रर किया था। मुझे हैरत है, आप मुझे यह सलाह दे रहे हैं। मुझे आप पर बहुत भरोसा था। दुनिया मुझे क्या कहेगी ? मैं अकेला मुसलमान हूँ, जो इस काम में आया हूँ। हिन्दुओं में खुदीराम बोस आदि बहुत से शहीदाने वतन हो गए हैं।" हजेला साहब ने कहा "भाई ठीक है, मैं तुम्हारी दिलों ख्वाहिश का ख्याल रखते हुए भी तुम्हें फाँसी से बचाने के लिए जो कुछ कर सकता हूँ करूंगा।

आलातरीन इनाम फाँसी

अशफाक को सैशन जज बैनेट साहब के यहाँ से फाँसी की सजा हो गई और फिर यह मामला अपील में अवध चीफ कोर्ट में पहुँचा। वहाँ भी हजेला साहब उनके वकील थे। वहाँ भी फाँसी की सजा हुई।

फैसले के दिन सजा सुनने अशफॉक बसन्ती धोती पहन कर ऐसे सज-धज कर कोर्ट में आए थे, जैसे किसी सम्मेलन में जा रहे हों। जब उन्हें फाँसी की सजा सुनायी गई तो हजेला साहब ने कहा- "मुझे बड़ा अफसोस है," तो अशफाक ने हंसते हुए कहा-"अफसोस, किस बात का ? यह तो मेरी खुश-किस्मती है कि मुझे हुब्बे वतन का आलातरीन इनाम मिला है। मैं तो अपनी कौम के लिए, एक पूरी सल्तनत के लिए मादरे वतन की आजादी के लिए जान दे रहा हूँ। क्या यह मकसद जान देने के लिए काफी नहीं है? उन्होंने फिर खुदीराम बोस आदि उनके हिन्दू शहीदों के नाम गिनाये जो मादरे वतन की आजादी की खातिर फाँसी चढ़े। मुझे इसका फक्र है, मैं पहला मुसलमान हूँगा जो इस तरह आजादी के लिए फांसी पा रहा हूँ। अशफॉक को 19 दिसम्बर, 1927 को सबेरे फैजाबाद जेल में फांसी दे दी गयी। उनकी लाश को एक शहीद के सम्मान के साथ रेलगाड़ी से शाहजहांपुर ले जाया गया। जब गाड़ी लखनऊ स्टेशन पर पहुँची तो उनके दर्शन के लिए वहाँ भारी भीड़ लगी थी। उसमें चन्द्रभानु गुप्त वकील, गणेशशंकर विद्यार्थी, कृपाशंकर हजेला वकील शामिल थे और उनके प्रति श्रद्धा से सबकी आंसू भरी आंखें और सर झुके हुए थे।

श्री हजेला उनकी मजार पर कई बार फूल चढ़ाने गए।

ठाकुर रोशन सिंह

ठाकुर रोशन सिंह शाहजहांपुर जिले के ग्राम नवादा के रहने वाले थे। उनकी दो पत्नियाँ थीं।

जब असहयोग आन्दोलन चला तो उसमें देश और समाज के लिए हितकारी रूप में उन्होंने शाहजहांपुर और बरेली जिलों में गांव-गांव घूमकर असहयोग के प्रचार का कार्य किया था। बरेली में गोली चली तो ठा. रोशन सिंह गिरफ्तार कर लिए गए और उन्हें दो वर्ष की सख्त कैद का दण्ड मिला।

काकोरी षड्यंत्र केस मे पकड़े गए। ठाकुर जी हिन्दी और उर्दू अच्छी तरह जानते थे, अंग्रेजी में ज्ञान नहीं के बराबर था। काकोरी षड्यंत्र केस में जो गवाहियाँ हुईं, उनसे यह नहीं लगता था कि रोशन सिंह को फांसी की सजा हो सकती है। लेकिन जब उन्हें भी फांसी की सजा सुनाई गई तो सबको आश्चर्य हुआ। मुकदमे का फैसला और सजाएं सैशन जज अंग्रेजी में सुना रहा था। अपना नाम पर "फाइव इयर्स, फाइव इयर्स" सुन कर तो उन्होंने समझ लिया कि उन्हें षड्यंत्र में शामिल होने के लिए पांच साल की कड़ी कैद मिली है, किन्तु आगे जब धारा 376 में उन्हें सजाएं मौत अंग्रेजी में सुनाई गयी तो उसे वह तत्काल समझ न सके। उनकी सजा सुनकर पास में खड़े साथी दुबलिश जी ने प्रेम से उन्हें हृदय से लगा लिया। उन्होंने दुबलिश जी से पूछा "फाइव इयर्स, फाइव इयर्स के आगे यह जज और क्या बक गया ?" दुबलिश जी ने जब उन्हें बताया कि जज ने आपको देशभक्ति का सर्वश्रेष्ठ पुरस्कार मृत्युदण्ड दिया है। सुनते ही उनका चेहरा आत्माभिमान और हर्ष से चमक उठा।

जिन्दादिली को जान ऐ रोशन

ठाकुर श्री रोशन सिंह जी को 19 दिसम्बर, 1927 को मलाका, इलाहाबाद जेल में फाँसी दी गयी। लेकिन 13 दिसम्बर को उन्होंने अपने मित्र को पत्र भेजा था, उसमें लिखा था–

इस हफ्ते के अन्दर ही मुझे फाँसी दे दी जायेगी। ईश्वर से प्रार्थना है कि वह आपको मुहब्बत का बदला दे। आप मेरे लिए हरगिज रंज न करें। मेरी मौत खुशी का वाइस होगी। दुनिया में पैदा होकर मरना जरूर है। दुनिया में बदफैल करके मनुष्य अपने को बदनाम न करें और मरते वक्त ईश्वर की याद रहे, यही दो बातें होनी चाहिए और ईश्वर की कृपा से मेरे साथ ये दोनों बातें हैं। इसलिए मेरी मौत किसी प्रकार अफसोस के लायक नहीं है। दो साल से मैं बाल-बच्चों से अलग हूँ। इस बीच ईश्वर भजन का खूब मौका मिला। इससे मेरा मोह छूट गया और कोई वासना बाकी न रही, मेरा पूरा विश्वास है कि दुनिया की कष्ट भरी यात्रा समाप्त करके मैं अब आराम की जिन्दगी के लिए जा रहा हूँ। हमारे शास्त्रों में लिखा है कि जो आदमी धर्म युद्ध में प्राण देता है, उसकी वही गति होती है जो जंगल में रहकर तपस्या करने वालों की।

जिन्दगी जिन्दादिली को जान ऐ रोशन
वरना कितने मरे और पैदा होते जाते हैं।

आखिरी नमस्ते।
आपका रोशन

फाँसी के दिन ठाकुर जी स्नान-ध्यान आदि करके पहले से तैयार बैठे थे। जिला मैजिस्ट्रेट, जेलर आदि उन्हें फाँसी घर में ले जाने के लिए आए तो रोशन जी मुस्कराते हुए, हाथ में गीता लिए उनके साथ चल दिए। फाँसी के तख्ते पर चढ़ते हुए उन्होंने 'बन्दे मातरम्' का नारा लगाया और 'ओम्' का स्मरण करते-करते लटक गए।

हमारे लिए प्रेरणा के स्रोत अमर शहीद देशभक्तों में आपने स्थान पाया। इलाहाबाद का श्रद्धालु जन समूह अमर शहीद रोशन को सम्मान के साथ जुलूस में ले जाना चाहता था, मगर जिला मजिस्ट्रेट ने इसकी इजाजत नहीं दी। श्मशान भूमि में आर्य-समाजी विधि से उनका दाह संस्कार कर दिया गया। अमर शहीद चन्द्रशेखर आजाद खजाना लूटने में फरार अवस्था में ही शामिल हुए थे और फरार भी हो गए थे।

श्री शचीन्द्रनाथ बख्शी आजन्म कैद। श्री मन्मथनाथ गुप्ता जी चौदह वर्ष कैद। श्री मुकुन्दलाल गुप्त आजन्म कैद। श्री केशवचन्द्र चक्रवर्ती पकड़े नहीं गए। श्री मुरारी शर्मा पकड़े नहीं गए। श्री बनवारी लाल इकबाली दो वर्ष कैद।

काकोरी काण्ड मुकदमे में सजा-प्राप्त अन्य क्रांतिकारी

श्रीं शचीन्द्रनाथ सान्याल आजन्म कैद। श्री जोगेशचन्द्र चैटर्जी आजन्म कैद। श्री गोविन्द चरण आजन्म कैद। श्री विष्णुशरण दुबलिश दस वर्ष कैद, नैनी जेल केस में आजन्म कैद। श्री सुरेशचन्द्र भट्टाचार्य 10 वर्ष कैद। श्री राज कुमार सिन्हा 10 वर्ष कैद। श्री प्रेमकृष्ण खन्ना 5 वर्ष कैद। श्री भूपेन्द्रनाथ सान्याल 5 वर्ष कैद। श्री रामदुलारे त्रिवेदी 5 वर्ष कैद। श्री रामनाथ पाण्डे 3 वर्ष कैद। श्री प्रणवेश कुमार चैटर्जी चार वर्ष कैद।

बैरिस्टर बी. के. चौधरी (कलकत्ता), श्री चन्द्रभानु गुप्त, श्री गोविंद बलवंत पन्त, श्री मोहनलाल सक्सेना तथा श्री कृपाशंकर हजेला वकीलों ने अभियुक्तों की निःशुल्क पैरवी की थी।

जिन पर केस चला लेकिन जो अभियोग से मुक्त किए गए–

श्री हरगोविन्द (लखनऊ), श्री शचीन्द्रनाथ विश्वास। श्री दामोदर स्वरूप सेठ बीमारी के कारण छोड़ दिए गए, फिर उनपर मुकदमा नहीं चलाया गया। जो

केस के सम्बन्ध में गिरफ्तार हुए परन्तु बाद में छोड़ दिए गए- श्री मदनलाल, शाहजहांपुर। श्री इन्द्रविक्रम सिंह, बनारस; श्री शीतला सहाय, इलाहाबाद; श्री चन्द्रभाल जौहरी, आगरा; श्री ज्योतिशंकर, इटावा; श्री मोहन लाल गौतम; श्री गोपीनाथ, कानपुर; श्री कालिदास, बंगाल; श्री देवदत्त भट्टाचार्य, बनारस; श्री वीरभद्र तिवारी; श्री चन्द्र धर जौहरी, आगरा; श्री बाबूराम, एटा; श्री हरनाम सुन्दर, लखीमपुर; श्री भैरो सिहं, हरदोई; श्री शरच्चन्द्र गुह; श्री कुन्दन लाल गुप्त को पुलिस पकड़ नहीं सकी। जिन्होंने अप्रूवर (सरकारी इकबाली गवाह) बनकर माफी प्राप्त की। बनारसी लाल, शाहजहांपुर; इंदुभूषण मित्र, शाहजहांपुर; श्री शिवचरण लाल (मथुरा-आगरा) पर से मुकदमा रहस्यमय संदेह समझे गए कारणों से उठा लिया गया।

मुकदमा दस महीने चला और उसपर सरकार का दस लाख रुपया खर्च हुआ। मैं काकोरी कांड में शामिल नहीं था।

हाथ से पैन रखते हुए मैंने कहा कि अंग्रेज सरकार को हिन्दुस्तानियों को लूट कर बेकसूर आजादी के दीवानों पर मुकदमा चलाकर खर्च करने में भला क्या परेशानी थी। उन्हीं के पैसे से, उन्हीं पर जुल्म किया जाता था।

(कहावत है कि–"अपना भी खाँऊ-तेरा भी खाऊँ बुढ़िया री बुढ़िया क्या देगी।")

आजादी के दीवानों की भावनाएं उनका आदर्श जीवन अपनाए बिना, उन्हें श्रद्धांजलि अर्पित कैसे की जाए।

उन्हें मेरी सादर श्रद्धांजलि अर्पित है। आज जो बहुत देर हो गई एक बज गया।

"श्री चन्द्रशेखर आजाद फरार अवस्था में भी सर्वोच्च अवस्था सेनापति की हैसियत से 17 वर्ष की उम्र से किसी भी एक्शन में साथियों का साथ देने से जरा भी चूक नहीं करते थे। एक दिन मैंने विमल जी से कहा कि आप यह बतलाओ कि आजाद पुलिस को चकमा कैसे देते थे।"

पुलिस को चकमा

"आजादी के दीवाने आजाद में ज्वलंत, देशभक्ति अदम्य उत्साह, असीम साहस, ईमानदारी, लगन, त्याग की भावना आदि का जितना भी उल्लेख किया जाए, उनके लिए कम है। पुलिस की गिरफ्तारी से बचने के लिए दांव-पेंच लगाने के उपाय करने में वह एक जादूगर की तरह अपनी चतुराई से पुलिस की आँखों के सामने आजाद आलमाल हो जाते थे। फिर भी इलाहाबाद अल्फ्रेड पार्क में

पुलिस के झांसें में आ गये और खुले मैदान में गोलियों का सामना करते हुए तथा अन्तिम समय तक आजादी की शान-शौकत रखते हुए अपनी ही अन्तिम गोली से वीरगति को प्राप्त हुए।

आजाद ने अपनी पिस्तौल का नाम बम तुल बुखारा रखा हुआ था और बड़े गर्व से साथियों से कहते थे कि यह बम तुल बुखारा मेरे पास है। किसने माँ का दूध पिया जो मुझे जिन्दा गिरफ्तार कर सके। आजाद की सुनाई कविता की पंक्तियां यहाँ पर सटीक लगती हैं-

दुश्मन की गोलियों का हम सामना करेंगे।
हम आजाद ही रहे हैं, आजाद ही रहेंगे।।

एक आध घटना का यहाँ जिक्र कर देना आवश्यक है कि वह पुलिस की आँखों में धूल कैसे झोंकते थे। एक बार आजाद ट्रेन से सफर कर रहे थे। जब वह स्टेशन पर उतरे भीड़ बहुत थी और पुलिस की भी सरगर्मी थी। एक बुढ़िया लाठी के सहारे मुश्किल से चल रही थी। आजाद बुढ़िया को सहारा देकर और बुढ़िया को दादी कहकर सम्बोधन करते हुए ठेठ देहाती भाषा में बातें करते हुए चलने लगे। बुढ़िया ने समझा होगा कि मेरा कोई नाती आ गया है और उसने आजाद को दुआएं दी होंगी और जब फाटक पर पहुँचे तो अपना और बुढ़िया का टिकट बाबू को देकर बाहर निकल गये।

कानपुर के सी. आई. डी. के इन्चार्ज राय साहब शम्भूनाथ को एक दिन खबर लगी कि उस दिन चन्द्रशेखर आजाद इलाहाबाद से कानपुर पहुँच रहे हैं। वह गर्म शाल ओढ़े हुए होंगे, रंग काला और लम्बे-तगड़े हैं।

आजाद इलाहाबाद से वैशम्पायन के साथ स्टेशन जा रहे थे। रास्ते में दर्जी की दुकान पड़ती थी। इक्के को रुकवा कर बच्चन ने दर्जी से पूछा कि जो सूट सिलने दिया था, वह तैयार है? सूट तैयार था तो आजाद ने दुकान में जाकर सूट पहन लिया और एक फैल्ट हैट भी ले लिया। चादर, धोती आदि कपड़ों की एक पोटली बनायी। ट्रेन कानपुर पहुँची तो आजाद ने देखा ट्रेन के दोनों ओर पुलिस का जमघट है। उन्होंने बच्चन से कहा कि यह सब कुछ मेरे लिए है, तुम आसानी से निकल जाओ। बच्चन ने आजाद को अकेला छोड़ना किसी तरह भी मंजूर नहीं किया तो उन्होंने आदेश दिया कि बाथरूम में जाकर अपनी दोनों पिस्तौलें भर लें और बाहर निकलते वक्त किसी ने टोका या रुकने को कहा तो गोली से जवाब देना। आजाद ने भी बाथरूम में जाकर अपनी दोनों पिस्तौलें चैक कीं।

गाड़ी प्लेटफार्म नं. 1 पर आई थी। शान्तिपूर्वक कुली से अपना सामान उठवाया और सामने पड़ी बैंच के पास यह कहकर कुली को सामान रखने का आदेश दिया कि 'भाई मेरे सीने में दर्द हो रहा है। मैं कुछ देर तक आराम करने के बाद ही भीड़ कम होने पर आहिस्ता-आहिस्ता बाहर जाऊँगा और जो कुछ तुम्हारा नुकसान होगा, उसे भी पूरा करूँगा।' दोनों आराम से बैंच पर बैठ गये। आजाद ने माथे पर हैट ऐसे झुका लिया कि चेहरा भी साफ दिखाई न दे और किसी को शंका भी न हो कि जान-बूझकर झुकाया गया है। लेकिन वहाँ पर तो एक ड्रामा शुरू हो गया। जो भी कोई चादर ओढ़े दिखाई देता, पुलिस उसे ही पकड़ कर भीड़ में से जाती और पूरी पूछताछ करने के बाद उसे छोड़ती। उस दिन हर काले तगड़े चादर ओढ़े मुसाफिर पर आफत आई थी लेकिन जिसे ढूंढ़ रहे थे, वह तो उनके सामने ही उस बैंच पर बैठा था। उस बैंच के पास से पुलिस बार-बार चलकर चक्कर लगा रही थी। मुसाफिर भी सब चले गये और पुलिस भी स्टेशन से विचार करती हुई चली गई कि शायद आजाद इलाहाबाद से इस गाड़ी से आए नहीं या खबर देने वाले ने खबर गलत दी।

जब आजाद को पूरी तरह भरोसा हो गया कि अब कोई डर नहीं रहा तो कुली के सर पर सामान रखवाया और छावनी की ओर निकलने वाले गेट से बाहर निकल कर ग्वाल टोली के लिए तांगा किया एवं कुली को पैसे देकर, तांगे वाले को आजाद ने कहा कि मेरी सास बहुत बीमार है। जल्दी पहुँचा दोगे तो तुम्हें इनाम मिलेगा। घोड़ा सरपट दौड़ने लगा। इस प्रकार ग्वाल टोली में पार्टी द्वारा किराये पर लिए मकान पर पहुँचे और तांगे वाले को पैसा देकर विदा किया। सामान को अन्दर ले गये और तुरन्त पिछले दरवाजे से बाहर निकल कर फिर तांगा किया और उससे वह दोनों ए. बी. रोड पहुँचें। वहाँ आर्य समाज के ऊपर रामचन्द्र मुसद्दी के निवास स्थान पर जाकर ठहर गये। उस फ्लैट को उन्होंने शायद इसलिए निरापद समझा कि ठीक उसी बिल्डिंग के नीचे वाले हिस्से में रायसाहब शम्भूनाथ का अपना निवास स्थान था। पुलिस यह सोच भी न सकी कि जिसकी वह इतनी जोरों के साथ खोजबीन कर रही है, वह उन्हीं के ऊपर आकर टिका हुआ है।

हनुमान भक्त ब्रह्मचारी

मास्टर रूद्रनारायण से पूर्व परिचित होने के कारण काकोरी कांड के बाद आजाद इलाहाबाद से झाँसी आए तो मास्टर जी के यहाँ ठहरे। उस समय आजाद को भी खतरा था और मास्टर जी को भी। इसकी वजह थी कि मास्टर साहब कांग्रेस आंदोलन में जेल जा चुके थे, फिर भी उनके विषय में पुलिस को

शंका थी कि वे क्रांतिकारियों से सम्बन्ध रखते हैं। इसलिए उनके दरवाजे पर गुप्तचर विभाग का पहरा रहता था। शंका का कारण यह भी था कि काकोरी षड्यंत्र के मुखबिरों से पुलिस को यह पता चल गया था कि झांसी भी क्रांतिकारियों के संगठन का अड्डा है। इसलिए भी झांसी में पुलिस की सरगर्मियां जोरों पर थीं। आजाद के घर में रहते हुए भी मास्टर जी पुलिस वालों से बड़ी दृढ़ता से कहते थे कि मुझे एक बार आजाद मिल जाए, ना पकड़वा दूं तो मेरा नाम नहीं, बोलो क्या इनाम दोगे। लेकिन मास्टर जी ने आजाद को झांसी न रहने की सलाह दी। क्योंकि आजाद आसानी से पुलिस की नजरों से बच नहीं सकते थे। आखिर निश्चय हुआ कि वे ओरछे के पास ढ़िमपुरा गांव सांतार नदी के किनारे हनुमान जी के मन्दिर में साधू वेश में रहें। इसके पूर्व आजाद महंत के मठ में साधू बनकर रह चुके थे। आजाद ने साधू वेश धारण किया और एक कम्बल, रामायण की पोथी भी साथ में ले ली। सांतार पर ये हनुमान भक्त ब्रह्मचारी कहलाने लगे। मास्टर जी ने आजाद को वह स्थान पहले ही दिखला दिया था। मास्टर भी कभी-कभी उनकी खैर-खबर ले आते और वहां जाते ही उन्हें श्रद्धा से दण्डवत करते। उन दिनों गांव में साधू-संतों की बहुत श्रद्धा-पूजा होती थी। कोई न कोई गृहस्थ उन्हें भोजन करा ही देता था। धीरे-धीरे ब्रह्मचारी जी ने गाँव में लोगों को रामायण भी सुनाना आरम्भ कर दिया। छोटे बच्चों के लिए मन्दिर के चबूतरे पर पाठशाला खोलकर बच्चों को पढ़ाना शुरू कर दिया तो आजाद की प्रतिष्ठा बढ़ने लगी। उनके व्यवहार और चाल-चलन से प्रभावित होकर ढ़िमपुरा के ठाकुर मलखान सिंह ने स्कूल के लिए उन्हें अपने घर के सामने की चौपाल दे दी ओर भोजन की भी समस्या हल हो गई। दोनों समय ब्रह्मचारी जी को अपने साथ रसोई में भोजन कराते और एक दिन सारे परिवार की राय से साधू ब्रह्मचारी जी का प्रवेश ठाकुरों के घर में हो गया।

ठाकुर मलखान सिंह चार भाई थे। चारों ही जंगल विभाग में नौकरी करते थे। कई-कई दिन तक घर नहीं आते थे। उन्हें घर से बेफिक्री हो गई और तिजोरी की चाभी भी ब्रह्मचारी जी को सौंप जाते। ठाकुरों की बन्दूकों पर उनका पूरा अधिकार था। मलखान सिंह के साथ वह कभी-कभी शिकार खेलने भी चले जाते। कभी-कभी वह झाँसी से साथियों को ढ़िमपुरा बुलाकर बन्दूक चलाना सिखाते। ऐसे समय मलखान सिंह साथ नहीं होते। एक दिन सड़क पर एक अन्य साधू के साथ जा रहे थे तो मार्ग में दो सिपाही मिल गये। उन्होंने इन साधुओं को रुकने का आदेश दिया। आजाद अपने साथी के साथ ठहर गये। पास जाकर सिपाहियों ने पूछा–'क्या तू आजाद है' वे बिना हिचकिचाए हंसकर "बोले, हां बच्चा हम तो आजाद ही हैं। साधुओं को क्या बन्धन है? बाबा महावीर

जी के भगत हैं। भजन करते हैं और मस्त रहते हैं। तो चलें बच्चा हनुमान जी को चोला चढ़ाने में देर हो गई है।" आजाद की इस प्रकार की बातों से पुलिस वालों को आजाद न होने की शंका होने लगी और आगे कुछ नहीं बोले और बजरंग भक्त ब्रह्मचारी जी ढ़िमपुरा की ओर बढ़ गये। इस प्रकार चालाकी से बातें करके पुलिस वालों से मुक्त हो गये।"

आजादी के दीवाने चन्द्रशेखर आजाद के बारे में यह उल्लेख करना आवश्यक है कि डकैती डालने वाले आजाद के पास ठाकुरों की तिजोरी की चाभी रहती थी। पैसे की बहुत ज्यादा तंगी होने पर भी तिजोरी के खजाने पर भी उनका मन नहीं फिसला। ठाकुरों की बन्दूकें भी उनके कब्जे में रहती थी। श्री चन्दशेखर जी की विश्वसनीयता उनके श्रेष्ठ जीवन की आदर्श भावनाएं थीं। डकैती का काम वह करना नहीं चाहते थे फिर भी देश को दुश्मन के पंजे से छुड़ाने के लिए उन्हें मजबूरन ऐसा करना पड़ता था। बाद में कई-कई दिन तक वह उदास रहते थे। देश पर बलि हुए इन शहीदों की बदौलत ही भारत देश आजाद हुआ। उनका उद्देश्य भेष बदल कर रहना और अंग्रेज दुश्मन से अपने को बचाना था, विश्वास खोने के लिए नहीं। विश्वासपात्र बनकर विश्वासघात करना, इससे बड़ा अपराध और क्या हो सकता है? शहीदों के लिए लिखी गई ये पंक्तियाँ भारत के कण-कण में गूँजती हुई, उन्हें अमर रखने की लालसा संजोती हैं-

शहीदों की चिताओं पर लगेंगे हर बरस मेले।
वतन पर मरने वालों का यही बाकी निशां होगा।।

आजाद अपने साथियों को बड़ी मीठी भाषा में समझाते थे कि किसी मजबूरी में किसी की हत्या कर देना दूसरी बात है परन्तु जान-बूझ कर हत्या करना दूसरी बात है। हमारा क्रांतिकारी दल है, हत्यारों का नहीं। पास में पैसे हों या नहीं, हम भूखे पकड़े जाकर फाँसी पर भले ही लटक जायें किन्तु पैसे के लिए हत्या का हम कोई घृणित कार्य नहीं कर सकते। यह सब हमारे सिद्धांतों के प्रतिकूल है। हम चोर उचके नहीं हैं। साथियों को दृढ़ बनाने में आजाद इस प्रकार उन्हें शिक्षित करते रहते थे। उनके अनगिनत कार्य बड़े महत्वपूर्ण हैं।

खड़े होकर स्वागत

बुन्देलखंड की अनेक रियासतों में हथियार चलाने का अभ्यास कराने के लिए आजाद ने व्यवस्था की थी। इन रियासतों में प्रमुख दतिया तथा खनिया धानी की रियासतें थी। भोपाल में भी एक-दो केन्द्र थे। लाहौर षड्यन्त्र के बाद आजाद ने जयपुर, अजमेर तथा दिल्ली के पास नलगढ़ा में भी ऐसे केन्द्र खोले

थे। इन केन्द्रों में वह अत्यन्त विश्वासपात्र को ही ले जाते थे। साथियों की खाने की व्यवस्था हो जाने पर ही खाना ग्रहण करते थे और साथियों को यह आदेश था कि सुरक्षा के लिए पांच रुपये जेब में रहने चाहिए। ठंड के दिनों की बात है। आजाद को किसी ने कोट देना चाहा। उन्होंने यह कहकर कोट ग्रहण नहीं किया था कि सब साथियों के लिए ऐसी व्यवस्था नहीं है। आजाद ने हरीशंकर के नाम से मोटर मैकेनिक कम्पनी में काम किया था और हरीशंकर के नाम से पुलिस आफिसर की कार चलाने में भी कुछ दिन ड्राइवरी की थी।

महाराजा खनियाधाना श्री खलक सिंह जू देव के यहाँ रूद्रनारायण मास्टर जी का आना-जाना रहता था। उन्हें मालूम था कि महाराज जी क्रांतिकारियों से सम्बन्ध ही नहीं रखते बल्कि उनकी सहायता भी करते हैं। उन्होंने ही महाराज को बतलाया था कि हरीशंकर कौन है? हरीशंकर आजाद हैं, यह जानकर उस दिन से महाराज आजाद को बड़ी श्रद्धा की दृष्टि से देखने लगे थे। किन्तु ब्रिटिश शासकों को शक हो गया था कि महाराजा देश के राष्ट्रीय आन्दोलन में देशभक्तों की सहायता करते हैं। तब महाराजा की रियासत कोर्ट आफ वार्ड में जब्त थी और श्री प्रभुदयाल शासक नियुक्त किए गये थे, जो महाराजा पर कड़ी नजर रखते थे। एक दिन दोपहर को महाराजा अमराई में बैठे थे, पास में प्रभुदयाल जी भी बैठे थे। शासन-व्यवस्था के विषय में चर्चा चल रही थी तो अचानक आजाद सामने आ खड़े हुए। आजाद झांसी से पार्सल ट्रेन से आए थे। देखते ही महाराज जी ने खड़े होकर कहा - "पंडित जी आइए बैठिए।" महाराज जी यह भूल गये थे कि प्रभुदयाल जी बैठे हैं और एक व्यक्ति जो साधारण लिबास में हो, उसके सम्मान करने के लिए एक राजा इस प्रकार खडा हो जाए तो उन्हें आश्चर्य होना स्वाभाविक था। लेकिन प्रभुदयाल जी ने भी खड़े होकर आजाद का स्वागत किया।

बैठने पर पंडित जी का परिचय पूछा। महाराज जी ने कहा-"आप एक अच्छे ज्योतिषी हैं" फिर प्रश्न था-"पंडित का नाम" ! महाराज चक्कर में पड़ गये। क्या नाम बताएं ! इस दुविधा को आजाद समझ गए और उन्होंने तुरन्त कहा-"किशन लाल" ! मामला गडबड़ा जाने से बात सध गई। इस प्रकार आजाद की न जाने कितनी घटनाएं है पर उनके काम में कोई बाधा नहीं पड़ती थी। एक दिन रात के समय आजाद भगवानदास जी साथी के साथ कहीं से लौट रहे थे। पैसे की तंगी के कारण मन उदास था। मार्ग में किसी ने चौराहे पर टोटका कर रखा था। उसे देख आजाद ने अपनी मायूसी भुला कर, परिहास किया। उन्होंने भगवानदास जी से कहा-देख तो उसमें मिठाई, नारियल या सवा रुपया हो तो उठा ला।" भगवानदास जी गये तो झुंझला कर दिया ठोकर से

बुझा कर चले आए। आजाद ने पूछा–"कुछ लाया?" भगवानदास जी ने झल्लाकर कहा–"उसमें था क्या जो ले आता?"

'अरे दिया काहें का था? तेल का या घी का?'

'घी का?'

आजाद फिर खिलखिला कर हंस कर बोले–"मैं तो जानता था कि तू कुछ लुक-लुक कर ही डालेगा। अबे दिया बुझा कर घी तो पी जाना था। उसे तूने यूँ ही मिट्टी में मिला दिया। है न मूर्ख? तूने आज किसका मुँह देखा था?" भगवानदास जी वैसे ही भरे हुए बोले–"आपका !" भगवानदास जी को इस प्रकार क्षुब्ध अवस्था में देख आजाद की हंसी बढ़ती ही गई। वह बोले - "आइना देखा होगा, आइना। प्रातः ले ही जो नाम हमाराता, दिन ताहि न मिले अहारा की कहावत चरितार्थ हुई होगी। 'इस तरह उस उदासी के वातावरण को आजाद ने हंसी-खुशी में पलट दिया। भगवानदास भी मुस्करा दिए। आजाद का यह परिहास अच्छा लगा तो लिखवा दिया।

27 फरवरी, 1931 को शहीद आजाद पर लिखी गई कविता

ए शहीदे वतन, ए माँ के दुलारे बेटे,
आज आराम से आगोश[1] लहद[2] में लेटे।
वक्त अब आन पड़ा मौका अराई[3] का,
ध्यान हर वक्त रहा मुल्क के रूसवाई (मजबूरी) का।
सामने आँख उठाने की जिन्हें ताव न थी,
छिपके बच जाँय, यह आसान कोई बात न थी।
उनके ही हाथ का तू सैद[4] हुआ आखिरकार,
वाय किस्मत नहीं उसमें कोई चारा जिनहारन[5]
दम में गर दम है, तो कुछ कौम की खिदमत हो जाये।
जिन्दगी यों ही न आराम से रूखसत हो जाये।
मादरे हिन्द की जिन्दा[6] से रिहाई हो जाये,
हर तरफ अपने फरायेज[7] की अदाई हो जाये।
बस इसी धुन में भटकता फिरा बीरानों में,
कौम का एक ही दीवाना था दीवानों में।
दे गई दस[8] फना[9] हमको शहादत तेरी,

(1) गोद (2) कब्र (3) झगड़ा (4) शिकार (5) हरगिज (6) कैद खाना (7) फरजों (8) सबक (9) मौत

मिस्ल अपना नहीं रखती है शहादत तेरी।
आज मरके भी तू जिन्दा है दिलों में सब के,
उम्र जावेद[10] मिली रहे वफा में मिट के।
फूल मकतल पे तेरी चन्द पड़े थे बिखरे,
जख्म दिल देख के उनको हुए जाते थे हरे।
न वहाँ[11] करती हुई वाँ, वादे सदा आती थी,
जब से कान में सब के ये सदा[12] आती थी।
मादरे हिन्द हो आजाद, तुम आजाद बनो,
हक तुम्हारा है कि आजाद हो, आजाद बनो।

महान क्रांतिकारी सेनापति श्री चन्द्रशेखर आजाद का मृत या जीवित पकड़ने का प्रयास

भारत के कई प्रान्तों के पुलिस अधिकारी व गुप्तचर विभागवाले बड़ी लगन के साथ श्री चन्द्रशेखर आजाद को जीवित या मृत गिरफ्तार कर उच्च अधिकारियों से श्रेय प्राप्त करना चाहते थे और सरदार बहादुर कर्म सिंह दिल्ली सुपरिंटेंडेंट पुलिस गुप्तचर विभाग दिल्ली बड़े उत्साह के साथ इस बाजी में सफल होने का प्रयास कर रहे थे।

"लाहौर के गुप्तचर विभाग से जब दिल्ली के गुप्तचर अधिकारियों को सूचना मिली कि बमों का निर्माण दिल्ली में हो रहा है तो दिल्ली के अधिकारी कोने-कोने की छानबीन करने लगे। दूसरी ओर दिल्ली के क्रांतिकारी दल वालों को भी ये सूचना मिल गई थी कि लाहौर से पुलिस अधिकारी दिल्ली में बमों की खोज करने का प्रयास कर रहे हैं तो तुरन्त झण्डेवाला बम फैक्टरी से तमाम विस्फोटक सामग्री, सल्फ्यूरिक एसिड आदि के जार आदि हटाने में कोई विलम्ब न किया और घंटों में ही झण्डेवाला बम फैक्टरी भवन को खाली कर दिया और तमाम सामग्री श्री कपूरचन्द जैन के मकान के भूमितल स्टोर में पहाड़वाली गली में भिजवा दी। पुलिस ने 28 अक्टूबर, 1931 की रात्रि को गली औगढ़ वाली, बाजार सीताराम में कैलाशपति के मकान पर छापा मारा और हौजकाजी पुलिस थाने के एफ. आई. आर. नं. 217 दिनांक 29 अक्टूबर, 1930 के अन्तर्गत हरद्वारी लाल के मकान पर छापा मारा और हरद्वारी लाल गुप्ता आत्मज लक्ष्मीचन्द वैश्य व कैलाशपति उर्फ शीतल प्रसाद आत्मज हृदय नारायण निवासी मुफ्तीगंज,

(10) मुस्तकिल (11) मातमीगान (12) आवाज।

जौनपुर को गिरफ्तार कर लिया। कैलाशपति की गिरफ्तारी के साथ ही श्रीमती चन्द्रवती धर्मपत्नी राजबली प्रसाद ड्रिलमास्टर थाने में आकर गिड़गिड़ाने लगी। पुलिस वालों ने तुरन्त पहचान लिया कि ये एक कमजोर पहलू है और चन्द्रवती को ले जाकर कैलाशपति के सामने हवालात के बाहर खड़ा कर दिया कि तू सच-सच बता दे अन्यथा इसको हम बक्शेंगे नहीं। कैलाशपति उसके प्रति आकर्षित था और इसलिए उसने पार्टी के सब भेद सी. आई. डी. वाले अधिकारियों को बता दिए। यह जानकारी भी मिल गई कि जो भी विस्फोटक सामग्री है, वह कपूरचन्द के मकान पर झण्डेवाला फैक्टरी से भेज दी गई है।

कोतवाली पुलिस एफ. आई. आर. नं. 412 थाना कोतवाली, दिनांक 4 नवम्बर, 1931 को आर्म्स एक्ट के अन्तर्गत श्री कपूरचन्द्र जैन आत्मज मन्नूलाल जैन 2714 गली पहाड़वाली, चौक रायजी, धर्मपुरा पर छापा मारा और इनके निवास के भूमितल गोदाम से तमाम झण्डेवाला बम फैक्टरी से भेजी गयी विस्फोटक सामग्री बरामद कर ली और कपूरचन्द जैन को तुरन्त गिरफ्तार कर लिया।

इसके साथ ही दिल्ली पुलिस अधिकारी बहुत आश्वस्त थे कि कैलाशपति उसकी हर तरह से सहायता के लिए तैयार है और अब उन दिनों की बात है जब वह हिन्दुस्तानी समाजवादी प्रजातन्त्र सेना के सर्वोच्च सेनापति श्री चन्द्रशेखर आजाद को गिरफ्तार कर उच्च अधिकारियों से यश व प्रशस्ति पत्र प्राप्त करेंगे।

दिल्ली पुलिस अधिकारियों ने प्राप्त सूचनाओं और जानकारियों के आधार पर देश के भिन्न-भिन्न प्रान्तों में छापे मारकर जो भी सम्बन्धित संदिग्ध क्रांतिकारी थे, उनकी गिरफ्तारियां व तलाशियाँ शुरू कर दीं और बाकी अभियुक्तों को गिरफ्तार करने में सफल हुई।

19 नवम्बर, 1930 को कोतवाली एफ. आई. आर. नं. 436 के अन्तर्गत एक षड्यंत्र का मुकदमा कायम करके सभी कार्यवाही उसके आधीन करने लगे। दिल्ली के उच्च अधिकारी भी इस सफलता के समाचार से बहुत ही प्रसन्न थे और इसके समाचार सेक्रेटरी ऑफ स्टेट लन्दन तक भी रिपोर्ट किए गये। अधिकारियों ने तत्कालीन चीफ कमिश्नर दिल्ली से आग्रह किया कि ये एक बहुत बड़ी क्रांतिकारी योजना है और बड़े-बड़े योग्य प्रभावी युवक भी इसमें पकड़े गये हैं। उचित यह होगा कि इस षड्यंत्र केस के मुकदमे की पैरवी सुरक्षित स्थान पर तीन जजों के ट्रिब्यूनल की नियुक्ति कर के उनके समक्ष की जाये। चीफ कमिश्नर दिल्ली से ये भी आग्रह किया गया कि इसमें विस्फोटक सामग्री का मामला भी अपराधियों के विरुद्ध है। इसलिए विस्फोटक एक्ट में विशेष निर्देश द्वारा मुकदमा चलाने की अनुमति दी जाए।

प्रारम्भिक सूचना बम फैक्टरी के सम्बन्ध में पंजाब से दिल्ली को भेजी गई थी, इसलिए समाचार-पत्रों ने इन समाचारों को प्रमुखता से प्रकाशित किया। नई दिल्ली लेजिस्लेटिव असेम्बली में जब झण्डेवाला बम फैक्टरी के सम्बन्ध में प्रश्न पूछा गया तो 16 जनवरी, 1931 को सर हेनरी क्रेक होम मैम्बर ने सदन को बताया कि दिल्ली झण्डेवाला बम फैक्टरी में इतनी विपुल मात्रा में विस्फोटक सामग्री मिली है जिससे 6000 (छः हजार) शक्तिशाली बम बन सकते हैं।

इसी मध्य अचानक 27 फरवरी, 1931 को इलाहाबाद में चन्द्रशेखर आजाद के पुलिस की गोलियाँ से मुकाबले में शहीद होने का समाचार चीफ कमिश्नर दिल्ली को प्राप्त हुआ जो इस प्रकार था :–

शहीद चन्द्रशेखर आजाद की मृत्यु का समाचार

27 फरवरी, 1931 को अल्फ्रेड पार्क इलाहाबाद में गोलियों से मुकाबले के बाद सर्वोच्च क्रांतिकारी सेनानी श्री चन्द्रशेखर आजाद पुलिस के साथ गोलियों का जवाब गोलियों से देते हुए शहीद हो गए। इस घटना की रिपोर्ट तुरन्त डी. औ. नं. 201/सी. ओ.-31 दिनांक 27 फरवरी, 1931 की मिस्टर एस. पी. पुलिस आई. पी.-डिप्टी इंस्पेक्टर जनरल सी. आई. डी. उत्तरप्रदेश-इलाहाबाद में व आर. जे. एस. डाड ईवर सी. एस. आई., आई. पी. सी., एम. एल. सी. इंस्पेक्टर जनरल पुलिस उत्तरप्रदेश-लखनऊ की ओर से एक विस्तृत समाचार टेलीफोन पर भी और फिर लिखित रूप में दिल्ली के सी. आई. डी. प्रमुख मैलर के नाम आया है, इसका विवरण इस प्रकार था :–

मेरे टेलीफोन के संदेश का और विस्तृत रूप में विवरण में आपको अल्फ्रेड पार्क इलाहाबाद में आज प्रातः आजाद के गोली से मारे जाने के सम्बन्ध में दे रहा हूं।

हमारे पास विश्वसनीय आधार थे कि गत 10 दिन से आजाद इलाहाबाद में आया हुआ है और हमारे बहुत से कर्मचारी व अधिकारी आजाद की तलाश में तैनात कर दिए गए थे। आज प्रातः साढ़े आठ बजे के लगभग ठाकुर बिशेश्वर सिंह डिप्टी सुपरिंटेंडेंट ऑफ पुलिस सी.आई.डी. ने दो व्यक्तियों को अल्फ्रेड पार्क की ओर जाते हुए देखा। उनकी पूरी धारणा है कि उनमें से एक व्यक्ति आजाद है। उन्होंने अपने एक अर्दली को भेजकर नोटबावर को सूचना दी कि उसने आजाद को देखा है और उसने बराबर उनका पीछा किया और देखा कि दोनों पार्क में गए हैं। ठाकुर बिशेश्वर सिंह के विशेष संदेश मिलने पर नोटबावर तुरन्त कूदकर अपनी मोटर में बैठा और तेजी से पार्क की ओर रवाना हो गया।

ठाकुर बिशेश्वर सिंह द्वारा भेजा गया अर्दली भी उनके साथ मोटर में बैठ गया। वहां पहुंचकर उस अर्दली ने बताया कि इस स्थान पर उन दोनों व्यक्तियों को देखा है। नोटबावर ने भी देखा कि थोडी दूरी पर वे दोनों व्यक्ति एक पेड़ के नीचे बैठे हुए हैं। नोटबावर तुरन्त पैदल ही उन व्यक्तियों की ओर बढ़ गया और जब वह लगभग उनसे 20 गज की दूरी पर थे। तो उसने दोनों व्यक्तियों को ललकारा कि वे कौन हैं ? दोनों व्यक्तियों ने तुरन्त ही अपने-अपने रिवाल्वर निकाल लिए और नोटबावर की ओर गोलियां चलाईं। नोटबावर ने जो पहली गोली चलाई वह आजाद की जांघ में लगी और इस कारण कुछ सैकिण्डों के लिए उनका ध्यान बंट गया और नोटबावर उनके निशाने से निकल गया। नोटबावर ने अपने पास जितनी गोलियां थीं, वह बराबर चलाते रहे। तीन गोलियों के बाद जब नोटबावर फिर पुनः अपने पिस्तौल में गोलियां भरने लगा तो उस समय तुरन्त आजाद की एक गोली नोटबावर के बाएं ओर से बगल के नीचे आकर लगी नोटबावर ने तुरन्त एक पेड़ के पीछे छिपकर आश्रय लिया। आजाद भी जो बहुत जख्मी हो गए थे, एक दूसरे पेड़ के पीछे सरक गए और इस बीच आजाद का साथी वहां से छोड़कर निकल गया। नोटबावर ने देखा कि अब उसके पास गोलियां नहीं है परन्तु उसके साथ जो अर्दली था उसके पास काफी गोलियां थीं। वह बराबर पेड़ के पीछे से नोटबावर के साथ खड़े हुए गोलियां चलाता रहा।

इस समय ठाकुर बिशेश्वर सिंह भी घटनास्थल पर पहुंच गए और आजाद को धराशाही करने का प्रयास किया। उसकी एक गोली सम्भवतया आजाद के लगी। आजाद ने भी बहुत होशियारी से बिशेश्वर सिंह की ओर जो लगभग 70 गज की दूरी पर था-निशाना बांधा और गोली दाग दी। जो बिशेश्वर सिंह के नीचे जबड़े में लगी और इस चोट से ठाकुर बिशेश्वर सिंह विकलांग हो गए। इस समय तक आजाद के प्राण पखेरू उड़ गए और जमीन पर गिर गए। दोनों ओर से गोलियों की मुकाबले का समाचार पुलिस लाईन में पहुंच चुका था और मेजर्स के नेतृत्व में सशस्त्र पुलिस की कुमुक वहां और पहुंच गई। बहुत सारी भीड़ व विद्यार्थी भी वहां पर इकट्ठे हो गए क्योंकि ये गोलियों के संघर्ष का सिलसिला बाग की फैन्सिंग के अन्दर थोर्न हिल्स रोड़ की ओर था। पुलिस की ओर जो कुमुक आई थी, वह नोटबावर को उसके बंगले पर उठाकर ले गई सिविल सर्जन को भी टेलीफोन किया गया। परन्तु वह मिला नहीं, इसलिए तुरन्त मिस्टर मेजर्स पुलिस ऑफिस गया और असिस्टेन्ट सर्जन व एक नर्स को ले आया। नोटबावर के जख्मों की पट्टी करने का प्रबन्ध किया। उसके बाईं ओर गहरा जख्म था और दूसरा जख्म उसके बाएं हाथ में था। वे दोनों ही बिल्कुल उसके

हृदय के बराबर थे। नोटबावर की मरहम-पट्टी के बाद सिविल अस्पताल की ओर ध्यान गया, जहां बिशेश्वर सिंह को पहुंचाया गया था। उस समय बिशेश्वर सिंह का एक्सरे लिया जा रहा था और यह बात साफ नहीं थी कि गोली जबड़े से बाहर निकल गई या जबड़े में ही रह गई। इसलिए ठाकुर बिशेश्वर सिंह बात करने में असमर्थ था और उससे ये जानकारी नहीं ली जा सकी कि किस प्रकार उसने मुकाबला किया।

इस प्रकार आजाद बहादुर ने नोटबावर से जो मुकाबला किया–उसकी जितनी प्रशंसा की जाए थोड़ी है। मुझे तो आश्चर्य है कि किस प्रकार नाटबावर गोली से मरा नहीं। आजाद गोली की निशानेबाजी में बहुत ही निपुण है परन्तु नोटबावर की तुरन्त कार्यवाही से पहली गोली ने आजाद को जख्मी कर दिया और नोटबावर की जीवन रक्षा हो गई। बिशेश्वर सिंह ने भी अपनी खुफिया गतिविधियों की योग्यता दिखाई है और आजाद को जाते हुए पहचान लिया है और इसके बाद भी आजाद के साथ मुकाबले के समय साहसपूर्वक सामना किया। आशा है कि जो जख्म ठाकुर बिशेश्वर सिंह को आए, वह बहुत खतरनाक नहीं होंगे।

आजाद के साथी के सम्बन्ध में जो हुलिए की जानकारी मिली है। उसके अनुसार वह सुखदेव राज मालूम होता है–जो विद्यार्थियों की भीड़ वहां एकत्रित हो गई थी–वो उनमें जाकर मिल गया और एक विद्यार्थी को रिवाल्वर दिखाकर साइकिल छीन ली और साइकिल पर बैठकर फरार हो गया। हम इलाहाबाद में उसकी खोज कर रहे हैं। इस पत्र की एक कापी चीफ सेक्रेटरी को भी भेजी जा रही है।

उत्तरप्रदेश सरकार की ओर से जब श्री चन्द्रशेखर आजाद उर्फ पंडित उर्फ भैया आत्मज श्री सीताराम के गोली से मारे जाने का समाचार श्री मेजर सुपरिंटेंडेंट पुलिस दिल्ली सी.आई.डी. विभाग को मिला तो वह उत्तरप्रदेश सरकार की सफलता पर बहुत प्रफुल्लित हुआ। वर्षों से जिस क्रांतिकारी को गिरफ्तार करने में असफल रहे, वह अन्त में गोलियों की बौछारों के बीच मारा गया। दूसरी ओर दिल्ली षड्यंत्र केस की जांच करने वाले उच्च अधिकारियों ने बहुत ही निराशा अनुभव की, क्योंकि चन्द्रशेखर की गिरफ्तारी का श्रेय जो उनके बिल्कुल समीप था, वह उनके हाथ से निकल गया और उत्तरप्रदेश सरकार उसमें सफल हो गयी। दिल्ली के अधिकारियों का कहना था कि जब सब ओर से गिरफ्तारियों का तांता बंधा और क्रांतिकारियों पर अचानक दबाव पड़ा तो चन्द्रशेखर आजाद ने दिल्ली से हट जाना उचित समझा क्योंकि उस समय

पंजाब भी उनके लिए सुरक्षित नहीं था और वह कुछ समय के लिए उत्तरप्रदेश निकल गए। इस सम्बन्ध में जो तार उत्तरप्रदेश सरकार ने अपनी सफलता पर दिल्ली भेजा, उसका उल्लेख ऊपर किया जा चुका है। चीफ कमिश्नर दिल्ली ने जब षड्यंत्र केस चलाने की अनुमति की विज्ञप्ति 28 मार्च, 1931 व 9 अप्रैल, 1931 को प्रकाशित की तो उस समय अभियुक्तों की सूची में से चन्द्रशेखर आजाद व भगवतीचरण वोहरा के नामों को निरस्त करना पड़ा और जे.पी. थाम्पसन की विज्ञप्ति में निम्न नामों की घोषणा की गई, साथ ही इस षड्यंत्र केस के लिए विशेष प्रबन्ध व खर्चे का प्रावधान किया गया।

लार्ड इरविन वायसराय की रेलवे ट्रेन के नीचे बम विस्फोट करने का मामला भी इन षड्यंत्रकारियों के विरुद्ध आरोप-पत्र में था। इसलिए दिल्ली प्रशासन के अधिकारी ट्रिब्यूनल की प्रारम्भिक कार्यवाही वायसराय हाउस के बाहर साउथ ब्लाक सेक्रेटेरियेट में प्रारम्भ की और वहां सुरक्षा के विशेष प्रबन्ध किए गये।

28 मार्च, 1931 व 9 अप्रैल, 1931 की विज्ञप्तियों में घोषित नाम निम्न प्रकार हैं–

1. विमल प्रसाद जैन आत्मज बनारसीदास, वैश्य, गांव सिसाना, मेरठ।
2. भगीरथलाल आत्मज भगवानसहाय, ब्राह्मण, बरकली, मेरठ।
3. डॉक्टर बाबूराम गुप्ता आत्मज झाझनलाल वैश्य, कासगंज, ऐटा।
4. कपूरचन्द जैन आत्मज मन्नूलाल जैन, गली पहाड़वाली, दिल्ली।
5. धन्वन्तरि आत्मज दुर्गादत्त, ब्राह्मण, गुरदासपुर।

श्री कपूर चन्द जैन

6. विद्याभूषण आत्मज देवकीनाथ शुक्ला, ब्राह्मण, स्वान, सारन।
7. हरकेश आत्मज रामप्रसाद, ब्राह्मण, सन्ताली, गाजियाबाद, मेरठ।
8. रूद्रदत्त मिश्रा आत्मज मन्नाराम/मातादीन, ब्राह्मण, अजमेर।

9. ख्यालीराम गुप्ता आत्मज रतनलाल, वैश्य, ऐतमादपुर, आगरा।
10. हरद्वारी लाल आत्मज लख्मीचंद, वैश्य, पहासू, बुलन्दशहर।
11. विश्वनाथ राव वैशम्पायन, आत्मज गंगाधर राव वैशम्पायन, झांसी।
12. एस. एच. वात्स्यायन आत्मज हीरानन्द शास्त्री, करतारपुर, जालन्धर।
13. गजानन्द सदाशिव पोद्दार आत्मज सदाशिव कृष्णा पोद्दार, झांसी।
14. प्रो. नन्दकिशोर निगम आत्मज श्योसहाय, हिन्दू कालेज, दिल्ली।
15. बिशम्बरदयाल आत्मज बासुदेव, ब्राह्मण, बहरोड, अलवर स्टेट।
16. कांशीराम आत्मज किशनलाल, हरदोई।
17. भवानीसहाय आत्मज रामचन्द, राजगढ़, अलवर स्टेट।
18. भवानीसिंह आत्मज कैप्टन नत्थू सिंह, गढ़वाल।
19. यशपाल आत्मज हीरालाल खत्री, हडहौन, जिला-कांगड़ा।
20. हजारीलाल आत्मज पुखराज बहादुर, पटना।
21. श्रीमती प्रकाशो सुपुत्री बैजनाथ, शाही मौहल्ला, लाहौर।
22. लेखराज आत्मज कन्हैयाराम, ब्राह्मण, मौजा ढींग सराय, जिला हिसार।
23. सम्पूर्ण सिंह टण्डन आत्मज गिरधारीलाल खत्री, सहजधारी सिक्ख, कूंचा आचार्यन, लाहौर।
24. रामचन्द्र शर्मा आत्मज पं. घांसीराम, ब्राह्मण, सिकन्दाबाद, जिला बुलन्दशहर।

सरकारी वकीलों की नियुक्ति

इस घोषणा के साथ ही सरकारी पक्ष की ओर से गवाहों के बयान व संग्रहित परिणाम ट्रिब्यूनल के कमिश्नरों के सामने पैरवी करने के लिए सरकार ने निम्न को नियुक्त किया-

1. चौधरी जफरउल्ला खां बार-एट-लॉ वरिष्ठ वकील
2. खान साहब मौहम्मद अमीन सरकारी वकील
3. सरकार भागसिंह कोर्ट इंस्पेक्टर

किन्ही कारणों से 30 दिसम्बर, 1931 को चौधरी जफरउल्ला खां साहब वहां से सेवानिवृत्त को गये और उनके स्थान पर रौयद अब्दुल अजीज बार-एट-लॉ वरिष्ठ वकील ने सरकारी पक्ष का कार्य संभाला।

दिल्ली कांस्प्रेसी कमीशन के जजों की नियुक्ति

मुकदमे की कार्यवाही प्रारंभ करने के लिए तीन न्यायाधीशों पर गठित ट्रिब्यूनल के जजों को नियुक्त किया गया। 1. प्रेसीडेन्स एल.एस. व्हाइट, 2. अमीर कमिश्नर, 3. कवंर सेन कमिश्नर।

9 अभियुक्तों को प्रारम्भ में पुलिस गिरफ्तार करने में असमर्थ रही। इसलिए मुकदमे के प्रारम्भिक कार्यवाही में उन्हें राजपत्रित मफरूर घोषित किया गया।

मफरूर

हिन्दी अक्षर अनुक्रम में नाम

1. कांसीराम
2. श्रीमती प्रकाशो
3. भवानीसहाय
4. भवानी सिंह
5. यशपाल
6. रामचन्द्र शर्मा (मामले के अंत तक गिरफ्तार नहीं हो पाये)
7. लेखराम
8. प्रो. सम्पूर्ण सिंह टण्डन (मामले के अन्त तक गिरफ्तार नहीं)
9. हजारीलाल

ट्रिब्यूनल के सामने कार्यवाही प्रारम्भ होने से पूर्व एक और शहीद

ट्रिब्यूनल के सामने मुकदमे की कार्यवाही प्रारम्भ होने से पूर्व ही एक और कर्मठ अभियुक्त श्री बिशम्बरदयाल की मृत्यु हो गई। मुकदमे की कार्यवाही से पूर्व ही सरकारी वकील ने 25 अप्रैल, 1931 को घोषित किया कि 12 अप्रैल, 1931 बिशम्बरदयाल की दिल्ली जेल में मृत्यु हो गई है।

अभियुक्तों की ओर से पैरवी करने के लिए सफाई पक्ष के वकीलों का गठन

25 अप्रैल, 1931 से श्री आसफ अली बार-एट-लॉ वरिष्ठ वकील

8 जुलाई, 1931 से श्री फरीदुल हक अन्सारी बार-एट-लॉ

8 जुलाई, 1931 से श्री बी. बनर्जी एडवोकेट, प्रो. नन्दकिशोर निगम के लिए

21 जुलाई, 1931 से श्री बलजीत सिंह एडवोकेट ये केवल 28 जुलाई, 1931 तक रहे।

8 जुलाई, 1931 से श्री एस.एन. बोस एडवोकेट कपूरचन्द जैन की ओर से

13 जुलाई, 1931 से डॉ. सैफुद्दीन किचलू बार-एट-लॉ ने श्री आसफ अली बैरिस्टर का स्थान ले लिया व श्री बलजीत सिंह के स्थान पर सरदार रघुबीर सिंह एडवोकेट को 20 जुलाई, 1931 से नियुक्त किया। श्री फरीदुल हक अंसारी भी 1931 से डॉ. किचलू द्वारा नियुक्त करा। डॉ. किचलू भी 1 अगस्त, 1932 से केस से पृथक हुए। 1 मार्च, 32 श्री विजयपाल सिंह एडवोकेट ने श्री रघुबीर सिंह का स्थान लिया। 1932 में बाबू नानकचन्द जैन एडवोकेट रोहतक निवासी श्री धन्वन्तरि की ओर से कार्य करने लगे।

षड्यंत्र केस की कार्यवाही के लिए 5 जनवरी, 1931 से कार्यवाही प्रारम्भ हो गई और कैलाशपति को सरकारी अप्रूवर बनाने के लिए ऐ. इस्सर डिस्ट्रिक्ट मजिस्ट्रेट, दिल्ली में समाधान करने की अनुमति प्रदान कर दी।

15 जनवरी, 1931 को ट्रिब्यूनल के न्यायाधीशों की अदालत लगी। इसमें एल.एस. व्हाइर्ट आई.सी.एस. ट्रिब्यूनल के प्रेसीडेन्ट थे व रायबहादुर कंवर सेन व खानबहादुर अमीर अली ट्रिब्यूनल के कमिश्नर थे।

सरकार की ओर से जफरउल्ला खां

बार-एट-लॉ व खान साहिब मौहम्मद अमीन एडवोकेट सरकारी पक्ष की पैरवी करने वाले थे। अभियुक्तों की ओर से आसफ अली साहब बैरिस्टर, श्री बलजीत सिंह एडवोकेट फरीदूल डॉ. अन्सारी बार-एट-लॉ व बी. बनर्जी सफाई पक्ष की ओर से अभियुक्तों की पैरवी के लिए नियुक्त हुए थे। श्री कपूरचंद जैन अभियुक्त की ओर से श्री एस.एन. बोस एडवोकेट पैरवी करने के लिए उपस्थित थे। प्रारम्भिक औपचारिकताओं के बाद मुकदमा 16 अप्रैल, 1931 के लिए स्थगित हुआ। 16 अप्रैल, 1931 को अदालत की बैठक देहली डिस्ट्रिक्ट जेल में हुई। इसमें अभियुक्त ख्याली राम गुप्ता, गजानन्द राव पोतदार, धन्वन्तरी, प्रो. नन्दकिशोर निगम, डॉ. बाबूराम गुप्ता, विद्याभूषण आजाद, विमल प्रसाद जैन, विश्वनाथ राव वैशम्पायन, भगीरथ लाल, रूद्रदत्त मिश्रा, सच्चिदानन्द हीरानन्द वात्स्यायन, हरद्वारी लाल, हरिकेश सिंह त्यागी के हस्ताक्षरों का आवेदन प्रस्तुत किया गया, जिसमें कहा गया कि विचाराधीन बन्दियों के लिए जो सुविधाएं जेल में मिलनी चाहिए वह उन्हें नहीं मिल रही हैं और साधारण कैदियों से भी निचले स्तर का व्यवहार उनके साथ हो रहा है। चार पृष्ठों पर टाइप ये आवेदनपत्र था।

22 अप्रैल, 1931 को जब मुकदमे की सुनवाई के लिए अभियुक्तों को ट्रिब्यूनल के न्यायालय में जाया गया, उस समय अभियुक्तों के हाथों में हथकडियां लगी हुई थीं और वे राष्ट्रीय भावनाओं से ओत-प्रोत गायन कर रहे थे और हथकड़ियों की झंकार वादन का काम कर रही थी। गायन इस प्रकार था–

रणचण्डी जाग कि फिर बैरी बैरानल कोप जगाते हैं।
हम धर-धर धैर्य अधार हुए फिर धूर्त दांत दिखलाते हैं।
आ खड्ग गहे रण प्रांङ्गण में फिर झन-झन हो तलवारों की
इत हाथ बढ़े उत शीश कटे, फिर झनक झीन झनकारों की
पी बैर वारूपी वीर बढ़े तेरी दल का विध्वंस करे।
तन परिमल रणभू धूलि करे गिर घोर घाव त्वतंल धरे।
भर वीर ह्रदय में वीर भाव कुल लाज ललित ललनाएं हो।
घुट्टी में मारण मरण पिला फिर धन्य-धन्य माताएं हो
रिपु जेता ही बनकर आने का बहन तिलक दे भाई को
फिर पत्नी पूजा प्रस्तुत हो रण बीर चिता घर आई को।
फिर दुन्दुभि बाध बिहारे हो फिर भैरव नाद गुन्जारे हो,
हाथों में किरच कटारें हो भूतल पर शापित धारे हो।

25 अप्रैल, 1931 को जब ट्रिब्यूनल की अदालत फिर लगी तो अभियुक्त उसी प्रकार हाथों में हथकड़ियों के साथ पेश किए गये और फिर अदालत का भवन राष्ट्रीय गायन से गूंजने लगा :–

बन्दी तेरे चरणों में मेरा यह नत मस्तक है,
गुणगान करेंगे तेरा तन में जीवन जब तक है।

तेरे महत्व की ज्वाला भू-मण्डल में फैलेगी,
अरू क्रांति धधक की ताली तेरे साहस पर देगी।

तेरा यह त्याग तपस्वी फिर इक दिन रंग लाएगा,
कम्पित होगा अन्यायी अरू दोषी दिल दहलेगा।

फांसी की जयमाला हो अथवा हथकड़ियों की झनझन,
आजादी के दीवानों का है आज यहीं प्रिय भूषण।

सफाई के वकीलों ने अभियुक्तों की ओर से एक आवेदन ट्रिब्यूनल के जजों के सामने पेश किया कि उनके एक सहयोगी बिशम्बरदयाल की मृत्यु हो गई है। इसलिए अदालत स्थगित की जाए। न्यायाधीशों ने इस आवेदन को

उचित न समझते हुए रदद् कर दिया। इस पर जिन अभियुक्तों की ओर से कोई वकील नहीं थे, उन्होंने कहा कि हम अदालत की आज कार्यवाही में कोई भाग नहीं लेना चाहते हैं और जिन अभियुक्तों की ओर से सफाई के वकील अधीकृत रूप में पैरवी कर रहे थे। उन अभियुक्तों ने आवेदन किया कि हम आज के दिन इन वकीलों को पेश होने के लिए अधिकृत नहीं करते हैं। इस पर अदालत ने और कोई उपाय न देखकर कार्यवाही को अगली तारीख के लिए स्थगित करने का आदेश दिया।

स्थगन आदेश से पूर्व सरकारी वकील ने ये भी रिकॉर्ड करवाया कि विचाराधीन अभियुक्तों में से एक अभियुक्त बिशम्बर दयाल आत्मज वासुदेव की मृत्यु हो गई है। इस सम्बन्ध में समाचार-पत्रों में जो विवरण छपा, उसके अनुसार 3 जनवरी, 1931 को उज्जैन में दिल्ली पुलिस ने जाकर एक मंदिर में बिशम्बर दयाल को गिरफ्तार करने का प्रयास किया। उस समय बिशम्बर दयाल ने भी गोलियों से मुकाबला करना चाहा परन्तु रिवाल्वर जाम हो गया और गोली नहीं निकली। पुलिस ने उसे काफी शारीरिक यातनाएं पहुंचायी।

दिल्ली लाने के बाद भी जिन यातनाओं का सामना बिशम्बरदयाल को करना पड़ा, उससे पेट में काफी चोटें आई थीं। 6 जुलाई, 1930 को गाडोदिया धर्मार्थ स्टोर में जो डकैती पड़ी थी, उसमें बिशम्बर दयाल का भी हाथ बताया जाता है और बिशम्बर दयाल उस समय स्टोर में एक कर्मचारी था। जब बिशम्बर दयाल की अवस्था बहुत चिन्तनीय होने लगी तो उन्हें इरविन अस्पताल में दाखिल किया गया। पुलिस की रिपोर्ट के अनुसार डाक्टरों ने अपेन्डक्स का आपरेशन किया और 22 अप्रैल, 1931 को बिशम्बर दयाल का स्वर्गवास हो गया। मुकदमें के प्रारम्भ में ही एक और साथी का बलिदान अभियुक्तों के लिए बहुत ही असहनीय था।

अदालत में बताया गया कि अभियुक्तों में से इस समय 9 अभियुक्तों मफरूर हैं, जिन्हें गिरफ्तार करने का पूरा प्रयत्न करने पर भी पुलिस सफल नहीं हो सकी है और आवश्यक गवाहियों के बाद ट्रिब्यूनल ने 9 अभियुक्तों को धारा 512 अपराध संहिता के अन्तर्गत फरार घोषित कर दिया और आदेश दिया कि इनकी गिरफ्तारी के लिए पूरा प्रयास किया जाये और यदि गिरफ्तारी न हो पाए तो सम्पत्ति जब्त की जाए।

अभियुक्तों द्वारा नित्य प्रति न्यायालय में उपस्थित होने पर राष्ट्रीय गायन गाने का क्रम चलता था और नारे भी लगाते थे। हिन्दुस्तान समाजवादी प्रजातंत्र सेना-जिन्दाबाद। साम्राज्यवाद का विनाश हो। इन्कलाब जिन्दाबाद। इत्यादि

और इनका क्रम समाप्त हो जाता था, तब ट्रिब्यूनल के जज अदालत के कमरे में प्रवेश किया करते थे।

7 मई, 1931 को सरकारी गवाह के रूप में ई.जी.बी. गील एडिशनल सुपरिंटेंडेंट पुलिस ऑन स्पेशल ड्यूटी दिल्ली बयान देने के लिए उपस्थित हुए और इन्होंने बताया कि मैं वायसीरिकल ट्रेन आउट रेज की घटना के बाद से दिल्ली में 1929 से स्पेशल ड्यूटी ऑफिसर के पद पर कार्यरत हूं।

कैलाशपति अप्रूवर ट्रिब्यूनल के सामने अदालत में प्रस्तुत

14 मई, 1931 को सरकार की ओर से बयान देने के लिए गवाहों के पक्ष में खड़ा हुआ और बताया कि मेरा नाम कैलाशपति अस्थाना है, मेरे पिता का नाम हृदय नारायण है। आयु 24 वर्ष है, कायस्थ परिवार से हूं, हमारा गांव मुफ्तीगंज, जिला जौनपुर में है। कैलाशपति की गवाही से सरदार भाग सिंह कोर्ट इंस्पेक्टर के रूप में सरकारी वकीलों के सहायक नियुक्त होकर अदालत में कार्य करने लगे।

अभियुक्तों की ओर से सफाई पक्ष के लिए रुपयों की स्वीकृति की मांग सरकार से की गई। सरकारी वकील ने बताया कि 128 रुपया प्रति कार्यवाही के दिन वरिष्ठ वकील को दिया जायेगा और इससे अधिक खर्चा सरकार देने के लिए तैयार नहीं है। इस पर कार्यवाही दिन प्रतिदिन स्थगित होती रही, क्योंकि अभियुक्तों ने जेल से अदालत में आने से इन्कार कर दिया और इस प्रकार 24 जून, 1931 को विद्याभूषण के बयान के बाद पुनः कार्यवाही प्रारम्भ हुई।

29 जून, 1931 को बलवन्त सिंह ने कैलाशपति पर जूता मारा

29 जून 1931 को जब कैलाशपति सरकारी अप्रूवर के रूप में ट्रिब्यूनल के सामने गवाही दे रहा था तो मध्याह्न के समय खाने के अवकाश के पूर्व दर्शक दीर्घा में बैठे एक युवक बलवन्त सिंह आत्मज देवीदास स्टुडेन्ट मिशन कॉलेज/सेंट स्टीफन कॉलेज, निवासी-कूंचा घासीराम, दिल्ली ने अपने पैर से एक जूता निकालकर कैलाशपति की ओर निशाना बांधकर जोर से फैंककर मारा। इस प्रहार के करते ही ट्रिब्यूनल के प्रेसीडेन्ट एल.एस. व्हाईट ने आदेश दिया कि बलवंत सिंह को हिरासत में ले लिया जाए और यहां से हटा दिया जाए। दिनभर की कार्यवाही के बाद न्यायाधीशों ने बलवंत सिंह के विरुद्ध जब कार्यवाही करने की बात की तो अधिकारियों ने बताया कि कानूनी कार्यवाही उसके विरुद्ध चालू हो गयी है। प्रेसीडेन्स एल.एस. व्हाटट ने कहा कि इस प्रकार ट्रिब्यूनल की कार्यवाही में बाधा डालना एक संगीन अपराध है और ये उचित होगा कि धारा 480 अपराध संहिता के अन्तर्गत वारन्ट मजिस्ट्रेट द्वारा प्राप्त कर बलवन्त सिंह पर तामील किया जाए।

6 जून, 1931 को रेजीडेन्ट मजिस्ट्रेट नई दिल्ली की अदालत में अभियुक्त बलवन्त सिंह को पेश किया गया और धारा 353 में अपराध की सुनवाई का आदेश हुआ। (सी.सी.फाइल नं. 3/35/1931। होम के अन्तर्गत घटना की रिपोर्ट की गई) सफाई पक्ष के वकीलों की राय थी कि इस मामले में कैलाशपति अप्रूवर को नई दिल्ली कोर्ट में आरोप प्रामाणित करने के लिए प्रस्तुत करना आवश्यक है और सरकारी पक्ष इसे बिल्कुल अनावश्यक समझता था, क्योंकि ट्रिब्यूनल की ओर से कार्यवाही का आदेश दिया गया। इस सम्बन्ध में आगे किस प्रकार कार्यवाही हुई और केस का क्या निर्णय हुआ। यह विवरण उपलब्ध नहीं है।

श्री फूलचन्द जैन की मुलाकातों पर पाबन्दी

श्री विमल प्रसाद जैन के सफाई पक्ष और उनकी पैरवी कार्य श्री फूलचन्द जैन विशेष तौर पर सहायक थे। गोपनीय विभाग वालों की आपत्तिजनक रिपोर्ट पर सरकार ने एकदम फूलचन्द जैन के साथ विमल प्रसाद जैन की मुलाकातों पर प्रतिबन्ध लगा दिया और पैरवी के लिए सफाई का संतोषजनक प्रबन्ध नहीं होने के कारण श्री विमल प्रसाद जैन ने ट्रिब्यूनल के सामने अदालत में उपस्थित होने से इन्कार कर दिया और मुकदमे की कार्यवाही में बाधा पड़ने लगी। सुपरिडेंन्टेंट जेल दिल्ली ने अपनी पत्र संख्या 914 दिनांक 6 अक्टूबर को लिखित रूप में ट्रिब्यूनल के न्यायाधीशों को सूचित किया कि श्री विमलप्रसाद जैन अदालत में पेश होने के लिए असहमति प्रकट करते हैं और अपने निर्णय पर कटिबद्ध हैं। सुप्रिन्टेन्डेन्ट दिल्ली के पत्र के उत्तर में श्री एल.एस. व्हाइट प्रेसीडेन्ट दिल्ली कान्सप्रेंसी कमीशन ने अपने पत्र संख्या 441 दिनांक 7 अक्टूबर, 1931 को एक पत्र भेजा, जिसमें लिखा था कि जो कारण आपने लिखे हैं, वे इतने पर्याप्त नहीं है कि जिसके आधार पर अभियुक्त श्री विमल प्रसाद जैन आत्मज बनारसीदास जैन व श्री फूलचन्द जैन की मुलाकात पर प्रतिबन्ध लगाया जाए और न्यायाधीशों की राय है कि यदि उचित सावधानियों, तलाशियों व मुलाकात के समय निरीक्षण का उचित प्रबन्ध हो तो मुलाकात से कोई हानि की सम्भावना नहीं है, परन्तु इसके बाद भी गतिरोध जारी रहा और श्री विमल प्रसाद जैन ने न्यायालय में उपस्थित होने में असमर्थता प्रकट की। दिन-प्रतिदिन की कार्यवाही न्यायालय के रुक जाने से श्री एल.एस. व्हाइट प्रेसीडेन्ट दिल्ली कान्सप्रेसी कमीशन ने एक पत्र विमल प्रसाद जैन को भेजा कि वह न्यायालय में दोपहर के अवकाश के समय फूलचन्द जैन से मुलाकात कर सकते हैं और ये आदेश न्यायालय के अधिकारियों को दे दिए गये हैं और इस आदेश के अन्तर्गत न्यायालय में

श्री फूलचन्द जैन और श्री विमल प्रसाद जैन के मध्य मुलाकात बिना किसी बाधा के सुविधा के साथ हो गई। परन्तु अधिकारियों को ये सहन नहीं हुआ और तुरन्त अधिकारियों से एक ओर्डिनेन्स नं. 8 सन् 1931 राजपत्र दिनांक 16 अक्टूबर, 1931 में प्रकाशित कर दिया कि अभियुक्तों की अनुपस्थिति में भी न्यायालय की कार्यवाही चल सकती है और अनुपस्थिति उसमें अधिक नहीं होगी।

इस ओर्डिनेन्स के बाद न्यायाधीशों ने 23 नवम्बर, 1931 को धारा 2 (1) ओर्डिनेन्स नम्बर 8/1931 के अर्न्तगत श्री विमल प्रसाद जैन की अनुपस्थिति में ट्रिब्यूनल की कार्यवाही प्रारम्भ हो गई।

5 दिसम्बर, 1931 को एक ओर्डिनेन्स फिर सरकार की ओर से राजपत्र में प्रकाशित किया गया कि जो अभियुक्त जेल से अदालत में आते समय या अदालत से वापिस जेल जाते समय या न्यायालय में आने के बाद किसी प्रकार के नारे लगायेंगे या गायन गायेंगे और शांत वातावरण में बाधा खड़ी करेंगे तो उन्हें इस ओर्डिनेन्स के अर्न्तगत अनुशासनहीनता करने का अपराधी समझा जाएगा और अदालत से उन्हें हटा दिया जायेगा और उनकी अनुपस्थिति में अदालत की कार्यवाही बिना बाधा के न्यायसंगत होगी जो सफाई के वकील अभियुक्तों की ओर से अदालत में उपस्थिति होंगे, उन्हें उस दिन की परिश्रम की राशि अदालत की ओर से नहीं दी जाएगी और अभियुक्तों को अनुशासन में नियंत्रित न रखने के कारण से उनकी भी उपस्थिति को मान्यता नहीं दी जाएगी और जेल अधिकारी भी यदि रास्ते में जाते व आते समय अभियुक्त गाना गायें तो जेल नियमों के अन्तर्गत उनको दण्डित किया जा सकेगा और रास्ते की यात्रा का समय भी जेल की सीमा के अधीन ही माना जाएगा। जिन गानों पर और नारों पर सरकार को अधिक आपत्ति थी और क्रांतिकारी अभियुक्तों को अधिक प्रिय थे उनमें से दो गाने जो मुकदमे की कार्यवाही के प्रारम्भ के दिन और बिशम्बर दयाल की मृत्यु की घोषणा के दिन गाये थे, उनका उल्लेख पहले किया जा चुका है और शेष प्रमुख गानों को उद्धृत किया जा रहा है जो अब ओर्डिनेन्स की परिधि में आ गये थे–

मां हमें विदा दो जाते हैं हम विजय केतु फहराने आज,
तेरी बलिवेदी पर चढ़कर मां निज शीश कटाने आज।

नृत्य करेगी रक्त कुण्ड में फिर फिर खड्ग हमारी आज,
अब शिर गिर कर यहीं कहेंगे भारत भूमि हमारी आज।

मलिन वेश यह आंसू कैसे कम्पित होना क्यों यह अंग,
वीर प्रसूति रोती क्यों है, जब तक तीव्र हमारी खड्ग।

धरा शीघ्र ही धसक जाएगी, टूट जाएंगे नभ के तारे,
विश्व कांपता रह जाएगा, होगी मां जब रण हुंकारे।

तेरे चरणों की रज लेकर जाते हैं करने रण रंग,
फिर भय किसका है, हे जननी जब आशिष हमारे संग।

विजय देवी आकर धोवेगी तब चरणों को सज नव साज,
पुलकित होकर हम गावेंगे भारत भूमि हमारी आज।

सरफरोशी की तमन्ना अब हमारे दिल में है,
देखना है जोर कितना बाजुए कातिल में है।

रहवरे राहे मौहब्बत रह न जाना राह में,
लज्जते सहरा न वर्दी दूर ये मंजिल में है।

बख्ते आने दे बता देंगे तुझे ए आसमां,
हम अभी से क्या बताएं, क्या हमारे दिल में है।

अब न अगले बलबले हैं, न है अरमानों की भीड़
एक मर मिटने की हसरत अब दिले बिस्मिल है।

बहार आई है शोरिश (शोर-गुल) है, जनूने फित्ने सामा की,
इलाही खैर करना तू मेरे जबो गर बां की,

भला जजबात उल्फते भी कहीं मिटे से मिटते हैं,
अबस है धमकियां दारोरसन और जिन्दाबाद की।

यहीं लिखा था किस्मत में चमन आराएं आलम ने,
फस्ले गुल के गुलशन में थी कैद जिन्दो की।

अहा चमक उठा सितारा मेरी किस्मत का,
तकलीदें हकीकी की इतों शाहे शहीदों की।

सभी सामान इशरत थे मजें से अपनी कटती थी,
वतन के इश्क ने हमकों हवां खिलवाई जिन्दा की।

उधर खोंपे खिजा है आशिया का गम इधर दिल को,
हमें यक्सा है तफरी है चमन और कैद जिन्दो की।

मिटने वालों को वफा का यह सबक याद रहे,
बेड़ियां पावों में हो दिल मेरा आजाद रहे।

दिल वो दिल है जो सदा जफत से नाशाद रहे,
लव तो लव है जो न शार्मिंद फरियाद रहे।

खुश नवाई का सबक हमने कपक्ष में सीखा,
क्या कई और सलामत मेरा सैय्याद रहे।

एक सागर भी इनायत न हुआ याद रहे,
सारिवया जाते हैं महफिल तेरी आबाद रहे।

ट्रिब्यूनल के न्यायधीशों ने जेल के अहाते (परिसर) में अभियुक्तों की शिकायतें सुनी।

जेल नियमों के आधीन अभियुक्तों को कड़ी सजायें

हर समस्या का न्यायिक समाधान किया

जेल में राष्ट्रीय गायन गाने और नारे लगाने व जेल से न्यायालय में आते समय व न्यायालय से जेल वापस जाते समय की अवधि में अभियुक्त बराबर अपने गानों का व नारों का क्रम बनाए हुए थे अचानक जेल अधिकारियों ने आपत्ति की और कहा कि ये अब आपको बन्द करने होंगे अन्यथा आपके विरुद्ध जेल नियमों के अन्तर्गत अपराध समझकर दण्डित किया जाएगा।

अभियुक्तों ने जब इस चेतावनी पर ध्यान नहीं दिया तो जेल अधिकारियों ने नारे लगाने वाले उपस्थित अभियुक्तों को पृथक्-पृथक् कोठरियों (एकान्त कोठरियों) में बन्द करने का आदेश दिया और कोठड़ियों में जब अभियुक्तों ने नारे लगाये और गाने गाये तो उन्हें ''टाट-वर्दी'' की सजाएं दे दी और बोरियों से बने पाजामें व शरीर को ढकने के लिए टाट के खोल पहनने को दे दिये। ये सजा काफी कष्टदायक थी। दिनभर शरीर में खुजली पैदा हो गई और रात को भी विश्राम के समय टाट के धागे बदन में चुभन करते रहते थे। जब फिर अभियुक्तों ने कड़ा रूखा बरता तो उनको खाने में केवल उबला हुआ आटा देने का आदेश दिया गया। परिणाम यह हुआ कि श्री कैलाशपति अप्रूवर से क्या जिरह करनी है और मुकदमे में क्या कार्यवाही करनी है ये सुझाव भी वे सफाई के वकीलों को नहीं दे सके और सफाई के वकीलों ने ट्रिब्यूनल के सामने मुकदमा स्थगन करने का प्रस्ताव किया। क्योंकि उन्हें जेल से आवश्यक निर्देश पैरवी के लिए नहीं मिल रहे हैं। परन्तु ट्रिब्यूनल ने स्थगन के आवेदन को रद्द कर दिया। अभियुक्तों को जेल में मिल रही यातनाओं के सम्बन्ध में आदेश दिया कि वह विस्तार से एक-एक घटना को लेकर उससे सम्बन्धित निर्णय करेंगे और जो ट्रिब्यूनल की सीमाओं में होगा। उसका निर्णय वह न्यायिक तौर पर करेंगे। अन्त में सफाई के वकीलों ने अभियुक्तों की ओर से जेल यातनाओं का विवरण

प्रस्तुत किया और न्यायाधीशों ने 5 दिसम्बर, 1931 को तमाम मामले पर विस्तृत विचार प्रकट किये और इस सम्बन्ध में विस्तृत निर्देश देते हुए लिखा कि–

या तो जमानतों पर रिहा करो या शिकायतों का समाधान करो

जेल में दिल्ली षड्यंत्र केस के सम्बन्धित जो अभियुक्त है उनकी ओर से जेल अधिकारियों के व्यवहार के विरुद्ध एक शिकायत उन्हें मिली है। इस निवेदन में ट्रिब्यूनल से ये आवेदन किया गया है कि या तो वह जेल सम्बन्धी इन शिकायतों का संतोषजनक निपटारा करें ? या अभियुक्तों को मुकदमें के निर्णय तक जमानतों पर छोड़ दें तो फिर जेल अधिकारियों को कोई अवसर जेल नियमों के अन्तर्गत कार्यवाही करने का नहीं रहेगा। अभियुक्तों के इस आवेदन के सम्बन्ध में सफाई के वरिष्ठ वकील डॉ. सैफुद्दीन किचलू व अंभियुक्त सच्चिदानन्द हीरानन्द वात्स्यायन ने बहस की है और सरकारी वकील ने भी इन शिकायतों के सम्बन्ध में सरकारो पक्ष के अनुसार जो वास्तविकता थी वह विवरण प्रस्तुत किया है :

तमाम मामले की सुनवाई के बाद हमारा ध्यान विशेष तौर पर दो शिकायतों की ओर गया है–

1. जिसका सम्बन्ध जेल सुपरिंटेंडेंट के अधिकारों व सीमाओं से है जिसके अन्तर्गत वह जेल के बाहर भी अभियुक्तों के कार्यों पर कार्यवाही दण्डित कर सकता है। इस प्रश्न पर न्यायाधीशों ने बाद में विचार करने के लिए प्रश्न को स्थगित कर दिया।
2. कि क्या अभियुक्तों पर न्यायाधीशों की न्यायिक हिरासत में और न्यायिक निर्देशन में अदालत के अन्तर्गत और अदालत के बाहर भी नियंत्रण रहता है ? इस प्रश्न का उत्तर बिल्कुल स्पष्ट है और हम अपने आदेश के प्रारम्भ में ही इस सीमा अधिकार की बात को स्पष्ट कर देना आवश्यक समझते हैं।

इस प्रश्न के उत्तर पर सुखदेव राज प्रतिवादी सम्राट धारा-32 अपराध संहिता सन् 1931 की पृष्ठ संख्या 988 पर विस्तारपूर्वक उल्लेख है। न्यायाधीशों में जो निर्णायक आदेश दिया उसी का हम भी यहां पर अनुसरण करेंगे। उसमें उल्लेख है कि विचाराधीन बन्दी को जब न्यायाधीश न्यायिक हिरासत में जेल भेजते हैं तो उस समय न्यायालय के अधिकार सीमा के नियंत्रण में होते हैं और न्यायिक हिरासत में जेल कानून के अन्तर्गत प्रश्न आता है तो वह जेल कानून के सीमा में समझे जाते हैं और जो भी समय-समय पर जेल कानूनों की व्याख्या होती है वह उन पर भी लागू होती है। इस ट्रिब्यूनल की न्यायाधीशों का मत है कि जेल की ये सब कार्यवाही कानून सम्मत है और उसमें न्यायाधीश कोई

हस्तक्षेप नहीं कर सकते हैं और नहीं आवश्यक निर्देश जेल अधिकारियों को दे सकते हैं कानून व्यवस्था में ये भी निर्देशन है कि जेल प्रबन्धों के अन्दर न्यायाधीश बहुत सावधानी से हस्तक्षेप करने का प्रयास करें और उसी अवस्था में न्यायाधीश हस्तक्षेप करें जब उनकी दृष्टि मे जेल अधिकारियों की कार्यवाही कानून सम्मत न हो और कानून का खुला उल्लंघन किया गया हो। और इसी दृष्टिकोण को सामने रखते हुए न्यायाधीश उनके सम्मुख प्रस्तुत इस शिकायत-पत्र पर विचार करेंगे व निर्णय लेंगे। इस सम्बन्ध में सफाई के वकील डॉ. किचलू ने काफी विस्तार से अभियुक्तों के पक्ष को रखा है और ध्यानाकर्षित किया है कि हाल ही में अभियुक्तों के साथ व्यवहार में काफी उग्रता आई है। सफाई के वकील डॉ. किचलू ने तो यहां तक अपने उद्‌गार प्रगट किए हैं कि जेल अधिकारियों ने जान-बूझकर प्रबन्धक अधिकारियों के आदेशों को मान्यता देते हुए अभियुक्तों को इस प्रकार कठिन परिस्थितियों में डाला है।

न्यायाधीशों ने कहा कि हमारे विचारों के अनुसार ये कार्यवाही हमारे अधिकारों से और सीमा से बाहर की बात है और हम इन घटनाओं पर और अभियुक्तों के विरुद्ध किए जा रहे व्यवहार पर कानूनी आपत्ति नहीं उठाई जा सकती। ये भी सम्भव हो सकता था कि इन अवस्थाओं में जो व्यवहार अभियुक्तों के साथ हुआ है वह इससे भी अधिक असहनीय कठिन व्यवहार हो सकता था। उस समय भी हमारी सीमाओं से बाहर का मामला बनता है। हम विशेष तौर पर ये बिल्कुल स्पष्ट कर देना चाहते हैं कि साधारणतया जेल प्रबन्धों के अन्दर हमारी कोई हस्तक्षेप की भावना नहीं है और अभियुक्तों के लिए समाधान प्राप्त करने के लिए इंस्पेक्टर जनरल प्रिजन्स को वह अपना मामला प्रस्तुत करें, जो निर्णायक आदेश हो सकता है।

अब न्यायाधीशों ने कहा कि अब हम पहले प्रश्न पर विचार करते हैं जिस पर काफी कुछ कहा गया है और जिसको अभियुक्त बहुत अधिक महत्व देते हैं। अभियुक्तों द्वारा नारे लगाना, गाने गाना, अदालत में आते समय और अदालत से जाते समय, तमाम रास्ते ये क्रम रहता है और अदालत में भी न्यायाधीशों के आने से पहले गाने वा नारों का क्रम चलता रहता है और इस अपराध में जेल से निकलने के बाद भी जेल अधिकारी अपनी अधिकारी सीमा में अभियुक्तों को मानते हैं, और जेल अधिकारियों ने ऐसा न करने के लिए अभियुक्तों को समय-समय पर चेतावनी भी दी है और ये सब मामला जेल अपराध की धारा 55 की, की गई व्याख्या में आता है और इस धारा के अन्तर्गत जेल अधिकारी अपने आपको अधिकृत व सक्षम मानते हैं और उनकी मान्यता है कि इस धारा के अन्तर्गत जो अपराध जेल की चार दीवारी से निकलने के बाद अभियुक्त करते

हैं वह उनके सीमा अधिकार में है और उसी अधिकार पर वह अभियुक्तों को दण्डित करते हैं। इन अधिकारियों की व्याख्या का विस्तृत विवरण जेल कानून की धारा 59 में उल्लेख है। जेल धारा की कानून 55 का अभिप्राय ये समझते हैं कि ये सुपरिंटेंडेंट की अधिकार सीमा में है चाहे वह जेल दीवार के बाहर ही क्यों न हो।

इस सम्बन्ध में अभियुक्तों की ओर से सफाई पक्ष ने काफी प्रकाश डाला है कि जेल की चार दीवारी के बाहर आने के बाद जेल सुपरिंटेंडेंट का अधिकार उन अपराधियों के सम्बन्ध में संकेत करता है जिन्हें जेल के बाहर मसक्कत करने के लिए निकाला जाता है। लेकिन इसमें उल्लेख ''कोई भी बन्दी (एनी प्रिजनर)'' शब्द है जिसका अभिप्राय है कि चाहे वह बन्दी जेल की सजा भुगत रहा हो या वह उस समय विचाराधीन बन्दी हो, और इसके विपरीत जब तक कोई व्याख्या या विवरण उपलब्ध न हो, वह जेल कानून के अपराध संख्या 55 के अन्तर्गत नहीं आता परन्तु दलील के समर्थन में कोई ठोस आदेश या निर्णय हमारे सामने नहीं है।

''एनी प्रिजनर (कोई भी बन्दी)'' शब्द की व्याख्या यही है कि इसमें विचाराधीन बन्दी व सजा काट रहे बन्दी आते हैं। हम ये नहीं कहते हैं कि इस धारा की जो व्याख्या है वह सन्देह से रहित है, परन्तु हमारे विचारों में वे दो विशेष हालतों में व्यक्त है। पहला प्रश्न यह है कि एक बन्दी सदैव ही बन्दी है और वह जेल के अन्दर ही समझा जाता है और जब भी उसे कानून के अधीन जेल से बाहर लाया जाता है, उस समय भी उस पर जेल बन्दी की संज्ञा लागू रहती है। दूसरे ये कि जब भी वह जेल के बाहर न्यायिक तरीके पर जेल अधिकारी के संरक्षण में कार्य करता है, उस समय उस पर कानून जेल नियंत्रण बना रहता है। हमने जिस प्रकार इस धारा का अभिप्राय समझा है कि वह बन्दी कानूनन जेल अधिकारी के अन्तर्गत या जेल अधिकारी के नियंत्रण में जेल के बाहर लाया जाता है तो उसके अन्दर इस शब्द की व्याख्या नहीं आती है कि जब उसे किसी जेल से जहां विधिवत वह बन्द है, बाहर लाया जाए या वापस उस स्थान से जेल लाया जाए। इस व्याख्या के मामले पर सफाई के वकीलों व अभियुक्तों ने प्रभावी शब्दों में हमारा ध्यान आकर्षित किया है और इस सम्बन्ध में जो मार्जिनल नोट मिलता है उसमें इस प्रकार व्याख्या है—कि इस धारा का मतलब केवल उन बंदियों से है जो जेल की चार दीवारी के बाहर मसक्कत के लिए ले जाए जाते हैं या उनसे काम कराया जाता है। इस व्याख्या में कहीं ये बात नहीं आती है कि वो कैदी भी जिन्हें जेल से बाहर ले जाया जाए या फिर जेल में ले जाया जाए। जैसे इन विचाराधीन बन्दियों को अदालत में ले जाया

जाता है और उसी प्रकार मसक्कत कराने या कार्य कराने के लिए बन्दियों को बाहर निकाला जाता है। परन्तु इसकी व्याख्या समझने के लिए जेल धारा की व्याख्या में जो शब्द गिरोह दिए गये हैं, उन्हीं को समझने के लिए आधार मानना पड़ेगा।

हमारे विचार में जेल धारा की भाषा में इस बात का पर्याप्त समर्थन नहीं है कि जब बन्दी को जेल से न्यायालय में और न्यायालय से जेल में लाया ले जाया जाए तो उस पर जेल नियंत्रण और अनुशासन नहीं होता है तो उस समय वह जेल से बाहर रहने की स्थिति में इसकी व्याख्या कैसे हो। हमारा मत है कि जब बन्दी अदालत में हो तो वह इस पर अदालत का नियंत्रण होता है और जेल नियम समान वह उस समय मुक्त होता है। हमारे इस विचार के समर्थन में जो वारंट हम जेल भेजने के लिए अभियुक्त को लिखा जाता है वह इसी आधार पर होता है कि वह उस समय अदालत के नियंत्रण में है और उस वारन्ट में सुपरिंटेंडेंट जेल को ये आदेश दिया जाता है कि इस बन्दी को अपने जेल की नियंत्रण सीमा में रखे और इस आदेश में ये बात निहित होती है कि अभियुक्त को न्यायालय से जेल तक पहुंचाया जाये और अदालत के आदेशानुसार अभियुक्त को जेल से अदालत में पेश किया जाये। तब तक ये आदेश होता है कि जेल अधिकारी इसे जेल की न्यायिक हिरासत में रखे और इस शब्द और आदेश के अन्तर्गत ये निहित समझा जाता है कि अदालत से उसे जेल ले जाया जाये और जेल से अदालत लाया जाए। जेल अधिकारी को अभियुक्त को उसी अदालत के सामने लाकर पेश करना पड़ता है जिसने जेल वारन्ट पर भेजने का आदेश दिया है और जब वह बन्दी इस आदेशानुसार अपने निर्दशित स्थान पर पहुंच जाता है तो उस स्थान का नियंत्रण लागू होता है, जहां उसे रखा जाता है और इस आदेश की पूर्ति जब उसे अदालत के सामने लाकर प्रस्तुत किया जाता है तो वह पूरी हो जाती है। हमारे सामने इस बात पर विस्तृत व्याख्या हुई है कि हमारी विचार सम्मत राय परिपूर्ण है या नहीं। चर्चा में ये भी बताया गया है कि जब जेल से बन्दियों को न्यायालय में पेश करना होता था तो उस समय सफदर अली असिस्टेन्ट सुप्रिन्टेंडेंट जेल बन्दियों के संग आता था और न्यायालय की कार्यवाही की अवधि में न्यायालय में बैठा रहता था और वह सदैव जेल अधिकारी के नियंत्रण में होते थे और जेल अनुशासन उन पर लागू रहता था। और उस सब समय में भी जब वह अदालत में कार्यवाही के लिए प्रस्तुत रहते थे। इस विचार से हम बिल्कुल सहमत नहीं हैं और जेल धारा की व्याख्या में वह प्रभावी है कि जब वह जेल के बाहर कार्य के लिए या मसक्कत के लिए ले जाया जाता है। इस सम्बन्ध में हम अपने जो विचार प्रकट कर चुके हैं वहीं अब भी

है कि ये आदेश दो विशेष हालतों को संकेत करता है ये बात मान्य नहीं हो सकती है कि अदालत में जब अभियुक्त हो उस समय यदि वहां जेल अधिकारी भी उपस्थित हो तो किसी प्रकार भी उस समय जेल अधिकारी की अधिकार सीमा मान्य नहीं हो जाएगी।

ये बात बिल्कुल स्पष्ट है कि अधिकारियों के आदेशानुसार जेल अधिकारी को बन्दी को न्यायालय में उपस्थित करना होगा और जेल से आते समय संरक्षण करने वाली पुलिस गारद को रसीद लिखकर जेल अधिकारियों को देनी होती है कि वह अभियुक्तों को ले जा रहे हैं और इसी प्रकार जेल वापस पहुंचने पर पुलिस गारद वाले जेल आधिकारियों से रसीद लेते हैं कि अभियुक्तों को सुरक्षित रूप से पुलिस अधिकारियों ने जेल पहुंचा दिया है। इस सम्बन्धी विवाद पर तर्क अवश्य किया जा सकता है कि अभियुक्त जब तक न्यायालय के कमरे में पहुंचे वह जेल अनुशासन में थे और इस प्रकार सुपरिंटेंडेंट का ये अधिकार है कि वह जेल से आने व जेल वापस पहुंचने तक मार्ग में अनुशासनहीनता का कोई अपराध हो तो उसे वह जेल की सीमा समझे। परन्तु अदालत में उपस्थित के समय जेल अधिकारी इस अनुशासन का अधिकारी नहीं है और न उसका कार्य मान्य है और मार्गों में अनुशासनहीनता के मामलों में हमारा कोई हस्तक्षेप नहीं हो सकता है।

इस प्रश्न के समाधान के अलावा दो प्रश्न और भी हैं, एक ये कि जेल नियमों के अन्तर्गत गाना गाना या नारे लगाना कोई अपराध नहीं है। इस प्रश्न पर वकीलों ने तर्क-वितर्क प्रस्तुत करते हुए इंस्पेक्टर जनरल ने अधिकारियों को निर्देश दिए हैं कि यदि पोलिटिकल प्रिजनर जेल में ऐसा करते हैं तो वह कर सकते हैं। ये उनका पोलिटिकल प्रतीक रूप समझना चाहिए। न्यायाधीशों ने कहा कि हम नारे लगाने या गाना गाने की पोलीटिकल प्रतीक की संज्ञा नहीं दे सकते। इसके विपरीत गाना और जोर-जोर से आवाजें निकालना जेल के शांत वातावरण को भंग करना है और इस तरह का प्रयास जेल अपराधियों की संज्ञा में आता है। हमारे सामने ये भी तर्क-वितर्क प्रस्तुत हुए हैं कि इस अपराध में अभियुक्तों को दण्डित करने के लिए पृथक्-पृथक् काल-कोठरियों में (एकान्त कोठरियां) बन्द कर देना एक दण्ड है।

इसी प्रकार बिना डॉक्टर से कानून के अनुसार सर्टिफिकेट प्राप्त किये और "पीनल डाइट" (उबला हुआ आटा) को भोजन देना एकान्त कोठड़ी के दण्ड से भी अधिक कठिन दण्ड है। हमने जो जांच की है उससे हम संतुष्ट हैं कि इस प्रकार जेल अधिकारियों का हस्तक्षेप आवश्यक नही था। यदि इस्पेक्टर जनरल

जेलर के प्रशासनिक निर्देशों के अन्तर्गत ये पीनल डाइट का दण्ड दिया गया है तो वह भी सक्षम है कार्यवाही नहीं है, क्योंकि उच्चतर श्रेणी के विचाराधीन बन्दियों को ये दण्ड नहीं दिया जा सकता है। इस तर्क-वितर्कों पर विचार करने के बाद इसका समाधान यही प्रतीत होता है कि समस्या को इंस्पेक्टर जनरल जेलर के सामने ध्यानार्थ प्रस्तुत किया जाए। हमें ये बताया गया है कि इंस्पेक्टर जनरल जेलर के सामने ये मामला जा चुका है।

बन्दियों की मुलाकात

इनके अलावा बन्दियों की मुलाकात के सम्बन्ध में हमारा ध्यान आकर्षित किया गया है कि विचाराधीन बन्दियों की मुलाकात के सम्बन्ध में जो उनका कानूनी अधिकार है उसमें भी अधिकारी रुकावट डालते हैं और हस्तक्षेप करते हैं। ये समस्या भी दो प्रकार की है–एक ये कि मुलाकात कानूनी परामर्श के सम्बन्ध में हो और दूसरी–परिवार जनों व मित्रगणों के साथ मुलाकात हो। जहां तक कानूनी परामर्श के सम्बन्ध में मुलाकात है उसके सम्बन्ध में तो इतना कहना ही आवश्यक है कि आवश्यक सुविधाएं उनको मिलनी चाहिए जिससे अभियुक्तों की सफाई के सम्बन्ध में कानून सम्मत तैयारी कर सके। बड़े विक्षोप शब्दों में इस घटना का उल्लेख हमारे सामने आया है। इस प्रकार कानूनी सलाह करने वाली मुलाकात पर रुकावटें आयी हैं और विशेषकर रविवार के दिन व जेल नियमों के अन्तर्गत अवकाशों के अवसर पर मुलाकातें बन्द रहीं।

विस्तृत रूप में चर्चा के बाद हमारी राय में इस प्रकार की शिकायत का अवसर पैदा नहीं होता है। परन्तु इस सम्बन्ध में शिकायत का मुख्य कारण ये है कि आजकल सरकारी गवाह के रूप में अप्रूवर के दिन प्रतिदिन बयान हो रहे हैं और उनके सम्बन्ध में अभियुक्तों से प्रतिदिन कानूनी परामर्श और निर्देश लेने की आवश्यकता पड़ती है।

इस सम्बन्ध में उत्पन्न कठिनाई की ओर हमारा ध्यान आकर्षित किया गया है कि मुलाकातों का समय प्रातःकाल केवल उतना ही होता है जो अदालत में ले जाने से पूर्व मिल सकता है और वह समय कानूनी परामर्श के लिए पर्याप्त नहीं होता है और सायंकाल अदालत से आने के बाद व सूर्य छिपने और जेल की गिनती बन्द होने के मध्य का समय ही होता है, जो बहुत अपर्याप्त होता है। इसी प्रकार रविवारों और छुट्टियों के कारण जेल में मुलाकात की सुविधा उपलब्ध नहीं होती। इसलिए ये कहना कि मुलाकात का सुविधाजनक समय क्या हो ये हमारे लिए कठिन है परन्तु इन दिनों अदालत का कार्य कई बार स्थगित

रहा और उस अवधि में कानूनी परामर्श व निर्देशों के लिए समय का उपयोग हो सकता था।

इस समस्या में ये भी एक कठिनाई है कि पिछले दो सप्ताह से अदालत की बैठक दिन प्रतिदिन होती रही है। यदि सफाई के वकील या कानूनी परामर्श वाले अदालत के दोपहर के अवकाश का समय जो लगभग 45 मिनट का होता है उसका उपयोग करना चाहते तो कर सकते थे, या प्रातःकाल के समय का उपयोग करते।

हम ये अनुभव करते हैं कि प्रातःकाल की मुलाकात का उपयोग करने में काफी कठिनाई है या फिर अभियुक्तों को अदालत में समय पर पुलिस संरक्षक पेश नहीं कर सकते हैं और इन दिनों मौसम परिवर्तन के कारण दिन की अवधि छोटी होती जा रही है। इसलिए सायंकाल मुलाकात की अवधि का समय बहुत ही थोड़ा रह जाता है। इन कठिनाइयों का मध्यस्थ रास्ता निकालने के लिए कई सुझाव हमारे सामने विचारणार्थ प्रस्तुत किए गये हैं। हम ये अनुभव करते हैं कि अदालत से वापसी के बाद मुलाकात का समय बहुत ही कम रह जाता है और वह समय वास्तव में अभियुक्तों का व्यायाम करने का होता है। अदालत वह सब कुछ करने को तैयार है जो उसकी सीमा व शक्ति में है। हमें ये भी सुझाव दिया गया है कि हम हफ्ते में दो बार दोपहर के अवकाश के साथ अदालत का कार्य समाप्त कर दे और उस बचे समय का उपयोग वकीलों और कानूनी परामर्श करने वालों के लिए उपलब्ध हो सके। इस सम्बन्ध में हम कोई स्थाई निर्देश देने की जरूरत अनुभव नहीं करते हैं। परन्तु किसी दिन भी जब ये आवश्यकता अनुभव हो कि अभियुक्तों की मुलाकात आवश्यक है तो अदालत का कार्य कुछ घंटे पहले स्थगित करने में हम उसका ध्यान रखेंगे और समय-समय पर जैसी आवश्यकता अनुभव होगी इस प्रकार की सुविधा का लाभ मुलाकातों के लिए उपलब्ध हो जाएगा।

इस सम्बन्ध में हम जेल सुपरिंटेंडेंट का ध्यान भी आकर्षित कर रहे हैं और हमारा परामर्श है कि वह रविवार के दिन कानूनी परामर्श देने के लिए मुलाकात कराने की सुविधा का प्रावधान कर दें।

परिवारजनों तथा मित्रों से भेंट

विचाराधीन बन्दियों के परिवारजनों के मुलाकातों का मामला और भी जटिल है। बताया गया है कि कुछ व्यक्तियों के मुलाकातों के सम्बन्ध में किसी भी अभियुक्त के साथ करने पर पाबन्दी का निर्देश डिस्ट्रिक्ट मजिस्ट्रेट और बाद में स्थानीय

प्रशासन के द्वारा प्रेषित निर्देशों के अनुसार जेल अधिकारियों पर पाबन्दी है और उस अवस्था में जेल अधिकारी मुलाकात की अनुमति नहीं दे पाते हैं और इन अवस्थाओं में सुपरिंटेंडेंट जेल के पास सिवाय अनुमति न देने के और कोई मार्ग खुला नहीं रहता है और स्थानीय प्रशासन या डिस्ट्रिक्ट मजिस्ट्रेट द्वारा दिए गये आदेशों के विरुद्ध ये न्यायाधीश इस मामले में कोई कार्यवाही नहीं कर सकते हैं। अन्यथा विचाराधीन अभियुक्तों को ये पूरा अधिकार है कि वह सुविधापूर्वक अपनी मुलाकातें कर सके। यदि मुकदमे की सफाई व पैरवी के लिए कोई मामला मुलाकात का न हमारे सामने आए और जिसमें मुलाकात की इजाजत न मिली हो तो उसमें हम प्रत्येक पृथक-पृथक केस पर विचार कर अपना निर्णय व्यक्त कर सकते हैं। इस सम्बन्ध में शीघ्र ही हम ऐसे नियम निर्धारित कर रहे हैं कि जिनके अधीन ऐसे व्यक्तियों की व्यक्तिगत मुलाकातें न्यायालय की अवकाश की अवधि में हो सकें और इन नियमों के अधीन आवश्यक प्रतिबन्ध या दिए गये निर्देशों का पालन करने वालों के मामलों पर न्यायालय प्रत्येक केस पर विचार कर सकता है।

ओर्डिनेंस (अध्यादेश) नं. 8 सन् 1931 के सम्बन्ध में

ओर्डिनेंस (अध्यादेश नं. 8 सन् 1931 सरकार के आखिर-पत्र में विज्ञापित हो चुका है और इस सम्बन्ध में किसी भी आवेदन पत्र या उठाए गये तर्कों पर हम कुछ भी टिप्पणी करना समयोचित नहीं समझते। इस अध्यादेश के कुछ समभागों पर सफाई पक्ष के वकील डॉ. किचलू ने उच्च न्यायालय में मामला ले जाने की बात कही है और डॉ. किचलू का मानना है कि इस समय कोई ऐसी आपातकालीन (इमरजेन्सी) स्थिति नहीं है जो इस प्रकार के अध्यादेश की आवश्यकता हो। इस पर भी हमारा पूर्ववत व्यक्त किया हुआ मत है कि हम अध्यादेश के सम्बन्ध में कोई हस्तक्षेप नहीं कर सकते और ये मामला हमारे अधिकार क्षेत्र की सीमा से बाहर का है।

मित्रों और परिवारजनों से मुलाकात एकान्त में हो

ये भी प्रश्न हमारे सामने आता है कि कुछ मित्रों व परिवारजनों की मुलाकात इस प्रकार हो कि जिसे जेल अधिकारी या अन्य कर्मचारी/अधिकारी सुन न सकें। इस सम्बन्ध में जेल सुपरिंटेंडेंट पूरी तरह निर्णय लेने में सक्षम है और हम केवल इतना ही कह सकते हैं कि इस तरह की मुलाकातें जेल अधिकारी कराते हैं। जो महत्वपूर्ण समझा जाये और विशेषकर उस समय जब कानूनी सलाहकार भी

उपस्थित हो और सुपरिटेंडेंट जेलर को भी समाधान किया जा सके कि ये भेंट केवल सफाई पक्ष की पैरवी के लिए है।

हमारे सामने ये भी मामला उठाया गया है कि जेल में खाना काफी निम्न स्तर का मिलता है और कपड़े हल्के और तंग व छोटे होते हैं और लिखने की व पढ़ने की सामग्री भी बहुत नगण्य और अपर्याप्त होती है और चिट्ठियाँ भी अत्याधिक निरीक्षण और काट-छाँट के बाद अभियुक्तों को मिलती है। सैंसर पढ़ने वालों का कार्य कई बार चिट्ठी के मूलभाव को भी लुप्त कर देता है और उनकी गतिविधियों पर निगरानी करने वाले कर्मचारियों/अधिकारियों भी बहुत सख्ती का रवैया रखते हैं। न्यायाधीशों ने इस सम्बन्ध में इतने ही विचार व्यक्त किये कि इन विस्तृत सुविधाओं का मामला केवल जेल प्रबन्धों से सम्बन्धित रखता है और जेल प्रबन्ध के मामले में हमारा कोई हस्तक्षेप नहीं हो सकता।

तलाशियां व गिरफ्तारियां

कुछ तलाशियों व गिरफ्तारी के मामले में जांच-पड़ताल करना हमारे अधिकार क्षेत्र से बाहर का मामला है।

विचाराधीन बन्दियों में जिन्हें सजा हो चुकी है

इन विचाराधीन बन्दियों में कुछ बन्दी ऐसे हैं कि जिन्हें अन्य मामलों में जो हमारे समक्ष नहीं है, सजायें हो चुकी हैं और उनको शेष अभियुक्तों से पृथक रखने के आदेश पर जेल अधिकारी कार्य कर रहे हैं और इसके फलस्वरूप वह अभियुक्त मुकदमे की सफाई व पैरवी के सम्बन्ध में जो मुलाकातें होंगी उनका लाभ वह नहीं उठा पाएंगे। उन्हें पृथक् रखने का प्रावधान जेल एक्ट की धारा 27 के अन्तर्गत आता है। यदि उन्हें परामर्श करना आवश्यक हो तो उन्हें अपने सहयोगियों से मिलने और परामर्श करने का काफी अवसर मिलता है। और वह मुलाकात करने वालों से मुकदमे की अवधि के समय जब वह अदालत में आते हैं परामर्श कर लाभ उठा सकते हैं।

शिकायतों का समाधान अन्यथा जमानतों पर छोड़ा जाए

अभियुक्तों की ओर से ये भी मांग की गई है कि जो शिकायतें उन्होंने हमारे सामने प्रस्तुत की हैं, उनका संतोषजनक समाधान हो अन्यथा उन कठिनाइयों में डालने की बजाये जब तक न्यायालय का फैसला हो, हमें जमानतों पर छोड़ दिया जाए।

हम अपने विचार व्यक्त कर चुके हैं कि हम उन मामलों पर सदैव विचार के लिए तत्पर हैं जो हमारे अधिकार क्षेत्र में आते हों और कोई हस्तक्षेप की आवश्यकता अनुभव होती हो। इसके अलावा हमारा और कोई हस्तक्षेप नहीं हो सकता।

अभियुक्तों को जमानतों पर छोड़ने का कोई मामला नहीं बनता है और न कोई आवेदन हमारे सामने किया गया हैं। इसलिए हम इस मांग को रद्द करते हैं।

ऐसीडेन्ट कमीशन कवंर सैन सदस्य कमीशन, अमीर अली सदस्य कमीशन
एल. एस. व्हाइट न्यायालय की दैनिक कार्यवाही की छपी रिपोर्ट से उद्धृत
दिनांक 5.12.1931 (पृष्ठ 522 से 526 तक)

श्री विमल प्रसाद जैन ने जेल से न्यायालय में आने से इन्कार किया

7 सितम्बर, 1931 को जब अन्य अभियुक्त दिल्ली जेल से ट्रिब्यूनल के समक्ष न्यायालय में लाए गये। उस समय अधिकारियों ने बताया कि श्री विमल प्रसाद जैन ने अदालत में आने से इन्कार कर दिया और अन्य अभियुक्तों के साथ उन्हें यहां नहीं लाया जा सका है।

8 सितम्बर, 1931 को श्री विद्याभूषण अभियुक्त ने न्यायालय को ध्यान दिलाया कि श्री विमल प्रसाद जैन को जेल अधिकारियों के विरुद्ध कुछ शिकायतें और उनके व्यवहार के प्रति असंतोष है और इसलिए श्री विमल प्रसाद जैन जेल अधिकारियों के आदेशों को मानने के लिए तत्पर नहीं है।

10 सितम्बर, 1931 को न्यायालय का एक क्लर्क दिल्ली जेल गये और विमल प्रसाद जैन को कोर्ट में उपस्थित होने का न्यायाधीशों का आदेश बताया और इस आदेश पर श्री विमल प्रसाद जैन न्यायालय के लिए जेल से आ गये। परन्तु बाद में न्यायाधीशों ने कहा कि इस प्रकार का तरीका सदैव नहीं अपनाया जा सकता है और विमल प्रसाद जैन को अन्य अभियुक्तों के साथ नियमित रूप से आना चाहिए। विमल प्रसाद जैन से पिछले तीन दिनों से अनुपस्थित रहने का कारण पूछा गया। परन्तु श्री विमल प्रसाद जैन मौन रहे। श्री विद्याभूषण ने अदालत से आवेदन किया कि श्री जैन की और से ये बात प्रस्तुत की जा चुकी है कि जेल अधिकारियों के विरुद्ध कुछ शिकायतें और अनके व्यवहार के प्रति असंतोष था इसलिए विमल प्रसाद जैन अधिकारियों के आदेश मानने के लिए तत्पर नहीं थे।

श्री विमल प्रसाद जैन व अन्य अभियुक्तों का परामर्श

श्री विद्याभूषण शुक्ल जी

कुछ दिन बाद जेल में तमाम अभियुक्तों की एक गोष्ठी भविष्य की कार्यप्रणाली के सम्बन्ध में विचार प्रकट करने के लिए श्री विमल प्रसाद जैन ने सुझाव दिया कि ये संघर्ष बहुत लम्बा है और हम सभी अभियुक्तों को एक साथ मिलकर इस दमन का मुकाबला करना है अन्यथा तमाम अभियुक्तों के मनोबलों को सरकार सुविधा से दमन कर देगी और न्यायालय की कार्यवाही भी एक खिलवाड़ बन जाएगी और 11 मार्च, 1932 को श्री विद्याभूषण व अन्य अभियुक्त अपने साथ विमल प्रसाद जैन को लेकर जेल से अदालत में आये और इस प्रकार लगभग 7 माह से चल रहे इस शीत युद्ध को समाप्ति हुई।

अभियुक्तों को डंडाबेड़ी और हथकड़ियां लगा दी गई

18 मई, 1932 को विद्याभूषण ने न्यायाधीशों का ध्यान आकर्षित किया कि जिस रास्ते से पुलिस दल हमें न्यायालय तक लाते हैं, उस मार्ग में कुछ स्थानों पर बहुत अधिक धूल उड़ने के कारण हमारे गलों पर धूल का प्रभाव हुआ है और इसमें सुरक्षा की आवश्यकता है और हमें जेल से लाने के लिए मार्ग में कोई परिवर्तन कर दिया जाए तो हम स्वास्थ्य की दृष्टि से सुरक्षा का अनुभव करेंगे। परन्तु न्यायालय ने इस मामले में अपनी असमर्थता प्रकट की और कहा कि मार्ग को पलटना न्यायाधीशों के अधिकार सीमा से बाहर है। इस पर न्यायालय की कार्यवाही खत्म होने के बाद अभियुक्तों ने न्यायालय के कमरों से पुलिस के साथ जाने से इन्कार कर दिया और फिर न्यायाधीशों को पुनः अदालत के कमरे में आकर आदेश देना पड़ा कि इन्हें बल प्रयोग से पुलिस ले जाए। इस टकराव को देखते हुए श्री बी. बनर्जी वकील ने न्यायालय से आवेदन किया कि आप अभियुक्तों की इस शिकायत को सक्षम अधिकारियों तक पहुंचा दीजिए। जिससे वह इन शिकायतों को दूर करने के लिए कोई संतोषजनक उपाय कर सके। परन्तु पुलिस इंस्पेक्टर तमाम अभियुक्तों को बलपूर्वक अदालत से उठाकर ले गये।

19 मई, 1932 को पुनः फिर वही बाधा मार्ग में आ गई और बी. बनर्जी वकील ने न्यायाधीशों से फिर आवेदन किया कि वह सक्षम अधिकारियों का ध्यान

इस ओर आकर्षित करे कि रास्ते की धूल मार्ग से सुरक्षित रूप से आने के लिए पुलिस लौरियों में पर्दों के इंतजाम कर दिये जाए और अभियुक्तों को पुनः बलपूर्वक अदालत के कमरे से उठाकर ले गई। 20 मई, 1932 को पुनः जब पुलिस निर्देशन की अवहेलना पर असंतोष प्रकट किया गया तो इंस्पेक्टर बलपूर्वक उन्हें ले गये।

23 मई, 1932 को जब अभियुक्तों को अदालत में लाया गया तो उनके पैरो में बेड़ियां और दोनों हाथों में हथकड़ियां लगी हुई थी। अदालत को बताया गया कि पिछले दिनों से जो घटनाएं हुईं, उनको दृष्टि में रखते हुए जेल सुपरिंटेंडेंट के आदेश पर अभियुक्तों के हाथों व पैरों में हथकड़ियां, बेड़ियां डाल दी गईं हैं।

सरकारी वकील ने जेल अधिकारियों की तरफ से अदालत को निवेदन किया कि अभियुक्तों के हाथों और पैरों में हथकड़ियां और बेड़ियां अदालत की कार्यवाही के मध्य में भी पड़ी रहनी चाहिए।

सरकारी वकील के इस आवेदन का सफाई के वकील डॉ. किचलू व बी. बनर्जी ने कड़ा विरोध किया और आपत्ति उठाई। सरकार के वकीलों का कहना था कि अदालत में भी अभियुक्तों के डण्डा-बेड़ियां पड़ी रहे। इस सुरक्षा के लिए जेल सुपरिंटेंडेंट का कोई दखल नहीं है।

अदालत में तमाम परिस्थिति का अवलोकन करने के बाद कहा कि हम पहले ही पुलिस लौरियों में पर्दे लगाने के प्रबन्ध करने के लिए विचार प्रकट कर चुके हैं और इस अदालत के निर्देशन पर अभी तक अमल नहीं हुआ है। इससे अधिक और कुछ भी करने में हम तैयार नहीं हैं और बाध्य होकर अब प्रतिदिन अदालत को पुलिस अधिकारियों को आदेश देना पड़ता है कि बलपूर्वक अभियुक्तों को अदालत के कमरे से ले जाया जाये।

अभियुक्तों की ओर से न्यायाधीशों से आवेदन किया गया कि यदि अदालत में उपस्थिति के समय उनकी हथकड़ियों व बेड़ियों को हटा दी जाए तो वह स्वतः शांतिपूर्वक यहां से चले जाया करेंगे। श्री वात्स्यायन ने विशेष तौर पर तमाम अभियुक्तों की ओर से न्यायालय को आश्वासन दिया कि यदि लौरियों में पर्दे का इन्तजाम कर दिया जाए तो अभियुक्त न्यायालय के सभी आदेशों को शांतिपूर्वक अनुपालन करेंगे।

25 मई, 1932 को विद्याभूषण अभियुक्त ने उन अभियुक्तों की ओर से जिनका प्रतिनिधित्व सफाई के वकील नहीं कर रहे हैं, कहा कि हमें अदालत की कार्यवाही सुचारु रूप से चलाने में एक क्लर्क की सहायता का प्रबंध किया

जाए। क्योंकि हमारे हाथों में हथकड़ियों के कारण हम स्वयं आवश्यक नोट नहीं ले सकते हैं और हम क्लर्क की सहायता से उन नोटों का उपयोग कर पाएंगे। अन्यथा हमारे इस आवेदन को जमानत पर छोड़े जाने का आवेदन माना जाये और हमारी जामानतें मंजूर कर ली जायें। अभियुक्तों के इन आवेदनों को अस्वीकार कर दिया गया। श्री वात्स्यायन ने भी तमाम अभियुक्तों की ओर से पुनः आवेदन किया कि जब तक अभियुक्तों की हथकड़ियां नहीं हटाई जाए तब तक अदालत की कार्यवाही स्थगित रखी जाए। न्यायाधीशों ने इसे भी अस्वीकार कर दिया।

वात्स्यायन ने पुनः आवेदन किया कि सरकारी गवाहों के बयानों पर हमारी ओर से जिरह करने की कार्यवाही को तब तक के लिए स्थगित रखा जाए जब तक हमारे हाथों में हथकड़ियां रहें। क्योंकि बिना गवाह के बयानों के नोट लिए जिरह करना संभव नहीं है।

26 मई, 1932 को विद्याभूषण ने पुनः हाथ में हथकड़ी के कारण अपने सफाई पक्ष की पूर्ति में असमर्थता प्रकट की और निवेदन किया कि हाथों में हथकड़ी होने के कारण वे गवाह पर जिरह करने के लिए उसके मुख्य बयानों के नोट नहीं ले पाए हैं और सफ़ाई के मामले में उन्हें काफी हानि हो रही है। अदालत में इस सारे मामले पर विस्तारपूर्वक छानबीन के बाद आदेश दिया कि अगर इतना आवश्यक हो तो अदालत इतना कर सकती है कि अभियुक्त के जिरह के वक्त उसके एक हाथ की हथकड़ी अदालत में खुलवा दें ताकि वह सुगमता से जिरह कर पाए। परन्तु उस अवस्था में कोई और अपवाद खड़ा नहीं होना चाहिए। अन्यथा अदालत इन आवेदनों को जिसमें जमानत का आवेदन भी है, नामंजूर करती है।

श्री वात्स्यायन ने आश्वासन दिया कि हम अभियुक्तों ने निश्चय किया है कि हम बिना खींचतान के स्वयं जब पुलिस चाहेगी, शांतिपूर्वक उठकर चले जाएंगें। परन्तु हम यह अवश्य प्रकट कर देना चाहते हैं कि हम अदालत से जाने को स्वतः तैयार नहीं हैं और हमारा विरोध कायम है।

31 मई, 1932 को श्री विद्याभूषण ने ट्रिब्यूनल के न्यायाधीशों के सामने फिर आवेदन किया कि हम सभी उन अभियुक्तों सहित जिनका वकील प्रतिनिधित्व नहीं कर रहे हैं, उनकी हथकड़ियां न खोली जाए। जब तक हम अपने एक हाथ की हथकड़ी खुलवाने की सुविधा का उपयोग करने को तत्पर नहीं है।

पहली जून, 1932 को ट्रिब्यूनल के न्यायाधीशों ने पुनः आदेश दिया कि अभियुक्तों को अदालत से बाहर ले जाने के लिए यदि आवश्यक हो तो पुलिस शक्तिबल का उपयोग कर सकती है।

2 जून, 1932 को जब अभियुक्तों को अदालत में लाया गया तो जिन अभियुक्तों की ओर से सफाई के वकील नहीं हैं, उनकी ओर से आवेदन किया गया कि हम ये अनुभव कर रहे हैं कि रास्ते में हमें ऐसे व्यक्तियों को दिखाया गया कि जो गवाही के रूप में यहां पेश हो सकते हैं। अदालत ने इस आरोप को बड़ी गम्भीरता से लिया और कहा कि ये आरोप बहुत ही गम्भीर हैं और अगर ये साबित हो जाए तो सरकार की ओर से गवाही देने वालों को अभियुक्तों को रास्ते में दिखाया गया है तो ये कानून की अवहेलना समझी जाएगी।

अभियुक्तों ने ये भी आरोप लगाया है कि जब उन्हें अन्य व्यक्तियों को दिखाया जा रहा तो उन्होंने ये मामला सफदर अली असिस्टेन्ड जेलर, हाईन इंस्पेक्टर पुलिस का ध्यान आकर्षित कर दिया था।

अदालत ने तुरन्त ही अदालत में उपस्थित सफदर अली खां अस्स्टिेन्ट सुपरिंटेंडेंट डिस्ट्रिक्ट जेल दिल्ली व पुलिस इंस्पेक्टर हाईन के बयानों को अदालत में लेना शुरू कर दिया। हाईन ने अपने बयानों में ये बासत मानी कि निगमबोघ घाट के पास से जब लोरी ऊपर बेला रोड़ की ओर बढ़ रही थी तो विमल प्रसाद जैन ने चौराहे पर खड़े चार व्यक्तियों की ओर संकेत किया कि इनसे हमारी शिनाख्त कराई जा रही है। इसी प्रकार का बयान सफदर अली खां का हुआ।

2 जून, 1932 को भी अदालत की कार्यवाही के बाद न्यायाधीशों ने आदेश दिया कि अभियुक्तों को बलपूर्वक पुलिस यदि आवश्यकता हो तो प्रयोग कर उन्हें ले जा सकती है।

4 जून, 1932 को पुनः तमाम अभियुक्तों की ओर से जो जेल में थे, आवेदन किया गया कि भविष्य में मुकदमे की कार्यवाही जेल के परिसरों में की जाए। इस पर न्यायाधीशों ने अपने विचार प्रकट करते हुए कहा कि हम इस विवाद की खोज में जाना नहीं चाहते हैं और अच्छा ये हो कि अभियुक्त स्वयं अपनी सुरक्षा आप करे और जेल से आते समय या जाते समय अपने मुंह को अपने कपड़ों से ढ़क लिया करें ताकि पुलिस उन्हें सम्भावित गवाहों से पहचान न करा सकें। जेल में मुकदमा करने की मांग को भी अस्वीकार कर दिया।

4 जून, 1932 को अदालत ने फिर आदेश दिया कि फिर अभियुक्तों को यदि आवश्यकता हो तो पुलिस वाले बल प्रयोग से उन्हें अदालत से ले जाए। इस आदेश पर अभियुक्तों ने एक दूसरे के साथ मिलकर न्यायालय में लगे जंगले के साथ अपने आप को लिपटा लिया और पुलिस बड़ी कठनाई से एक-एक को हटाकर वहां से ले गई।

4 जून, 1932 को ही अदालत ने ये भी आदेश दिया कि अभियुक्तों को डण्डाबेडी हथकड़ी होने के बाद भी बलपूर्वक हटाना पड़ता है इसलिए 23 मई, 1932 को जो हथकड़ी लगाने के आदेश थे, उन्हें रद्द किया जाता है।

6 जून, 1932 को पुनः अदालत को आदेश देना पड़ा कि पुलिस अभियुक्तों को बलपूर्वक अदालत से ले जा सकती है यदि वह बल प्रयोग करने की आवश्यकता अनुभव करे। अभियुक्तों में से अधिकतर अदालत के कटघरे के जंगले के साथ लिपट गये और बड़ी कठिनाई से एक-एक को पृथक कर जब पुलिस वाले उन्हें ले जा रहे थे तो बाद के दो-तीन अभियुक्तों को घसीटकर बाहर ले जाने का प्रयास हुआ। इस पर सरकारी वकील ने अदालत से हस्तक्षेप करने की प्रार्थना की और कहा कि इस प्रकार अदालत से ले जाया जाए, इस पर भी कोर्ट का आदेश अवश्य है। जिस प्रकार अभियुक्तों को घसीटा गया है, उसमें अभियुक्त को पुलिस बल ठोकरें मार सकते हैं और 4 जून, 1932 के आदेश पर भी चर्चा हुई कि जिसमें कार्यवाही के समय हथकड़ियां खोल दी जाए। इस अवस्था में वात्स्यायन ने स्वतः शांतिपूर्वक जाने पर सहमति प्रकट की।

9 जून, 1932 को पुनः 8 अभियुक्तों की ओर से 6 जून को जो आवेदन प्रस्तुत हुआ था, उस पर न्यायाधीशों ने विचार किया। इसमें मुकदमा स्थगित करने की जो मांग की गई थी, उस पर ये दलीलें दी गईं हैं कि अदालत ने लौरियों पर पर्दा लगाने का जो आदेश दिया था, उसकी अवलेना हुई है। यह कोर्ट का अपमान है। गत तीन सप्ताहों से जो नई परिस्थिति सामने आ रही है, उससे स्थिति निरंतर गिरावट की ओर बढ़ रही है। निःसन्देह यह मामला तीसरे दिन ही शांत हो जाता क्योंकि अदालत की ओर से पर्दों की व्यवस्था लौरी में करा दी गई थी। उन पर्दों को यदि प्रशासक न हटाते तो परिस्थिति को गम्भीरता से बचा सकते थे और मामूली-सी सुविधा अभियुक्तों ने मांगी थी, उस पर भी प्रशासक सहमत नहीं हुए। हम पुनः अधिकारियों का ध्यान दिलाते हैं कि वह हमारे द्वारा दिये गये आदेशों के अनुसार इन शिकायतों को दूर कर अदालत की शांतिपूर्वक कार्यवाही की प्रगति में सहयोग दें।

6 जून, 1932 को जिस प्रकार अभियुक्तों को घसीटकर ले जाया गया है, ये तरीका बहुत ही असंगत था और हमारा ये मानना है कि हमारे आदेशों में इस प्रकार का कोई संकेत नहीं था और यदि फिर भी पुलिस वालों को कोई कठिनाई अनुभव हुई हो तो वह पुनः हमसे आदेश ले सकते थे। उसके बाद भी जो घटनाएं सामने आई हैं कि अभियुक्तों को जबर्दस्ती जेल ले जाते समय काफी दूर तक पैदल ले जाया गया है। हम इस समय इस घटना पर कोई

विचार प्रकट नहीं करना चाहते हैं। हमारे ये विचार सक्षम अधिकारियों तक पहुँचा दिए गये हैं।

बाबूराम गुप्ता को रास्ते में पानी की माँग करने पर पानी भी नहीं दिया गया और अभद्र व्यवहार किया गया। इसे सरकारी वकील ने इन्कार किया है और इस घटना पर हम कोई तहकीकात की बात नहीं करना चाहते हैं। सक्षम अधिकारियों को इन मामलों पर ध्यान देना चाहिए और यदि आवश्यक हो तो निर्देश देने चाहिएं।

इसी प्रकार का एक आवेदन विद्याभूषण ने भी प्रस्तुत किया है जिसके अनुसार लम्बे बालों को पकड़कर पुलिस वालों ने उसे घसीटा है। सरकारी वकील ने इससे इन्कार किया है और जेल जाते समय काफी दूर तक उसे पैदल ले जाया गया है और उसके सफाई पक्ष के कागजात जो उसे घसीटते समय वहां रह गये थे, उनका पुलिस वालों ने पूरी तरह निरीक्षण किया है कि अभियुक्त किन लाईनों के आधार पर अपने सफाई पक्ष की तैयारी कर रहा है। अभियुक्त ने ये भी बताया कि मि. डी. गेल ने जो अभियुक्तों को ले जाने के समय उपस्थित थे, ये आवाज कसी थी "क्यों घबराते हो, तुम्हें तो गोली मार देनी चाहिए थी।" सरकारी वकील ने इस घटना से भी इंकार कर दिया।

सरकारी वकील ने ये बात मानी है कि सिवाय कुछ कागजों के जो दो अभियुक्त अपने साथ ले गये थे, बाकी सब कागज व किताबें जो पीछे रह गयी थी, जब अभियुक्तों को जेल तक पैदल ले जाया गया था तो वह लौरी में थी और लौरी के साथ जेल पहुंच गई थी। खाली शक की दृष्टि से इस मामले को देखना उचित नहीं होगा और जमानतों की दरखास्त रद्द की जाती है।

17 जून, 1932 को पुनः अदालती कार्यवाही स्थगित करने का आवेदन प्रस्तुत किया गया है। इसमें ये संकेत किया गया है कि लौरियों में परदे की व्यवस्था का अभिप्राय ये नहीं था कि केवल लौरियों के पीछे परदा लटका दिया जाये जिससे धूल न आए। इससे स्पष्ट प्रतीत होता है कि 9 जून, 1932 को अदालत ने जो विचार प्रकट किए थे, उसका अभिप्राय केवल लौरी को पीछे से नहीं बल्कि लौरी की खिड़कियों को सब ओर से पर्दों से ढकना था और जहां तक लौरी की छत का ढकने का प्रश्न है उसे हमने स्वयं जाकर निरीक्षण किया है और इसमें काफी सुधार हो सकता है। कैसे और किस प्रकार हो इसमें अदालत अपने विचार प्रकट नहीं करना चाहती।

अभियुक्तों की शिकायत है कि लौरी की छत काफी गरम हो जाती है और अभियुक्तों को लौरी के अन्दर इस कड़कड़ाती गर्मी में काफी कठिनाई अनुभव

होती है और यहाँ तक कि तमाम खिड़कियों से हवा की गर्म लूएं अभियुक्तों पर आती हैं। उसके सम्बन्ध में हमने जेल सुपरिंटेंडेंट को लिखा है कि वह जेल के मेडिकल अधिकारियों से इस बात पर राय ले कि जो लू अभियुक्तों को बर्दात करनी पड़ रही है, क्या वह गर्म लू अभियुक्तों के स्वास्थ्य के लिए हानिकारक है यदि ऐसा हो तो उस सम्बन्ध में उचित कार्यवाही जेल सुपरिंटेंडेंट करे। जहां तक हमारा सम्बन्ध है हम आवेदन को रद्‌द करते हैं।

गोपनीय विभाग की रिपोर्ट

गोपनीय विभाग के अधिकारियों ने उच्च अधिकारियों को लिखा है कि सरकारी पक्ष की ओर से 453 गवाहों की लिस्ट तैयार करके, सरकारी वकील को दे दी गई थी परन्तु अभी तक जनवरी, 1933 के अन्त तक कुल 160 गवाहों के बयान न्यायाधीशों के सामने रिकॉर्ड किए गये हैं। जिनके प्रबंध में व्यवस्था संबंधी जेल व पुलिस वालों के बयान भी समय पर न्यायालय में रिकॉर्ड किए गए थे और इस प्रकार न्यायालय के मंच को क्रांतिकारी पार्टी के प्रचार व प्रसार के लिए न्यायालय के मंच का उपयोग हो रहा है। अधिकारियों को इस सम्बन्ध में उचित आदेश व प्रबन्ध करने चाहिए।

न्यायालय के प्लेटफार्म से क्रांतिकारी प्रचार का लाभ उठा रहे हैं

दिल्ली षड्‌यंत्र केस की कार्यवाही की रिपोर्ट प्रायः सभी अखबारों में किसी न किसी रूप में प्रकाशित होती है और क्रांतिकारियों की चर्चा से क्रांतिकारी पार्टी का प्रचार बढ़ता है। गोपनीय विभाग वालों ने भी अधिकारियों को लिखा कि इन षड्‌यंत्र केसों से बजाय दमन के क्रांतिकारी आम जनता की दृष्टि में छाये रहते हैं। सरकार का उद्देश्य इन्हें केवल सार्वजनिक दिन प्रतिदिन को गातिविधियों से हटाना नहीं बल्कि उन्हें लम्बे समय तक आम जनता के सम्पर्क से दूर करने का प्रयास होना चाहिए। दिल्ली के चीफ कमिश्नर ने ट्रिब्यूनल के न्यायाधीशों से भी इस समस्या के हल पर विचार-विनियम किया और उनकी राय थी कि कानून के अर्न्तगत जो अधिकार अभियुक्तों और उनकी पैरवी करने वाले वकीलों के उनसे उन्हें वंचित किया नहीं जा सकता है। यदि सरकार और कोई उपाय निकाले तो ट्रिब्यूनल के जजों को उसमें कोई आपत्ति नहीं हैं।

अभी तक ट्रिब्यूनल की कार्यवाही पर क्या खर्च हुआ

प्रशासन की ओर से बताया गया कि ट्रिब्यूनल द्वारा दिल्ली षड्‌यंत्र केस के मुकदमे की सुनवाई पर अब तक तीन लाख, इक्यावन हजार, चार सौ अट्ठानवे रुपये खर्च हो चुके हैं।

—होम 1933 पोल नं. 7/10 (5/536)

सन् 1933-1934 के वार्षिक बजट में ट्रिब्यूनल के खर्चे का अनुमान न लगाया गया तो उस समय जो आँकड़े सामने आए, उसके अनुसार दो लाख, सैंतीस हजार नौ सौ छियत्तर रुपये का अनुमान बताया गया। उच्च अधिकारियों ने अन्य शीघ्र से शीघ्र संचालित किया जा सकता है।

—होम 1933 पोल नं. 7/4 व के. डब्लू (5/536)

फाईल नं. 7/4 की के. डब्ल्यू. फाईल में आवश्यक कागज संलग्न हैं।

पुलिस फोर्स को कायम रखा जाए

जब इस सुझाव पर विचार हुआ कि ट्रिब्यूनल को भंग कर षड्यंत्र केस की कार्यवाही को समाप्त किया जाए तो उस समय ये भी सुझाव आए कि पुलिस ने बड़े परिश्रम से तहकीकात करके क्रांतिकारी गतिविधियों को खोजने में सफलता प्राप्त की है और कितनी दूर-दूर तक इनकी गतिविधियां फैली हुई हैं इस पर ध्यान रखना अति आवश्यक है ताकि प्रारम्भ में ही इनका दमन किया जा सके। इस लक्ष्य की प्राप्ति के लिए निश्चय हुआ कि दिल्ली षड्यंत्र केस के बाद भी जो पुलिस फोर्स नियुक्त की गई है, वह सन् 1933-1934 में भी उसी प्रकार बनी रहे।

—होम 1932 फाइल नं. 74/23/32 (5/536)

दिल्ली षड्यंत्र केस सरकार ने समाप्त करने का निर्णय लिया 4 फरवरी, 1933 को षड्यंत्र केस की कार्यवाही बन्द कर दी गई

व्यक्तिगत रूप में मुकदमे चलाए जाएंगे या अन्य कार्यवाही की जाएगी

ट्रिब्यूनल की अदालत को अभियुक्त क्रांतिकारी पार्टी के प्रचार का साधन अब न बना सके और इक्कीस मास की कार्यवाही में दिसम्बर, 1932 के अंत तक 136 गवाह के बयान हुए हैं और कई लाख रुपया ट्रिब्यूनल की नियुक्ति के बाद से इस षड्यंत्र पर खर्च हो चुका है, इसलिए प्रशासक यह उचित समझते हैं कि जिन अभियुक्तों के विरुद्ध अपराधों के मामले दर्ज हैं और कानूनी कार्यवाही की जा सकती है, उन पर न्यायिक कार्यवाही हो और जिन अभियुक्तों पर अपराध प्रमाणित करने में प्रशासनिक कठिनाइयां हैं, उन्हें शाही नजरबन्द बना दिया जाए और जिनके विरुद्ध बहुत संगीन अपराध न हो उन पर पाबन्दी के नोटिस या जिनका दिल्ली में रहना अवांछित हो, उन्हें दिल्ली से निष्कासित करने के नोटिस या अन्य प्रतिबंधित नोटिस दे दिए जाएं। इस केस के साथ अन्य संबंधित अवांछित व्यक्तियों को भी निष्कासन के नोटिस दे दिये जायें।

इस प्रकार षड्यंत्र केस के बजाय निम्न प्रकार से अभियुक्तों के विरुद्ध कार्यवाही की जायें।

दिल्ली झण्डेवाला बम फैक्टरी

दिल्ली झण्डेवाला बम फैक्टरी की स्थापना जुलाई, 1930 में हुई और सितम्बर 1930 में फैक्टरी का समापन हो गया और फैक्टरी को बन्द कर वहां का सामान अन्यत्र भेज दिया गया। फैक्टरी के संचालन के आरोप में निम्न तीन व्यक्तियों के विरुद्ध विस्फोटक एक्ट में कार्यवाही की जाए –

1. डॉ. बाबूराम गुप्ता आत्मज झझन मल, निवासी कासगंज।
2. विमल प्रसाद जैन आत्मज बनारसी दास जैन, सिसाना बागपत, जिला मेरठ।
3. सच्चिदानन्द हीरानन्द वात्स्यायन आत्मज हीरानन्द वात्स्यायन, लाहौर।

इन तीनों के विरुद्ध दिल्ली के सैशन कोर्ट में विस्फोटक एक्ट में कार्यवाही हुई और तीनों अभियुक्तों को 22 अगस्त, 1933 को पांच-पांच वर्ष कैद की सजा हो गई। लाहौर हाई कोर्ट में 5 फरवरी, 1933 को विमल प्रसाद जैन को तीन वर्ष कैद की सजा रह गई व बाबूराम गुप्ता व सच्चिदानन्द हीरानन्द वात्स्यायन बरी कर दिए गये। रिहा होते ही वात्स्यायन को नजरबन्द कर लिया गया। बाद में सच्चिदानन्द हीरानन्द वात्स्यायन को 5 फरवरी, 1935 को दिल्ली से निर्वासन का आदेश दे दिया गया।

डॉ. बाबूराम गुप्ता को 26 मई, 1935 को दिल्ली म्युनिसिपल सीमा में पाबन्द कर दिए गये।

विस्फोटक सामग्री बरामद

श्री कपूर चन्द जैन आत्मज मन्नूलाल जैन, 2714 पहाड़वाली गली, चौक राय जी धर्मपुरा, दिल्ली के मकान से विपुल मात्रा में विस्फोटक सामग्री बरामद हुई। ये सामग्री दिल्ली झण्डेवाला बम फैक्टरी से यहां पर लाई गई थी। 4 फरवरी, 1933 को दिल्ली षड्यंत्र केस समाप्त होने पर इनके विरुद्ध ई. एस. लुईस की अदालत ने 2 अगस्त, 1933 को दो वर्ष और 3 वर्ष कैद की सजा हो गई, सजाएं साथ-साथ चलेगी। दिल्ली जेल कैदी नं. 5054 था। सजा के बाद ये जमानत पर छूट गये और 22 जून, 1933 को पुनः जेल आ गये। उस समय बन्दी नं. 5378 था और कैद काटने के बाद 23 अप्रैल, 1934 को जेल से रिहा कर विए गये।

26 दिसम्बर, 1991 को इनका स्वर्गवास हो गया।

ग्वालियर विस्फोटक फैक्टरी

ग्वालियर में बम बनाने के लिए जो फैक्टरी कायम हुई थी, उसमें

1. श्री गजानन्द सदाशिव पोद्दार आत्मज सदाशिव कृष्ण पोद्दार झांरी,
2. विश्वनाथ राव वैशम्पायन आत्मज गंगाधर, वैशम्पायन।

ये फैक्टरी ग्वालियर रियासत में थी और इस अपराध का मुकदमा ग्वालियर रेजीडेन्सी में होना चाहिए था। परन्तु धारा 188 अपराध संहिता के अन्तर्गत ये अनुमति मिल गई कि दिल्ली षड्यंत्र केस के साथ यह पृथक रूप में इन पर मुकदमा ब्रिटिश इण्डिया में चलाया जा सकता है।

इसके अनुसार इन दोनों के विरुद्ध 4 फरवरी, 1933 को षड्यंत्र वापिस लेने के बाद पोद्दार को दिल्ली में नजरबन्द कर दिया गया और 17 मई, 1933 को दोनों अभियुक्त के विरुद्ध सैशन कोर्ट दिल्ली में मुकदमे की कार्यवाही चली और 4 जुलाई, 1933 को दोनों सैशन कोर्ट से बरी हो गये।

7 जुलाई, 1933 को चीफ कमिश्नर दिल्ली से निर्वासन का नोटिस दे दिया गया और ये झांसी चले गये।

विश्वनाथ राव वैशम्पायन की गिरफ्तारी के समय 19 सितम्बर, 1931 को रिवाल्वर बरामद हुआ था। इस आरोप में बन्दी नं. 9215 पर ये कैद की दो वर्ष की जो सजा 14 फरवरी, 1931 को हुई थी, वह काटी और 31 दिसम्बर, 1932 को इस सजा की कैद से छूट गये। 4 जुलाई, 1931 को सैशन कोर्ट दिल्ली से बरी होने पर शाही नजरबन्द बना दिए गये और महात्मा गांधी जी दिल्ली में जब इनसे मिले, उसके बाद 19 मार्च, 1939 को दिल्ली जेल से नजरबन्दी से रिहा कर दिये गये। उस समय बन्दी नं. 4554 था।

चांदनी चौक दिल्ली में रिवाल्वर सहित धन्वन्तरी गिरफ्तार

3 अक्टूबर, 1930 को कोतवाली दिल्ली एफ. आई. आर. नं. 409 धारा 307 के अन्तर्गत धन्वन्तरी को लाहौर पुलिस के सहयोग से गिरफ्तार कर लिया गया।

4 फरवरी, 1933 को दिल्ली षड्यंत्र केस वापस लेने पर एफ. आई. आर. नं. 243 के अन्तर्गत 19 आर्म्स एक्ट में मुकदमा चला जिसे एफ. आई. आर. अदालत के आदेश पर रजिस्टर किया गया था। 28 अप्रैल, 1933 को एडिशनल डिस्ट्रिक मजिस्ट्रेट दिल्ली की अदालत ने 7 वर्ष व तीन वर्ष कैद की सजायें सुना दी। ये सजायें एक दूसरे के बाद चलनी थी यानि कैद 10 वर्ष काटनी थी।

दिल्ली जेल के बन्दी रजिस्टर नं. में नं. 5055 पर धन्वन्तरी का नाम अंकित है। उन्हें 18 जून, 1934 को शेष सजा काटने के लिए अण्डमान जेल भेज दिया गया। अण्डमान का बन्दी नं. पी. आई. 204 था।

कानपुर में प्रो. निगम रिवाल्वर सहित गिरफ्तार

प्रो. नन्दकिशोर निगम कूंचा बुलाकी बेगम, दिल्ली को कानपुर में रिवाल्वर के साथ गिरफ्तार किया गया था। 4 फरवरी, 1933 को षड्यंत्र केस वापस लेने के बाद इन्हें कानपुर में दो वर्ष की सजा सुना दी गई। वह सजा इन्होंने बनारस जेल में काटी।

इनके विरुद्ध एफ. आई. आर. नं. 316 दिनांक 23 दिसम्बर, 1929 धारा 4 विस्फोटक एक्ट में वायसराय लार्ड इरविन की स्पेशल ट्रेन के नीचे तेखण्ड के पास (तुगलकाबाद) विस्फोट का जुर्म भी था। ये आरोप भी इनके विरुद्ध था, परन्तु इस केस में श्री भगवतीचरण वोहरा रावी के किनारे लाहौर में बम परीक्षण के समय शहीद हो गये और यशपाल को इलाहाबाद में धारा 307 में सजा हो चुकी थी। इस आरोप में आगे कार्यवाही नहीं हुई।

कानपुर में कासीराम के विरुद्ध मुकदमा

दिल्ली षड्यंत्र केस के मफरूर अभियुक्त कांसीराम आत्मज किशनलाल निवासी-कानपुर, के विरुद्ध 12 अगस्त, 1931 को मुकदमा चला और 7 वर्ष कैद की सजा हो गई। 19 सितम्बर, 1931 को कानपुर में सजा के बाद दिल्ली षड्यंत्र केस के आरोपों से इन्हें छोड़ दिया गया।

इलाहाबाद में श्री यशपाल की गिरफ्तारी

यशपाल आत्मज हीरालाल दिल्ली षड्यंत्र केस के मफरूर अभियुक्त थे। बाद में फरवरी, 1932 में इलाहाबाद में पुलिस के साथ मुकाबला करते हुए गिरफ्तार कर लिये गये और उस केस में इन्हें इलाहाबाद में 7 वर्ष कैद की सजा हुई। गिरफ्तारी के बाद दिल्ली षड्यंत्र केस के ट्रिब्यूनल के सामने पेश करने के लिए दिल्ली जेल में लाये गये। दिल्ली जेल का बन्दी नं. 2524 था और इलाहाबाद में इन्हें सजा हो चुकी थी, इसलिए दिल्ली षड्यंत्र केस में ट्रिब्यूनल ने इनके विरुद्ध मुकदमा वापिस ले किया। 6 अक्टूबर, 1932 को दिल्ली ट्रिब्यूनल के न्यायाधीशों ने दिल्ली षड्यंत्र केस का मुकदमा वापिस लेने की अनुमति दे दी।

श्री प्रकाशो देवी आत्मज बैजनाथ, लाहौर

दिल्ली षड्यंत्र केस में श्रीमती प्रकाशो देवी मफरूर थी बाद में वे धर्मपत्नी श्री यशपाल हो गई। गिरफ्तारी के बाद 6 अगस्त, 1934 को चीफ कमिश्नर दिल्ली ने इन्हें दिल्ली से निर्वासन का नोटिस दे दिया।

भवानी सहाय दिल्ली में गिरफ्तार

भवानी सहाय आत्मज रामचन्द्र, निवासी-राजगढ़, अलवर। ये दिल्ली षड्यंत्र केस के मफरूर अभियुक्तों में से हैं। परन्तु 19 अगस्त, 1931 को दिल्ली पुलिस ने चावड़ी बाजार, दिल्ली से गिरफ्तार कर लिया। क्योंकि षड्यंत्र केस के मुकदमे की कार्यवाही काफी चल चुकी थी, इसलिए सरकारी वकील ने दिल्ली षड्यंत्र केस से इनके विरुद्ध मुकदमा वापस ले लिया और पृथक मुकदमा इनके विरुद्ध चलाने का विचार प्रकट किया परन्तु इन्हें तुरन्त शाही नजरबन्द बना दिया गया। 25 अप्रैल, 1932 को शाही नजरबन्द बनाने के बाद दिल्ली जेल से इन्हें नैनी जेल, इलाहाबाद भेज दिया गया।

ख्यालीराम गुप्ता आत्मज रतनलाल शाही नजरबन्द बना दिए गये

ख्यालीराम गुप्ता आत्मज रतनलाल दिल्ली षड्यंत्र केस के अभियुक्तों में थे। 4 फरवरी, 1933 को षड्यंत्र केस वापिस लेने के बाद इन्हें शाही नजरबन्द बना दिया गया। इनकी धर्मपत्नी विद्यादेवी ने आवेदन किया कि उनके पति श्री ख्यालीरान गुप्ता को तपेदिक हो गया और ऑपरेशन अत्यन्त आवश्यक है। इन्हें जेल नजरबन्दी से रिहा कर दिया गया।

विद्याभूषण शाही नजरबन्द बना दिए गये

विद्याभूषण आत्मज देवकीनाथ शुक्ला निवासी-सीवान, बिहार प्रांत वाले दिल्ली षड्यंत्र केस में अभियुक्त थे, 4 फरवरी, 1933 को षड्यंत्र केस वापिसी लेने पर इन्हें शाही नजरबन्द बना दिया गया। 15 नवम्बर, 1933 को बनारस से पुलिस गिरफ्तार करके दिल्ली ले आयी।

13 सितम्बर, 1935 को विद्याभूषण को शाही नजरबन्दी जेल से रिहा कर दिया गया। प्रारम्भ में इनके विरुद्ध चन्द्रशेखर आजाद के साथ गडोडिया स्टोर कूंचा नटवा, चांदनी चौक, दिल्ली में डकैती में भाग लेने का भी आरोप था।

भवानी सिंह गिरफ्तार

भवानी सिंह आत्मज कैप्टन नत्थू सिंह, निवासी गढ़वाल, षड्यंत्र केस के प्रारम्भ में मफरूर अभियुक्त घोषित किये गये। 25 सितम्बर, 1931 को इन्हें गिरफ्तार कर पुलिस ने ट्रिब्यूनल के सामने पेश किया। सरकारी पक्ष का कहना था कि मुकदमे की कार्यवाही आगे बढ़ चुकी है, इसलिए षड्यंत्र केस के अपरीधा से इन्हें बरी कर दिया जाये। ट्रिब्यूनल ने आदेश दिया कि षड्यंत्र केस के आरोप से बरी किया जाता है।

भागीरथ मल को दिल्ली से निर्वासन का नोटिस

भागीरथ मल आत्मज भगवान सहाय, निवासी बरकली, सरधना, मेरठ दिल्ली षड्यंत्र केस में अभियुक्त थे। 4 फरवरी, 1933 को दिल्ली षड्यंत्र केस समाप्त होने पर चीफ कमिश्नर दिल्ली ने उन्हें दिल्ली से निर्वासन का नोटिस दे दिया।

मास्टर हरीकेश सिंह दिल्ली से निर्वासित

मास्टर हरीकेश सिंह आत्मज रामप्रसाद सीतू थाना-गाजियाबाद, मेरठ, दिल्ली षड्यंत्र केस में अभियुक्त थे। 4 फरवरी, 1933 को दिल्ली षड्यंत्र केस वापिस लेने पर इन्हें दिल्ली से निर्वासन का नोटिस दे दिया गया। बाद में नवम्बर, 1934 में इनकी मृत्यु हो गई।

हरद्वारी लाल आत्मज लक्ष्मीचन्द वैश्य दिल्ली में पाबन्द कर दिए गये

हरद्वारी लाल आत्मज लक्ष्मीचन्द वैश्य दिल्ली में पाबन्द कर दिये गये। ये दिल्ली षड्यंत्र केस में 29 अक्टूबर, 1930 को गली ओगडवाली, बाजार सीताराम से गिरफ्तार किए गये थे। 4 फरवरी, 1933 को दिल्ली षड्यंत्र केस वापिस लेने पर चीफ कमिश्नर दिल्ली ने इन्हें पाबन्द रहने का आदेश (नोटिस) दिया और म्युनिसिपल सीमा में इन्हें पाबन्द रहने का आदेश दिया।

श्री लेखराज कलकत्ते में गिरफ्तार

लेखराज आत्मज कन्हैयालाल, निवासी-ढींग सराय, जिला हिसार, दिल्ली षड्यंत्र केस में मफरूर अभियुक्त थे। 1 मार्च, 1932 को इन्हें कलकत्ते में गिरफ्तार किया गया और दिल्ली षड्यंत्र केस की कार्यवाही से इन्हें बरी कर दिया गया। इनके विरुद्ध गडोडिया स्टोर डकैती केस में सहयोग देने का आरोप था और उस समय मोटर ड्राइविंग के रूप में इन्होंने सहयोग दिया।

प्रो. सम्पूर्ण सिंह टण्डन

प्रो. सम्पूर्ण सिंह टण्डन आत्मज गिरधारी लाल दिल्ली षड्यंत्र केस में मफरूर अभियुक्त घोषित किए गये थे और मुकदमे के अन्त तक पुलिस इन्हें गिरफ्तार करने में असफल रही।

रामचन्द्र शर्मा

रामचन्द्र शर्मा आत्मज घासीराम, निवासी नलगढ़ा, सिकन्दराबाद, बुलन्दशहर दिल्ली षड्यंत्र केस में मफरूर अभियुक्त घोषित किए गये और षड्यंत्र केस की समाप्ति तक पुलिस इन्हें गिरफ्तार करने में असफल रही आरोप ये था कि इनके नलगढ़ा फोर्म में श्री चन्द्रशेखर आदि प्रमुख क्रांतिकारी निशानेबाजी का अभ्यास करते थे।

सुशीला देवी उर्फ दीदी

लाहौर षड्यंत्र केस के मफरूर अभियुक्त हैं। सुशीला देवी उर्फ दीदी सुपुत्री कर्मचन्द जो बाद में धर्मपत्नी श्यामजी मोहन वकील हो गईं। वास्तव में लाहौर षड्यंत्र केस की मफरूर हैं। परन्तु दिल्ली के मफरूरों की सूची में अधिकारियों ने उनके नाम का भी उल्लेख किया था, इसलिए यहां इनके नाम का उल्लेख हो गया। अक्टूबर, सन् 1932 के अन्त में दिल्ली पुलिस ने इन्हें गिरफ्तार कर लिया और बाद में अधिकारियों ने निश्चय किया कि षड्यंत्र केस इनके विरुद्ध अब न चलाया जाए और उनकी गतिविधियों पर निगरानी रखी जाए। बाद में 14 जनवरी, 1963 को दिल्ली में स्वर्गवासी हो गईं।

दिल्ली षड्यंत्र केस में 6 अप्रूवर

1. कैलाशपति उर्फ शीतल प्रसाद आत्मज हृदय नारायण, उत्तरप्रदेश।
2. मदनगोपाल यादव आत्मज किशन लाल अजमेर।
3. बालकिशन उर्फ कृष्णलाल आत्मज हकीम रामजीलाल गांव खेड़ा, पिलखुवा।
4. डी.पी. तैलंग (दण्डपानी तैलंग) आत्मज वैकंटराव गोपाल तैलंग, झांसी।
5. गिरवर सिंह आत्मज घासीराम राजपूत, मेरठ।
6. रामलाल (स्टुडेन्ट रामजस कालेज) आत्मज गंगाराम, सौंगर।

4 फरवरी, 1933 को दिल्ली षड्यंत्र केस वापस लेने के साथ आदेश हुआ कि षड्यंत्र केस से सम्बन्धित अभियुक्तों के विरुद्ध आरोप प्रमाणित करने के

लिए, जहां उनके बयानों की आवश्यकता हो, उनकी पूर्ति के बाद इन्हें रिहा कर दिया जाये।

दिल्ली षड्यंत्र केस से सम्बन्धित पुलिस थाना में

प्राथमिक सूचना रिपोर्ट का विवरण

1.	पार्लियामेंट पुलिस स्टेशन नई दिल्ली एफ.आई.आर. नं. 316 दिनांक 23 दिसम्बर, 1929	धारा 4 विस्फोटक एक्ट वायसराय लार्ड इरविन महोदय की स्पेशल ट्रेन को उड़ाने का प्रयास किया। तुगलकाबाद रेलवे लाईन तेखण्ड के समीप विस्फोट हुआ।
2.	दिल्ली कोतवाली पुलिस स्टेशन एफ.आई.आर. नं. 138 दिनांक 6 जुलाई, 1930	धारा 397 धर्मार्थ गडोडिया स्टोर, कूचा नटवा, चांदनी चौक, दिल्ली में 13,250/- रुपये डकैती में लूटे गये।
3.	कोतवाली दिल्ली पुलिस एफ.आई.आर. नं. 409 दिनांक 1 नवम्बर, 1930	धारा-307 धन्वन्तरी अभियुक्त पंजाब पुलिस व दिल्ली पुलिस से चांदनी चौक, दिल्ली में रिवाल्वर की गोलियों से मुकाबला करते हुए पकड़े गये।

दिल्ली कोतवाली पुलिस
एफ.आई.आर. नं. 243
दिनांक 10 मई, 1933 को
अदालत के आदेश पर पुनः आर्म्स
एक्ट के अन्तर्गत केस कायम किया।

4.	दिल्ली कोतवाली पुलिस एफ.आई.आर. नं. 412 दिनांक 4 नवम्बर, 1930 अदालत के आदेश पर 10 मई, 1933 को एफ.आई.आर. नं. 244 विस्फोटक एक्ट में कायम हुआ।	कपूरचन्द जैन के मकान से विस्फोटक सामग्री बरामद की गई और कपूरचन्द जैन को गिरफ्तार किया गया।

5.	दिल्ली कोतवाली पुलिस एफ.आई.आर. नं. 435 दिनांक 19 नवम्बर, 1930	दिल्ली षड्यंत्र केस की तमाम तहकीकात के अन्तर्गत की गई।

स्वतंत्रता सेनानी श्री रूपनारायण जी श्री विमल जी और उनके छोटे भाई धनकुमार जी से गहरी मित्रता थी। विमल जी के नया हिन्दुस्तान प्रेस में उनका नशाबन्दी का समस्त साहित्य हिन्दी व अंग्रेजी में छपता था। श्री चन्द्रशेखर आजाद का माउज़र पिस्टल सुरक्षा के लिए कई महीनों तक उन्होंने अपने पास छिपाए रखा था और जब्तशुदा साहित्य के अतिरिक्त पिस्टल व रिवाल्वर इत्यादि उनकी सुरक्षा में रहा करते थे। जब दिल्ली षड्यंत्र केस चल रहा था तो वे कभी-कभी अदालत में जाया करते थे। स्वतन्त्रता सेनानी श्री फूलचन्द जैन से भी उनका गहरा दोस्ताना था और वे उनके साथ मुलतान, अम्बाला व फिरोजपुर की जेलों में भी रहे। श्री रामसिंह जी कमार्शियल कालेज के विद्यार्थी थे और कृष्णा सूरी के द्वारा ही क्रांतिकारी आन्दोलन में उनका सम्पर्क हुआ था।

वे कांग्रेस सोशलिस्ट पार्टी के भी सदस्य रहे और आजादी मिलने के बाद कांग्रेस से त्यागपत्र देकर सोशलिस्ट पार्टी के गठन में व्यस्त हो गये थे।

नई दिल्ली स्थित गांधी शांति प्रतिष्ठान से उनका निकट का सम्पर्क रहा है और जिनमें पुराने रोयिस्ट जस्टिस श्री तारकुंडे जी भी शामिल हैं। उनसे उनका सदैव सम्पर्क अथवा मिलना-जुलना होता रहता है। ये लोग लगभग एक ही विचारधारा से जुड़े व सम्बन्धित हैं। जयप्रकाश नारायण उनके प्रेरणा स्रोत होते थे। श्री रूप नारायण जी का पता इस प्रकार है –

3708 चरखेवालान
दिल्ली-110006
फोन नं. 2926296

विमल प्रसाद जैन : क्रांतिकारी जीवन की कुछ झलकियाँ

पुस्तक के इस भाग में दिल्ली षड्यंत्र केस से सम्बन्धित सन् 1928 से 1939 तक की एक झलक दृष्टिगोचर होती है, जिसके लिखने में मुझे स्वतन्त्रता सेनानी श्री फूलचन्द जैन (जो श्री विमल प्रसाद जैन के बचपन के साथी थे), से भरपूर सहायता प्राप्त हुई और दिल्ली षड्यंत्र केस में आजादी के दीवानों के कारनामों की संघर्ष गाथा जो अभी तक सामने नहीं आई थी, वह उजागर हुई। मैं श्री फूलचन्द जैन की अत्यन्त आमारी हूँ।

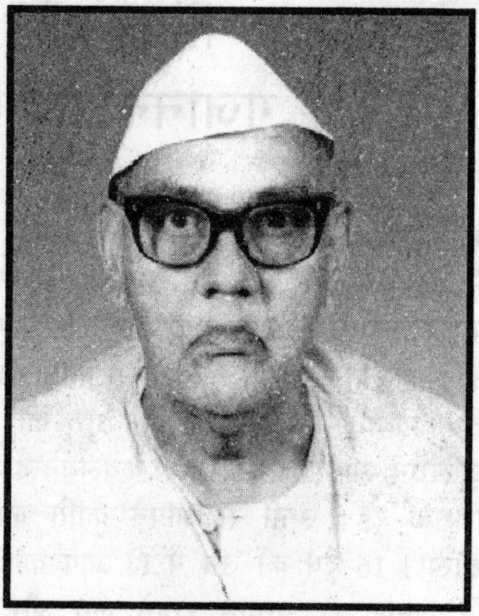

श्री फूल चन्द जैन

अफसोस की बात है कि पुस्तक प्रकाशित होने से पहले ही स्वतन्त्रता सेनानी श्री फूलचन्द जैन जी का निधन हो गया।

हिंसा और अहिंसा
गजानन सदाशिव पोद्दार

श्री गजानन सदाशिव पोद्दार

श्री पोद्दार का जन्म 7 जुलाई, 1910 को झाँसी में हुआ। उनके पिता श्री सदाशिव कृष्ण राव पोद्दार रेलवे में थे। आपकी शिक्षा दिल्ली, अमलनेर और ग्वालियर में हुई। अमलनेर में महान् देशभक्त तथा विद्वान–यथा सर्वश्री साने गुरु जी, माधव जुलियन, आम्बेकर एवं स्वामी कुवलयनन्द आपके शिक्षक रहे। उन्हीं से आपने क्रांति का पाठ सीखा। 16 वर्ष की उम्र में ही आप क्रांतिकारी विचारधारा से सम्बन्ध रखने लगे और अमर शहीद श्री चन्द्रशेखर के विश्वास–पात्र बन गए।

सन् 1927-28 में भारत के स्वाधीनता संग्राम के उस युग में हर नया दिन एक नया संदेश लेकर आता। जन मानस को एक चुनौती देता था। वातावरण में ऐसा जोश था कि तिनके भी तलवार बन जाते। गजानन के मन में भी एक चिनगारी प्रज्ज्वलित हो उठी। सामने दो रास्ते थे। कोई सरकारी नौकरी कर लो या देश की स्वाधीनता के लिए निजी सुख को तिलांजलि दो। उन्होंने स्वाधीनता का मार्ग ही अपनाया।

वे दिन भी अजीब थे। किसी दिन सत्याग्रह की खबर आती तो किसी दिन बम कांड की। स्वाधीनता के पुजारी दोनों ही थे। एक ओर अहिंसक, दूसरी ओर थे हिंसावादी। उनके मन में नित्य यह संघर्ष चलता, क्या सचमुच क्रांतिकारी हिंसावादी हैं? अपने अन्दर बहुत मंथन करने के बाद इस निष्कर्ष पर पहुँचे कि नहीं वे हिंसावादी नहीं हैं और कांटे से कांटा निकालना तर्कसंगत और न्यायसंगत हैं। अपने को इस प्रकार न्याय की कसौटी पर कसकर स्वतंत्रता संग्राम में कूदे थे। जब पोद्दार झांसी में कॉलेज के छात्र थे। झांसी में सुबाल-समाज नामक एक युवक समाज था। समाज का गणेशोत्सव पर्व मशहूर था। पोद्दार जी भी उस समाज के सदस्य बन गए। समाज की ओर से मराठी का नाटक "रणरागिणी" खेला गया जिस पर सरकार ने पाबन्दी लगा रखी थी। नाटक झांसी की रानी लक्ष्मीबाई की वीरता पर आधारित था। झांसी निवासियों की रानी के दर्शनार्थ इतनी ज्यादा भीड़ एकत्रित हुई कि पुलिस मंच तक पहुँच ही नहीं सकी।

काकोरी कांड के बाद क्रांतिकारी दल का संगठन बिखर सा गया था। इसको फिर से संगठित करने का कार्य किया जा रहा था। इस कार्य के सच्चे सूत्रधार थे श्री चन्द्रशेखर आजाद।

झांसी में पोद्दार जी से आजाद का परिचय यह बतला कर कराया गया था कि "आप हरिशंकर शर्मा हैं। कलेक्टर साहब के ड्राईवर और बड़े अच्छे मोटर मेकैनिक हैं। पोद्दार जी जब दल के विश्वासनीय सदस्य बन गए तब आजाद का सच्चा परिचय कराया गया कि आप श्री चन्द्रशेखर आजाद हैं और कुछ दिनों के पश्चात् पोद्दार जी को पता चला था कि विश्वनाथ वैशम्पायन, सदाशिव राव मल्कापुरकर, श्री भगवान दास माहौर क्रांतिकारी थे। हालांकि उनसे झांसी में मुलाकात को चुकी थी।

झांसी क्रांतिकारी संगठन का केन्द्र-बिन्दु था। सारे भारत के क्रांतिकारी आते-जाते। योजनायें बनाई जाती–उन पर अमल किया जाता। कार्यकर्ताओं के मन में उत्साह और उमंग भरने का कार्य करते थे मास्टर रूद्रनारायण जी। वह एक फोटोग्राफर थे दुनिया की नजरों में, लेकिन अन्दर था एक कर्मण्य क्रांतिकारी।

पोद्दार जी, माहौर जी इन्टर पास करने के बाद ग्वालियर के विक्टोरिया कॉलेज में विद्यार्थी थे। दोनों कॉलेज के होस्टलों में रहते थे। कुछ दिनों के बाद ग्वालियर केन्द्र पर एक भारी जिम्मेदारी सौंपी गई। सरदार भगत सिंह, सुखदेव और बटुकेश्वर दत्त फरार अवस्था में थे। इन्हें कुछ दिनों के लिए ग्वालियर में रखने का निश्चय किया गया। निश्चय करने में भैया आजाद, विमल प्रसाद जैन, वैशम्पायन और श्री विजयकुमार सिन्हा थे। यहां पहले यह बता देना भी जरूरी है कि ये लोग समय-समय पर मनोरंजन भी करते रहते थे। विजय कुमार सिन्हा जी अक्सर ग्वालियर आते रहते थे। जब आते तब संगीत की महफिल जरूर जमती थी। माहौर जी और विजय गायक थे और पोद्दार जी श्रोता।

विजय कुमार सिन्हा जी विमल जी से मिलने घर आते थे। देखने में वे इतने शान्त और सरल थे कि कोई भी उन पर क्रांतिकारी होने का संदेह नहीं कर सकता था। एक दिन सिन्हा जी विमल जी से मिलने आये थे और दरवाजे से आवाज लगाई विमल जी की बड़ी बहन गुणमाला जी ने कहा कि "कौन हैं विमल भैया नहीं है" उन्होंने कहा कि "विमल से कह देना की सिन्हा आये थे।" विमल जी के आने बहन जी ने कहा कि "भाई कोई सीना आया था।" इन्होंने मुस्काते हुए कहा कि "सीना नहीं, उनका नाम सिन्हा है।"

भगवान दास माहौर जी ने हौस्टल छोड़कर एक मंदिर में कुछ कमरे किराये पर लिये। मंदिर पुलिस की चौकी के सामने था। बटुकेश्वर दत्त सुखदेव

और सरदार भगत सिंह ग्वालियर आ गए। श्री दत्त कमरे की छत पर गिर पड़े और हाथ में फ्रैक्चर हो गया। किसी डॉक्टर को दिखलाने में खतरा था किन्तु किसी प्रकार उनका इलाज कराया गया। आजाद भैया समय-समय पर आकर खबर लेते और हिदायत देते कि तीनों को मकान से बाहर हरगिज न जाने दिया जाए।

पुलिस को ध्यान भी नहीं हुआ कि जिनकी तलाश के लिए चारों तरफ दौड़-भाग हो रही है, ठीक हमारी आंखों के सामने ही रहते हैं। स्थान-स्थान पर उनके फोटो इनाम के साथ लगे थे।

कॉलेज की ओर से सोशल गेदरिंग के अवसर पर नाटक खेला जाने वाला था। भगवान दास जी नाटक में एक भूमिका निभाने वाले थे। पोद्दार जी को मेक-अप वगैरह का काम सौंपा गया था। जिस दिन नाटक खेला गया, उस दिन तीनों दर्शकों के बीच बैठे थे। भगवान दास जी भूमिका करते हुए भी चिन्तामग्न थे–कहीं कोई इन्हें देख न ले, अनर्थ न हो जाए।

ग्वालियर कॉलेज के पास ही रामप्रसाद हलवाई की एक दुकान थी। होस्टल के सभी लड़कों का दुकान में खाता चलता था। नाटक खेलने के दूसरे दिन हलवाई पोद्दार जी से बोले–"धन्यभाग मेरे, बड़े-बड़े सन्त-महात्माओं के दर्शन हो गए। जन्म भर की दुकानदारी का पुण्य मिल गया है। भगवान न करे, कल कुछ हो जाए तो इस राम प्रसाद को अदालत में तुम लोगों के खिलाफ गवाही देनी पड़े। खाते की फिक्र मत करना। मैंने खाता बदल दिया है"। राम प्रसाद ऐसे भी हलवाई थे। देश में क्रांतिकारियों के प्रति कितनी सहानुभूति थी। इसके कुछ दिन बाद भगत सिंह, सुखदेव और दत्त को दूसरी जगह भेज दिया गया।

मैंने विमल जी को सुनाया तो उन्होंने कहा कि "लेख पूरा करा दो"

भूतों का बसेरा

"परीक्षा के बाद भगवान दास जी को दल की ओर से दौरे पर जाना पड़ता था। चन्द्रशेखर आजाद भैया ने पोद्दार जी को सूचित किया होस्टल छोड़ दो शहर में कहीं मकान लो। पोद्दार जी ने जनकगंज एक मकान के बारे में मकान मालिक का पता लगाने की कोशिश की। किसी ने नहीं बताया मकान किसका है। लेकिन आस-पास के लोगों से पता चला कि मकान बरसों से बेकार खाली पड़ा है क्योंकि इसमें भूतों का बसेरा है। पोद्दार जी ने मकान पर कब्जा कर लिया। मकान में दल की ओर से एक फ़रार व्यक्ति और बिहार के प्रमुख क्रांतिकारी

जोगेन्द्र शुक्ल भी आए। भैया आजाद तो आते ही रहते थे, क्योंकि सारे देश के क्रांतिकारी आन्दोलन की जिम्मेदारी उन्हीं पर थी। मकान में बम बनाने का केन्द्र खोलने का निश्चय हुआ। आवश्यक रसायन जुटाए गए। सिगरेट के डिब्बों पर कीलें बांध कर बमों के खोल बनाए गए। बम तैयार हुआ। परीक्षण के लिए ग्वालियर शहर के बाहर कुछ मील दूर घने जंगल में एक पुलिया से नीचे बम फैंका गया। निशाना एक पेड़ की जड़ में लगा। पेड़ जड़ से उखड़ कर गिर पड़ा। सब अपनी सफलता पर प्रसन्न हुए। इसी बीच लाहौर और कानपुर से ढ़लवां लोहे के खोल आ गए और भूतों का मकान बम का कारखाना बन गया।

रिवाल्वर और पिस्तौल भी एकत्रित किए गए। आजाद ने बम के मसाले का परीक्षण इस प्रकार भी किया था। मसाले की एक छोटी सी पुड़िया बनाई उसे पत्थर पर रखी और हथौड़ा दे मारा, जोर का धमाका हुआ मकान हिल गया, मोहल्ला दहल उठा, मगर भूत घर की तरफ आने की हिम्मत किसी की नहीं हुई। भैया के हाथ में झटका ऐसे जोर से लगा था कि हफ्तों तक कन्धे की मालिश करानी पड़ी। लेकिन इस सफलता पर अपने स्वभाव के अनुसार वे गुनगुनाने लगे–"अब तो लन्दन तक चलेगी, तेग हिन्दुस्तान की"।

कुछ दिनों बाद भगवान दास माहौर और सदाशिव राव मल्कापुरकर को कहीं जाने का आदेश मिला। पोद्दार जी ने दोनों को स्टेशन जाकर गाड़ी में बिठाया, उन दिनों उस गाड़ी का नाम शायद पेशावर एक्सप्रेस था। लेकिन तीसरे ही दिन अखबार में पढ़ा कि भगवान दास और सदाशिव राव भुसावल में गिरफ्तार किए गए। पोद्दार जी ने मकान की सफाई इतने परिश्रम से की थी कि किसी भी रसायन का नाम, निशान-गन्ध पुलिस को कुछ भी न मिले। मकान में पोद्दार जी विद्यार्थी के रूप में अकेले रह गए थे क्योंकि सबके लिए जगह बदलना जरूरी था।

एक दिन रसायन-विज्ञान के प्रोफेसर पोद्दार जी से धीरे से बोले, "अब गैरहाजिर मत रहना, तुम काफी गैरहाजिर रहे, लेकिन मैंने तुम्हारी हाजिरी ही दिखाई है।" यही बात फिजिक्स के प्रोफेसर ने भी की। दरअसल बात उस जमाने की है, जब कॉलेज के प्रिंसिपल एक अंग्रेज साहब मि. एच. एम. बुल थे, जिन्हें लोग "हिज मैजेस्ट्री" कहा करते थे। इन प्रोफेसरों की ही कृपा से अदालत में मुकदमा चलने पर पुलिस यह साबित न कर सकी कि पोद्दार कॉलेज से गैरहाजिर रहा करता था।

बी. एस.-सी. की परीक्षा के बाद पोद्दार जी कानपुर में डी. ए. वी. कॉलेज में दाखिल हुए। वहां पर विश्वनाथ वैशम्पायन और भैया से भेंट हुई। मेस्टनरोड

पर कानपुर संगठन का अच्छा केन्द्र बन गया था। कॉलेज शुरू ही हुए थे कि सत्याग्रह आंदोलन शुरू हुआ और स्कूल-कॉलेज सब बन्द हो गए।

उन दिनों लखनऊ से अंग्रेजी दैनिक *'इन्डियन डेली टेलीग्रॉफ'* प्रकाशित होता था। इस पत्र के लिए उप-सम्पादकों की आवश्यकता थी। पोद्दार जी ने लखनऊ जाकर अर्जी दे दी। लिखित और मौखिक परीक्षा हुई और उन्हें चुन लिया गया। कानपुर जाकर उन्होंने आजाद से यह बात कही तो भैया ने उन्हें फौरन अखबार में काम करने की इजाजत दे दी। बोले कि "हमें तो हर अखबार में अपने आदमी की आवश्यकता है।"

अखबार के दफ्तर में लगभग छः महीने काम करने के बाद पोतदार जी को पुलिस ने दिल्ली के षड्यंत्र केस में गिरफ्तार कर लिया।"

उनका पता निम्नलिखित है :– 11/9 ओल्ड राजेन्द्र नगर ग्राउन्ड फ्लोर (गंगाराम होस्टपीटल के पास) नई दिल्ली-110060

वात्स्यायन के साथ सफर

श्री वात्स्यायन भाई जी हमें अपने साथ जयपुर ले गए थे और होटल में ठहरे थे। विमल जी ने भाई जी से कहा कि "रुद्र जी से मिलने अजमेर चले, आप की क्या राय है?

"मैं इस समय नहीं जाऊँगा। लेकिन उससे मिलना जरूरी है, तुम कार से चले जाओ।"

"कार ले जाने में आपको परेशानी होगी।"

"मुझे कोई परेशानी नहीं होगी, तुम शाम को लौट ही आओगे।" हम कार से अजमेर चले गए और जब हम रुद्र जी के पास पहुँचे तो वह बहुत खुश हुए। इतने ज्यादा कि शब्दों में लिखा नहीं जा रहा। वह तो विमल जी से लिपट गए। हमने उनका हाल–चाल पूछा कि अब कैसी तबियत है, बहुत कमजोर हो गए हो।" रुद्र जी आदत के अनुसार मुस्कुराते हुए बोले–

"सब ठीक है। बस विमल जीना चढ़ना-उतरना बन्द है।" रुद्र जी ने हमारे आने की सूचना दी तो पत्नी रमा और माँ नीचे कमरे में आ गई। हमारी उनसे नमस्ते हुई और हमने माँ के पैर छुए। रुद्र की बड़ी लड़की स्नेहलता डाक्टरी में पढ रही थी, वह कालेज चली गयी थी ओर छोटी लड़की प्रेमलता स्कूल। रमा चाय-नाश्ता ले आई, रुद्र जी के साथ हमने चाय पी। चाय का प्याला रखते हुए रुद्र भैया ने कहा कि "चलो अजमेर घुमा लाँऊ।" विमल जी ने कहा कि "तुम्हें कष्ट होगा, घूमने कहीं नहीं जाना।"

रुद्र भैया बोले–''विमल, कार तुम्हारे पास है, मुझे कुछ नहीं होगा।''

कार में बैठते हुए रुद्र भैया बोले–''पहले जैन मन्दिर चलते हैं, क्यों भाभी ठीक हैं? हम जैन मन्दिर पहुँच गए। रुद्र भैया तो कार में बैठे रहे। हम जीना चढ़कर मन्दिर में पहुँचे तो हमने देखा श्री महावीर भगवान की प्रतिमा की वेदी के सामने महावीर भगवान के समोशरण का दृश्य दिखलाया गया है। हमने बहुत ध्यान से उस प्रकाशित किए गए दृश्य को देखा। दृश्य में शेर और गाय एक घाट पर पानी पी रहे थे। हमने वहाँ भजन पढ़ा–

यही है महावीर संदेश
विपुला चल पर दिया गया जो प्रमुख धर्म उपदेश।
सब जीवों को तुम अपनाओ
हर उनके दुःख क्लेश
असद भाव रखो न किसी से
हो अरि क्यों विशेष। यही . . .
घृणा पाप से हो, पापी से नहीं कभी लवलेश
भूल सुझाकर प्रेम भाव से
करो उसे पुष्पेश।। यही . . .
बैरी का उद्धार श्रेष्ठ है
कीजे सविध विशेष
बैर छूटे उपजे मति जिससे
वही यत्न यत्नेश।। यही . . .
सदा रहन–सहन भोजन हो,
सादा भूषावेश।
विश्व प्रेम जागृत कर उर में
करो कर्म निःषेश।। यही . . .
जीतो राग द्वेष भय इन्द्रिय
मोह, कशाय अशेष
धरो धैर्य समचित रहो और
सुख दुःख में विशेष।। यही . . .
हो सब का कल्याण, भावना
ऐसी रहे हमेश
दया लोक सेवारत चित्त हो
और न कुछ आदेश। यही . . .
इस पर चलने से ही होगा
विकसित आत्म प्रदेश।
आत्म ज्योति जगेगी। ऐसे
जैसे उदित दिनेश। यही . . .

महावीर भगवान को नमस्कार करके हमने जैसे ही ऊपर नजर उठाई तो देखा जैन भाई खड़े हैं। उनसे जयजिनेन्द्र हुई और विमल जी ने कहा कि– "आप जैन भाइयों ने महावीर भगवान के समोशरण का पूर्ण दृश्य बहुत अच्छा प्रकाशित किया है" उन्होंने कहा–"बहुत खुशी की बात है, आपने पसन्द किया है। हम अजमेर के रहने वाले नहीं हैं। हमारा इसमें कोई योगदान नहीं है। किन्तु हम रुद्र जी को जानते हैं। हम जा रहे थे और हमने दूर से देखा कि रुद्र जी कार में बैठे हुए हैं तो पास पहुँच कर हमने उनसे पूछा कि आप यहाँ कैसे? उन्होंने आपका परिचय दिया कि दिल्ली से विमल प्रसाद जैन क्रांतिकारी स्वतन्त्रता सेनानी, दिल्ली षड्यन्त्र केस अभियुक्त श्रीमती रूपवती जी के साथ मुझ से मिलने आए हैं, मैं उनके साथ हूँ। वे ऊपर मन्दिर में भगवान के दर्शन करने गए हैं।" आप से मिलकर हमें बहुत खुशी हुई, आओ यहाँ चटाई पर बैठकर कुछ देर बातें करें। "विमल जी ने कहा कि "हम जरा रुद्र जी से मिल आएँ। "विमल जी ने रुद्र से कहा कि जैन भाई हमें रोक रहे हैं, तुम अकेले बोर हो जाओगे, ड्राईवर तुम्हें घर छोड़ आएगा। रुद्र जी बोले–"विमल मुझे कोई परेशानी नहीं है, मुझे तुम लोगों की सब बातें सुनाई दे रही हैं। मैं विमल तुम्हारे साथ ही जाऊंगा, कोई चिन्ता की बात नहीं। "हम मन्दिर में आ गए।

उन्होंने विमल जी से कहा कि "दिल्ली षड्यन्त्र केस की हमें पूरी जानकारी नहीं है। लेकिन हम क्रांतिकारियों से सहानुभूति रखते हैं, वैसे हम अहिंसावादी गाँधीवादी हैं।"

विमल जी ने कुछ क्षण रुककर कहा–"सरदार भगत सिंह ने अदालत में हिंसा और अहिंसा के प्रति अपने बयान में कहा था कि 'हमारी दृष्टि से बल प्रयोग उस समय अन्यायपूर्ण होता है, जब वह आक्रामक रीति से किया जाए और यह हमारी दृष्टि में हिंसा है, परन्तु जब शक्ति का उपयोग किसी विहित (समाज सम्मत) उद्देश्य की पूर्ति के लिए किया जाए तो वह नैतिक दृष्टि से न्यायसंगत हो जाता है।" उन्होंने कहा–"ठीक बात है। किन्तु आपने हमारी बात का बुरा तो नहीं माना।" विमल जी ने कहा–"मुझे तो खुशी हुई कि मुझे हिंसा और अहिंसा के विषय में समझाने का मौका मिला" और सुनो–

"जैन आचार्यों की दृष्टि में भी ग्रहस्थ जीवन को ध्यान में रखते हुए कुछ मर्यादाएं हैं। ग्रहस्थ साधन सम्पन और समर्थ है परन्तु यदि उसके समक्ष, देव, गुरु और शास्त्र पर आक्रमण हो रहा है, मुल्क की आजादी खतरे में पड़ रही है, न्याय को पददलित करते हुए अत्याचारी आक्रमणकारी आगे बढ़कर सत् पुरुषों

और अहिंसात्मक प्रवृत्तियों को विनष्ट करने को तैयार हैं–ऐसी स्थिति में उस समर्थ श्रावक का कर्तव्य है कि वह अपनी पूर्ण शक्ति लगाकर अन्याय का अस्त्र–शस्त्र आदि का सहारा लेकर भी प्रतिकार करें।

लेकिन वह अंतःकरण में दया धारण करने वाला श्रावक सर्वप्रथम इस बात का ध्यान रखेगा कि उसे अन्याय मार्ग पकड़ने का प्रयत्न न करना पड़े किन्तु जब वह मार्ग अवरुद्ध हो जाएं तो उसे देशकाल–परिस्थितियों को देखकर दुष्टों को पददलित करना होगा।

आजादी के दीवानों का स्वाभिमान इतिहास बनकर भारत के कण–कण में हमेशा गूंजता रहेगा और भविष्य में आने वाली पीढ़ी को जगाता रहेगा, उनके सपने साकार होते रहेंगे।

जैन भाइयों ने भी श्रद्धांजलि अर्पित करते हुए कहा–"विमल प्रसाद जी आपसे मिलकर हमें बहुत खुशी हुई और बहुत जानकारी मिली।" हम साथ-साथ जीना उतर गए। रुद्र जी ने कहा कि, "विमल तुम्हारी श्रद्धांजलि के साथ मैंने भी शहीदों को श्रद्धांजलि अर्पित कीं।" सब बातें ध्यानपूर्वक सुनता रहा। मैंने पानी पिया, सन्तरा खाया, छिलके थैले में रखे हैं। ड्राईवर ने कार स्टार्ट की और सब घर पहुँच गए। स्नेहलता प्रेमलता से भी मुलाकात हुई। रमा जी ने सबको खाना खिलाया। विमल जी ने रमा जी से कहा कि "ड्राईवर तेज मिर्च खाता है।" खाना खाने के बाद कुछ देर गप-शप होती रही। माँ ने मुझे मकान दिखलाया। विमल जी ने चलने की बात की तो रुद्र भैया का मन भारी हो गया। विमल जी ने कहा कि "रुद्र तुम समझदार हो, जाना जरूरी है, भाई जी हमारी इन्तजार करते होंगे।" हमने माँ के पैर छुए, रुद्र भैया ने कहा "विमल, भाई जी को मेरी याद सहित नमस्ते कहना।" और हम जयपुर के लिए रवाना हो गए।

भाई जी के साथ जयपुर में शिल्पकारी कारखाने में मूर्तियाँ बनती हुई देखी। भाई जी ने संगमरमर की मूर्तियाँ खरीदी। दो दिन जयपुर ठहरकर हम दिल्ली आ गए।

विमल जी, रुद्र भैया को पत्र लिखते थे। भैया जवाब में लिखते थे–'विमल तुम्हारा पत्र मिलने पर मुझे बहुत शान्ति मिलती है।' एक पत्र में उन्होंने लिखा था–"विमल, मेरा स्वास्थ्य अब इतना ठीक है कि मैं जल्दी ही भाभी से मिलने दिल्ली आऊँगा"। बस समझों भैया का यह पत्र आखिरी पत्र था।

रुद्र भैया के निधन की सूचना मिलने पर श्री वात्स्यायन भाई जी और बिमल जी शोक सागर में डूबे हुए, अजमेर रुद्र दत्त मिश्रा भैया की अर्थी पर श्रद्धांजलि अर्पित करने गए थे।

लौटने के बाद विमल जी ने बताया कि–"भाई जी कह रहे थे कि"–"रुद्र मिश्रा की जीवनी पर लिखना चाहिए।" क्या तुम लिखोगी?

मैंने कहा कि मैं नहीं लिख पाऊँगी। आप लिखा दीजिये।

श्री रुद्र दत्त क्रांतिकारी स्वतंत्रता सेनानी जेल भ्रमण

श्री रुद्र दत्त और उनकी पत्नी रमा

श्री रुद्र दत्त मिश्र का जन्म आदिगीड़ ब्राह्मण परिवार में 31 जुलाई, 1911 को अजमेर जिले के ब्यावर नगर में हुआ। वहां उनके पिता जी तहसील में क्लर्क थे। पिताजी का नाम श्री मातदीन मिश्र और माताजी का नाम श्रीमती महताब बाई मिश्र था। रुद्र दत्त मिश्र जी छह वर्ष के थे तभी उनके पिताजी का स्वर्गवास हो गया था। रुद्र दत्त की छोटी बहन का नाम शांति देवी, छोटे भाई का नाम हरिदत्त मिश्र, तीनों बच्चों के साथ महताब बाई अपने पिताजी के पास अजमेर आ गई थी। वहीं पर रुद्र दत्त जी ने शिक्षा पाई। रुद्र दत्त के नाना जी अंग्रेज सरकार के दफ्तर में उच्च पद पर थे।

मिश्र जी 27-28 में अपने बाबा के पास लश्कर (ग्वालियर) रहने लगे। यहीं से उनके क्रांतिकारी जीवन की यात्रा शुरू हुई। मिश्र जी के बाबा ग्वालियर महारानी के प्राइवेट सेक्रेट्री थे। यहां उनकी मुलाकात क्रांतिकारी विचारधारा के रामनारायण से हुई। वह मैनपुरी के रहने वाले थे और श्री रामप्रसाद बिस्मिल से परिचित थे। रामनारायण जी ने उन्हें काकोरी केस और क्रांतिकारी दल के बारे में जानकारी दी। मिश्र जी इस जानकारी से काफी प्रभावित हुए और उनके मन में देश को आजाद कराने की धुन सवार हो गई। यही कारण रहा कि एक वर्ष पश्चात् जब मिश्र जी अजमेर लौटे तो उन्होंने अपने साथियों की मदद से क्रांतिकारी दल की योजना बनाई। इस कार्य में रामचन्द्र, जगदीश दत्त व्यास आदि को भी शामिल किया, युवा क्रांतिकारियों की देश को आजाद कराने की ललक को देखते हुए तत्कालीन प्रमुख क्रांतिकारी अर्जुन लाल सेठी काफी प्रभावित हुए। यही कारण रहा कि सेठी ने अजमेर के इन युवा क्रांतिकारियों का सम्पर्क हिन्दुस्तान सोशलिस्ट पब्लिकन आर्मी नाम के क्रांतिकारी दल से करा दिया।

एच. एस. आर. ए. के साथ सम्पर्क होते ही मिश्र जी का सम्बन्ध श्री चन्द्रशेखर आजाद, कैलाशपति, बिशम्बर नाथ दिल्ली गडोडिया स्टोर डकैती के फरार अभियुक्त, श्री विमल प्रसाद जैन, प्रोफेसर नन्दकिशोर निगम सरीखे क्रांतिकारियों से हो गया। ये क्रांतिकारी संगठन के कामकाज से अजमेर आते रहते थे। मिश्र जी की क्रांतिकारी जीवन-यात्रा से पता चलता है कि जब वे 1930 में अजमेर के राजकीय महाविद्यालय में विद्यार्थी थे, तब उन्हें क्रांतिकारियों का निर्देश मिला कि वह दिल्ली जाकर काम करें। निर्देश मिलते ही मिश्र जी पढ़ाई-लिखाई छोड़कर दिल्ली चले गए और निर्देश के मुताबिक बम, पिस्तौल, गोला, बारूद आदि सामान के साथ क्रांतिकारियों को इधर से उधर पहुंचाने लगे।

अंग्रेजी शासन में अजमेर क्रांतिकारियों के लिए सुरक्षित माना जाता था। यही कारण रहा कि उस समय दिग्गज क्रांतिकारी अजमेर में शरण लेते थे। अजमेर में मदन गोपाल की डेयरी का बाड़ा था, वहीं दल का मुख्य स्थान था। वहीं पर क्रांतिकारी नेता और फरार व्यक्ति ठहरा करते थे। इसी बीच कैलाश पति गिरफ्तार होकर सरकारी गवाह बन गए। कैलाशपति ने अंग्रेजी शासन को क्रांतिकारियों की गोपनीय जानकारी दी जिसका परिणाम निकला कि क्रांतिकारियों की देशभर में गिरफ्तारियां हुईं और मिश्र जी भी नवम्बर, 1930 में गिरफ्तार हो गए। यह मिश्र जी की पहली गिरफ्तारी थी। इसके बाद मिश्र पर भी अन्य क्रांतिकारियों के साथ-साथ दिल्ली षड्यंत्र केस के नाम से मुकदमा चला। इस मुकदमे के आरोप बहुत संगीन थे। जिनमें वायसराय की स्पेशल ट्रेन को बम से उड़ाने, गडोडिया स्टोर में डकैती, छः हजार बम रखने, भारत के सम्राट के तख्त को उलटने के मुख्य आरोप थे।

मिश्र जी पर उक्त मुकदमा अभी चल ही रहा था कि इसी बीच ए. डी. एम. कोर्ट में एक मुकदमा चला। इस बार मिश्र जी पर आरोप था कि उन्होंने कोर्ट डिप्टी सुपरिंटेंडेंट पुलिस सरदार बहादुर भाग सिंह को अपशब्द बोलने पर घूसों से अदालत में मारा। इस अपराध में मिश्र जी को दो वर्ष की सजा हुई और 500 रुपये जुर्माना। बाद में सरकार ने 1933 में विशेष कारणों से बाध्य होकर मिश्र जी पर से षड्यंत्र केस का आरोप हटा लिया। फलस्वरूप मिश्र जी जमानत पर छोड़ दिए गए। जेल से बाहर आते ही गतिविधियों में लग एक और एच. एस. आर. ए. के मुख्य केन्द्र लाहोर में चले गए। दिखाने के लिए मिश्र जी ने लाहौर के डी. ए. बी. कॉलेज में भी प्रवेश लिया। फलस्वरूप पंजाब के गवर्नर ने चौबीस घंटे के नोटिस में मिश्र जी को लाहौर छोड़ने को मजबूर कर दिया।

लाहौर से निकलते ही मिश्र जी एच. एस. आर. ए. के दूसरे केन्द्र बनारस हिन्दु विश्वविद्यालय में भी भर्ती हो गए। मिश्र जी ने अपने कुछ क्रांतिकारियों के लिए क्रांतिकारी शंभु नारायण के जरिये हथियार भेजे थे। लेकिन शंभु नारायण अजमेर रेलवे स्टेशन पर गिरफ्तार हो गए। फूलचन्द, पूनमचन्द, लक्ष्मीनारायण पहलवान को अजमेर में तथा मिश्र जी बनारस में ही गिरफ्तार किया गया। इसके बाद मिश्र जी को अजमेर लाकर मुकदमा चलाया गया। सिटी मजिस्ट्रेट ने फैसला देते हुए श्री लक्ष्मी नारायण पहलवान को छोड़ दिया। श्री फूलचन्द, पूनम चन्द और मिश्र जी को दो वर्ष की सजा सुनाई गई श्री शुंभ नारायण ने जेल में तंग आकर आत्महत्या कर ली। इस मामले में मिश्र जी को अजमेर शासन के लिये बहुत खतरनाक माना गया। इसी बीच अजमेर में एक अंग्रेजी शासन के डोगरा को गोली मार दी गयी तथा खलील गोरी को जख्मी कर दिया। इस मामले में भी उसी रात मिश्र जी को फिर गिरफ्तार कर लिया गया। लेकिन परीक्षा के कारण मिश्र को जमानत कर छोड़ दिया गया और बाद में आरोप भी वापस ले लिए गए।

क्रांतिकारी गतिविधियों के साथ-साथ ही 1940 में मिश्र जी ने बनारस हिन्दु विश्वविद्यालय से भारतीय एवं आधुनिक चिकित्सा पद्धति का छः वर्ष का कोर्स करके ए. एम. एस. की डिग्री प्राप्त की और 1941 में लशकर (ग्वालियर) के राजकीय आयुर्वेदिक कॉलेज में अध्यापक हो गए। लेकिन किन्हीं कारणों से सन् 1942 में मिश्र जी को लशकर से अलबर जाना पड़ा। अलवर जिले के राजकीय भीमराज हाई स्कूल में उन्होंने शिक्षक की नौकरी की लेकिन थोड़े ही दिनों में केन्द्रीय सरकार की पुलिस को पता चल गया और अंग्रेजी शासन के दबाव के कारण मिश्र जी को नौकरी से निकाल दिया गया। इसके बाद मिश्र जी अलवर छोड़कर पुनः अपने गृह जिला अजमेर आ गए। सन् 1947 में देश आजाद हुआ और 1948 में मत्स्य राज्य में मंगल सिंह चिकित्सा मंत्री बने सिंह की सलाह पर मिश्र जी ने अलवर मं औषधालय अधिकारी के पद पर काम किया। फिर मत्स्य राज्य का राजस्थान सरकार में विलय होने पर 1966 तक मिश्र जी जिला आयुर्वेद अधिकारी के पद पर कार्यरत रहे और 31 जुलाई, 1971 तक (60 वर्ष) राजकीय सेवा में रहे। रुद्र दत्त मिश्र जी अपने जीवन की अन्तिम यात्रा के दिनों में हृदय रोग से पीड़ित हो गए। मिश्र जी का कई अच्छे डाक्टरों ने इलाज किया लेकिन वह स्वयं भी चिकित्सक थे, इसलिए नाक से आक्सीजन लेने की चिकित्सा एवं दूसरे अन्य इलाज भी स्वयं कर लेते थे। हृदय रोग के कारण ही मिश्र जी की जीवन यात्रा 4 जनवरी, 1980 को समाप्त हो गई, क्रांतिकारी स्वर्गीय मिश्र जी ने अपने माँ श्रीमती महताब बाई पत्नी रमा और दो पुत्रियों प्रेमलता और डॉ. स्नेहलता को छोड़ गए।

डॉ. स्नेह लता

महताब बाई (स्नेह लता की दीदी)

डॉक्टर स्नेहलता जी ने घर की जिम्मेदारी सम्भालते हुए शादी नहीं की। वह बहुत समझदार लड़की है। उसकी दादी, माँ और चाची की देखभाल करने वाला कोई नहीं है। स्नेह की माता जी हर समय बीमार रहती है। स्नेह बहन प्रेमलता से मिलती और उसे बुलाती है। अपनी इस त्याग तपस्या की उच्च भावनाओं में सबका आदर प्यार पाती है।

स्नेह ने रुद्र दत्त से कहा था ''पापा आप कोई चिन्ता न करो आप जल्दी अच्छे हो जाओं मैं शादी नहीं करूंगी।'' यह बात नहीं कि शादी के लिए उस पर जोर नहीं डाला गया था।

स्नेह की भावनाएं देश और समाज को ऊँचा तथा विकसित करने वाली भावनाएं हैं। क्या ये भावनाएं शहिदों की पुकार सुनने वाली भावनाएं नहीं हैं। किसी भी कार्य की सिद्धि के लिए त्याग करना जरूरी होता है।

एम. एन. राय

श्री एम. एन. राय महान प्रसिद्ध क्रांतिकारी के विषय में लिखना ऐसा है जैसे सूर्य को दीपक दिखाना। किन्तु उनको भुला देने जैसी बात हृदय ने स्वीकार नहीं की। आप लिखा दीजिये। बिमल जी ने कुछ क्षण सोचा और कहा कि लिखों–''श्री एम. एन. राय महान नेता में यह स्वभाविक गुण था कि वह जीवन में भयानक और बीहड़ रास्ते अपने परिश्रम तथा कर्तव्यों से आसान बना लेते थे। प्रसिद्ध क्रांतिकारी एम. एन. राय का पूरा नाम नरेन्द्रनाथ भट्टाचार्य था। उनका

जन्म एक उच्च बंगाली ब्राह्मण कुल में बंगाल के 24 परगना जिले में अरबलिया गांव में 21 मार्च, 1892 ई. को हुआ था पंडित दीनबन्धु भट्टाचार्य मिदनापुर जिले के निवासी थे। उनके पिता और पूर्वज बंगाल के एक प्रसिद्ध मन्दिर के पुजारी थे।

बचपन से ही उनमें एक विलक्षण शक्ति थी। वह किसी बात को तब तक मानने को तैयार नहीं होते थे, जब तक वह तर्क की कसौटी पर पूरी न उतरे। जिस चीज को वह ठीक समझ लेते, उस सम्बन्ध में सब कुछ करने को तैयार रहते। बचपन से ही वह क्रांतिकारी आंदोलन में जुट गए थे। स्कूल की पढ़ाई भी पूरी तरह खत्म नहीं हुई थी कि श्री यतीन्द्र नाथ मुखर्जी के सम्पर्क में आए। यतीन्द्र जी ने शेर को हाथ से मार दिया था और वे यतीन्द्र नाथ बाघा के नाम से प्रसिद्ध हो गए थे। बाघा जतीन के सम्पर्क में आकर उन्होंने राजनीतिक आंदोलन में भाग लेना आरम्भ कर दिया था। ''युगान्तर'' विप्लववादियों का मुख्य पत्र था। अरविन्द घोष के भाई वारिन्द्र घोष उसे निकालते थे। यह पत्र खुले आम क्रांति का प्रचार करता था और इसकी खपत बहुत ज्यादा बढ़ती जा रही थी। एक नये बने काले कानून के कारण सन् 1908 में पत्र बन्द करना पड़ा था। लेकिन क्रांति की चिंगारियां नहीं बुझी थी।

सन् 1901 में श्री नरेन्द्र जी अपने गांव के रेलवे स्टेशन के रुपये लूटने के जुर्म में गिरफ्तार किए गए थे। परन्तु जब अभियुक्त नरेन्द्र अदालत में मजिस्ट्रेट के सामने पेश किए गए तो वह विश्वास नहीं कर पाये कि ऐसी छोटी 14 वर्ष की उम्र में कोई ऐसा भयानक कार्य कर सकता है। लेकिन पुलिस नरेन्द्र जी के खिलाफ कोई सबूत पेश नहीं कर सकी थी और नरेन्द्र जी छोड़ दिए गए।

लेकिन उनके कार्यों में कोई रूकावट अथवा बन्धन नहीं आया। पुलिस उनके पीछे लगी रहती थी। राजनैतिक जुर्म में सन्देह हो जाने पर उन्हें कई बार गिरफ्तार किया गया और उनके खिलाफ कोई मुददा न मिलने पर उन्हें छोड़ दिया जाता था। इसका नतीजा यह हुआ कि नरेन्द्र जी को अपने माता–पिता, भाई-बन्धु का प्यार-दुलार और घर बार सब कुछ त्याग देना पड़ा था।

''युगान्तर'' बंगाल की एक गुप्त संस्था का भी नाम था, जो बहुत मजबूत और सुसंगठित थी उसके नेता श्री यतीन्द्र नाथ मुखर्जी थे।

जिस समय श्री नरेन्द्र नाथ भट्टाचार्य जी युगान्तर संस्था में शमिल हुए थे, उस समय उनकी उम्र 14 वर्ष की थी। इतनी छोटी उम्र में उनका उत्साह, लगन तथा विचारधाराएं सबको आश्चर्य चकित कर देने वाली थी। उनसे प्रभावित होकर 'युगान्तर' के नेता ने उनकी तारीफ करते हुए कहा था कि नरेन्द्र हमारे आन्दोलन के लिए बहुत ही योग्य साबित होंगे। ऐसे अदभुत गुण किसी बिरले

में ही पाये जाते हैं। कुछ ही दिनों में नरेन्द्र जी 'युगान्तर' के बड़े नेताओं में गिने जाने लगे थे। उनकी बहादुरी और कुशलता की तारीफ सर चार्ल्स टेगार्स जैसे महान प्रसिद्ध अंग्रेज जासूस ने भी की थी। हुआ यह था कि जिस समय चार्ल्स टेगार्ट ने उनके कमरे के दरवाजे पर जोर का धक्का दिया तो उन्होंने पिस्तौल और पार्टी के जरूरी कागजात वहां रखी हुई मेज पर रख कर अखबार से ढक दिए और चार्ल्स टेगार्ट के कमरे में घुसते ही, बिना घबड़ा हट के उसे अपनी बातों में इस प्रकार उलझाया कि वह बातों की उलझन में मशगूल होकर पिस्तौल के संदेह में तलाशी लेने के काम को भी भूल गया और पास में रखी पिस्तौल को छोड़कर वापिस खाली हाथ लौट गया।

अपने इन गुणों के कारण नरेन्द्र जी बड़े प्रसिद्ध थे और इसी कारण वह अपने दल में आदर सम्मान पाते थे।

हावड़ा षड्यन्त्र केस

सन् 1910 में कलकत्ते के आसपास डकैतियां डालने के अभियोग में, सरकार की ओर से हावड़ा षड्यंत्र केस चलाया गया था जिसमें बंगाल के चुने-चुने 50 युवकों को गिरफ्तार किया गया था। श्री नरेन्द्र नाथ भट्टाचार्य पुलिस के पजे से कैसे बंचित रह सकते थे। उनके पीछे तो पहले से ही पुलिस लगी रहती थी। उन्हें भी पुलिस की गिरफ्त में आना पड़ा था। युगान्तर के नेता श्री यतीन्द्र नाथ मुखर्जी, श्री सुरेशचन्द्र और श्री मजूमदार भी इस मुकद्मे में अभियुक्त थे।

क्रांतिकारी युवकों के विरुद्ध भारतीय दंड विधान की धारा 128–ए के अन्तर्गत राजद्रोह तथा सशस्त्र विद्रोह करने का मुकदमा चलाया गया। मुकदमा क्रिमिनल लॉ अमेंडमेंट एक्ट (अपराध कानून संशोधन विधेयक) के अनुसार चला था। मुकदमे का फैसला विशेष अदालत के अन्दर अप्रैल, 1911 में सुनाया गया था। छः अभियुक्तों को सजा हुई थी। नरेन्द्र नाथ भट्टाचार्य 20 महीने कैदी के रूप में जेल में रहे, जिसमें 9 महीने एकान्त कालकोठरी में बिताने पड़े थे।

उस समय जेलों में राजनैतिक बन्दियों पर इतनी ज्यादा सख्तियां होती थीं कि पुस्तकों में उस समय का भयानक चित्रण पढ़ने तथा सोचने से दिल घबरा उठता है। बहुत से कैदी इन यातनाओं को सहन न कर सकने के कारण आत्महत्या कर लेते थे या पागल हो जाते थे। इसी हावड़ा षड्यंत्र केस के नरेन्द्रनाथ के तीन साथी जेल के जुल्मों से घबरा कर पागल हो गए थे। श्री नरेन्द्रनाथ इन जुल्मों को सहन करके ही जेल से बाहर आए थे।

यह बात भी उल्लेखनीय है कि पटना में विप्लववादियों का एक छोटा अड़डा बना हुआ था। जिस समय दल की ओर से नरेन्द्रनाथ जी पटना भेजे गए

थे, उस समय वह एक भीषण राजनैतिक जुर्म में फरार थे। पटना पहुंचकर उन्होंने अपना नाम बदल कर पटना में मदरलैन्ड प्रेस में कम्पोजिटर की नौकरी कर ली थी। मजदूर की हैसियत से कई महीने बिना किसी शिकायत के बहुत सुन्दरता से उन्होंने प्रेस में काम किया था।

मदरलैन्ड प्रेस में काम करने वालों को जब यह पता चला था कि मदरलैन्ड प्रेस में कम्पोजिटर का काम करने वाले एम. एन. राय थे तो यह जान कर उन्हें ब्रहुत आश्चर्य हुआ था।

सन् 1914 के महायुद्ध छिड़ जाने के बाद बंगाली विप्लववादियों की हुई सभा में यह तय किया गया कि अंग्रेजी शासन के खिलाफ जर्मन सरकार से मिल कर अस्त्र-शस्त्रों की सहायता लेना उपयुक्त होगा। दल की तरफ से इस काम के लिए श्री नरेन्द्रनाथ भट्टाचार्य जी को उपयुक्त समझा गया और उन्हें यह जिम्मेदारी सौंप दी गई। यह जिम्मेदारी खतरे भरी हुई थी। महायुद्ध के दौरान अपराधों के लिए जांच मुकदमें आदि की जरूरत नहीं समझी जाती थी और संदेह होने पर गोली से उड़ा दिया जाता था या फांसी के फंदे पर लटका दिया जाता था। यदि ब्रिटिश अधिकारियों को जरा भी संदेह होता कि यह व्यक्ति जर्मनी सरकार से मिलकर, ब्रिटिश सरकार के विरुद्ध षड्यंत्र रच रहा है तो उसके प्राणों की कोई रक्षा नहीं थी। न जाने कितने अपराधियों को गोलियों का शिकार होना पड़ा था। कहने का अर्थ है कि नरेन्द्र जी की जिम्मेदारी हमेशा भयानक खतरों से खिलवाड़ करती रही।

सन् 1915 के आरम्भ में सैनिक संगठन स्थापित किया गया। उसके संचालन के लिए सर्वोच्च सेनापति के रूप में श्री यतीन्द्रनाथ मुखर्जी चुने गए थे।

सन् 1915 के अप्रैल महीने में नरेन्द्रनाथ भट्टाचार्य जी विदेश यात्रा के लिए रवाना हो गए। परन्तु ब्रिटिश अधिकारियों को पता चल गया कि उस जहाज से कोई विप्लववादी सफर कर रहा है। जहाज की तलाशी हुई, पुलिस अफसर नरेन्द्रनाथ भट्टाचार्य के कमरे में पहुँचा तो नरेन्द्रनाथ ने उसे ऐसा चकमा दिया कि अफसर का सी. मार्टिन से बात करके संदेह रफूचक्कर हो गया। नरेन्द्र ने ही अपना नाम बदल कर सी. मार्टिन रख लिया था।

बटाविया पहुंचकर सी. मार्टिन नाम से उन्होंने जर्मनी सरकार के विदेश एजेंट थियोडोर हैलिफेरिच से मिलकर भारतीय क्रांति के लिएं शस्त्रास्त्रों को लेने की बातें तय की। सफलता प्राप्त करने के बाद भारत को सूचना देने के लिए सी. मार्टिन ने कारोबार अच्छा है—हैरी एण्ड सन्स नाम से कलकत्ता के एक गुप्त फार्म को तार द्वारा सूचना दी। बटाविया से सी. मार्टिन ने 43000 रुपये भी

भेजे जिसमें से 20 हजार रुपये सरकार ने संदेह में जब्त कर लिए थे। जून के महीने में मार्टिन बंगाल लौट आए और मवेरिक जहाज से शस्त्रास्त्रों के आने की प्रतीक्षा करने लगे।

मवेरिक को सुन्दरबन में राय मंगल के निकट पहुंचना था। लेकिन मवेरिक पहुंचा नहीं और न कोई सूचना मिली। तो फिर दल की ओर से श्री नरेन्द्रनाथ भट्टाचार्य मार्टिन के नाम से जर्मन-राजदूत से मिलने के लिए "जावा की ओर 15 अगस्त, 1915 को रवाना हो गए। उनका इरादा था कि हथियारों और तोपों से भरे गुप्त जहाज को चीन के रास्ते से लाने का प्रबन्ध करके, अण्डमान पर धावा बोल कर वहां के कैदियों को छुड़ाया जाए। भारत को आजाद कराने के लिए उन्हें हथियारों से लैस करके सैनिक शक्ति प्रदान की जाए। लेकिन इस बार भी कोई कामयाबी हासिल नहीं हुई। जर्मन कौन्सल जनरल, जिन्हें कि योजना को कार्यरूप देने के लिए अन्तिम आदेश देने थे, चालाकी से रफूचक्कर हो गए। सरकार को इस षड्यंत्र का सुराग मिल चुका था। रहा-सहा भेद इस प्रकार खुल गया।

हेलिफेरिच ने एक चीनी मैन के साथ बंगाली विप्लववादियों की सहायता के लिए कुछ धन और एक पत्र भेजा था। लेकिन चीनी मैन सिंगापुर में ही गिरफ्तार कर लिया गया। श्री यतीन्द्रनाथ मुखर्जी की तलाश में पुलिस पहले से ही सतर्क थी। डकैतियां डालने के अभियोग में उनकी गिरफ्तारी के लिए वारंट निकल चुका था। डकैतियां डालने में नरेन्द्रनाथ भी शामिल थे। यतीन्द्रनाथ मुखर्जी बालासोर के जंगल में छिपे हुए मवेरिक जहाज के आने की प्रतीक्षा कर रहे थे। सारा भेद मालूम हो जाने पर बालासोर के जंगल में पुलिस ने पहुंच कर यतीन्द्रनाथ मुखर्जी को घेर लिया और दोनों ओर से कई घंटे तक गोलियां चलती रही। पुलिस से घिरे हुए मुखर्जी उनसे कब तक जूझते रहते। वह बालासोर के जंगल में शहीद हो गए। उनकी बहादुरी की तारीफ चार्ल्स टेगार्ट ने भी की थी कि किस प्रकार निशाना साध-साध कर यतीन्द्रनाथ मुखर्जी ने पुलिस का सामना किया।

अण्डमान में कैदियों पर जो जुल्म हुए उनसे श्री राय अनभिज्ञ नहीं थे। उनकी दुःख भरी कहानी किन शब्दों में लिखी जाए। वे बैलों के स्थान पर तेल निकालने के लिए कोल्हू में जोत दिए जाते थे। यदि दौड़ते-दौड़ते थककर चाल धीमी हो जाती तो फड़ाक से कमर पर हन्टर ही नहीं पड़ता था बल्कि उन्हें क़ोल्हू के डन्डे में बांधकर जमीन पर घसीटा जाता था। बदन छिल जाता था। यह यंत्रणा चलती रहती जब तक तेल का वजन पूरा नहीं होता था। उन्हें अस्सी पौंड तेल के लिए अपने बदन की कीमत चुकानी पड़ती थी। बैल दिन भर कोल्हू

का चक्कर काट कर मुश्किल से पन्द्रह पौंड सरसों का तेल निकाल पाते हैं। बीमार हो जाने पर उन्हें सजा मिलती थी। इन यातनाओं को सहन न कर सकने पर गले में फंदा लगा कर आत्महत्या कर लेते मगर अपने वचन पर दृढ़ रहते कभी झुकते नहीं थे। जब कभी उन्हें परस्पर मिलने का अवसर प्राप्त होता तो वे एक-दूसरे को समझाते कि भारत माता को गुलामी के बन्धन से मुक्त कराने के लिए सब कुछ सहना होगा। वे क्रांतिवीर धन्य हैं जिनका आचरण उपदेश और त्याग मानवों को उसी मार्ग की ओर अग्रसर होने को प्रेरित करता हैं। इन महान क्रांतिकारियों के प्रति हमारी सच्ची श्रद्धांजलि तभी समझी जाएगी जब हम देश के प्रति उनकी भावनाओं को समझें और अनुसरण करें। उनकी यह अमर कहानी सबके हृदय में सदैव जिन्दा रहे। कोल्हू पेलने में वीर सावरकर भी थे जो 27 वर्ष की सजा काट कर अण्डमान जेल से मुक्त हुए थे। फांसी लगाने की गिनती में इन्द्रभूषण भी हैं।

मार्टिन के लिए अब चारों तरफ खतरा था। उस समय वह भारत नहीं लौट सकते थे क्योंकि उनके सब रहस्य खुल गए थे। लेकिन नरेन्द्र जी के विचारों में कोई अन्तर नहीं आया था। वह हिन्दुस्तान संग्राम आंदोलन के लिए अस्त्र-शस्त्र का प्रबन्ध करने के लिए अनेकों देशों की यात्रा कर रहे थे।

नरेन्द्र जी ने जापान पहुंचकर प्रसिद्ध विप्लवी नेता श्री रासबिहारी बोस से मिलकर सलाह-मशवरा करने का विचार किया। रास बिहारी कई समस्याओं के कारण जापान में छिपकर रह रहे थे। उन्होंने दिल्ली दरबार के समय लार्ड हार्डिंग पर बम फैंककर उन्हें घायल कर दिया था। पुलिस रासबिहारी जी की तलाश में खोज बीन पूरे वेग से कर रही थी। परंतु वे फरारी अवस्था में जापान भाग आए थे। नरेन्द्रनाथ जी ने जापान पहुंचकर बड़ी मुश्किल से उनसे मुलाकात की। मुलाकात में उन्हें कोई सहायता तो नहीं मिली। परन्तु उनके पीछे जापान की पुलिस गई। इस मिलन की पुलिस को गंध मिल गइ थी। पुलिस नरेन्द्र जी को गिरफ्तार करके ब्रिटिश पुलिस अधिकारी के हवाले कर देते। नरेन्द्र तो अपनी सूझ-बूझ से पुलिस को चमका देकर बिहड़ रास्तों को तय करते हुए जापान से निकल भागे। परन्तु उनके पीछे गुप्तचर पुलिस लगी हुई थी और टिन्टसिन में नरेन्द्र जी गिरफ्तार कर लिए गए। रात भर हिरासत में रखने के बाद प्रातःकाल ब्रिटिश राजदूत के सामने पेश किए गए। राजदूत वृद्ध था और शराब के नशे में चूर था। यह बात समझ कर नरेन्द्र जी ने विनीत भाव से उससे कहा–"मैं अपना देश छोड़कर बहुत अनसमझी करके पश्चाताप कर रहा हूं। मैं सच कह रहा हूं कि मैं नरेन्द्र नहीं हूं, मैं तो राजभक्त हूं। मैं अपने देश लौट जाना चाहता हूं। राजदूत ने नशे में झूमते हुए नरेन्द्र जी को रिहा करते हुए कहा–"तुम राजद्रोह से हमेशा-हमेशा दूर रहना"।

जर्मन राजदूत से बात

श्री नरेन्द्रनाथ जी को श्री यतीन्द्रनाथ की सहायता का पता चल गया था और उनको हिन्दुस्तान सम्बन्धी योजनाओं में जर्मनी की स्वार्थ भरी छिपी हुई आड़ में सहायता की चालों का भी पूरा-पूरा आभास हो गया था। जिसका मकसद था कि ब्रिटिश पंजों से छुटकर हिन्दुस्तान जर्मनी सरकार के पंजों में फंस जाये। नरेन्द्र जी ने जर्मनी राजदूत से कहा कि–"हमने समझा था कि जर्मनी सहायता हमें इसलिए मिल रही है कि हिन्दुस्तान आजाद हो जाए। लेकिन हमारा ख्याल गलत निकला। नरेन्द्रनाथ जी की बातें सुनकर जर्मन राजदूत आश्चर्यचकित हो गया। क्योंकि उसने पहले कभी हिन्दुस्तानी से ऐसी बातें नहीं सुनी थी। हथियार खरीदने के लिए जर्मनी राजदूत से धन प्राप्त करने में यह तीसरी योजना थी।

श्री नरेन्द्र अमेरिका में

मार्ग में भयानक परिस्थितियों का सामना करते हुए श्री नरेन्द्रनाथ जी अमेरिका पहुंचे। वहाँ पर हिन्दुस्तानी विप्लववादियों से मुलाकात की और अपने उन साथियों के समक्ष अपने विचार प्रगट करते हुए कहा कि उस कौमी लड़ाई या आंदोलन का क्या मूल्य है जो गरीब जनता, किसान या मजदूर की भलाई के लिए न हो।

प्रसिद्ध क्रांतिकारी नेता यदुगोपाल मुखर्जी के भाई ननुगोपाल मुखर्जी उन दिनों अमेरिका में ही थे उन्होंने ही नरेन्द्र जी का नया नाम मानवेन्द्रनाथ राय रखा था और तब से वे एम. एन. राय नाम से प्रसिद्ध हो गए थे।

चुप बैठना तो उनके लिए दुष्वार था। उन्होंने वहां के मजदूर आंदोलन में भाग लेना आरम्भ किया। आंदोलन में भाग लेने का परिणाम तो यही होना था कि सरकार की निगाह से वह न बच सके और उनको एक क्रांतिकारी खतरनाक आदमी समझ कर पुलिस ने गिरफ्तार कर लिया। जब उन्हें मैजिस्ट्रेट के सामने पेश किया गया तो उन्होंने विनयपूर्वक मैजिस्ट्रेट से कहा–"यहां मेरी जान पहचान कोई नहीं है, इसलिए मैं अपनी जमानत के लिए प्रबन्ध नहीं कर सकता। आपकी मुझ पर मेहरबानी होगी यदि आप मुझे अपनी जिम्मेवारी पर छोड़ दें। तो मैं अपने मुकदमे का प्रबन्ध कर सकता हूं। मैजिस्ट्रेट ने राय को छोड़ दिया। मौका मिलने पर राय वहां से फरार हो गए। पुलिस खोज-बीन करती रही, राय नहीं मिले।

मैक्सिको की ओर रवाना

श्री एम. एन. राय मैक्सिको पहुंचे। वहाँ क्रांतिकारी आंदोलन चल रहा था। वहाँ के नेताओं से मिल कर उन्होंने आंदोलन में भाग लेना आरम्भ किया। आंदोलन

को शक्तिशाली बनाने की सूझबूझ तथा उनके क्रांतिकारी साहस से वहां के किसान-मजदूर नेता बहुत प्रभावित हुए। अपनी योग्यता के बल पर कुछ ही दिनों में वह वहाँ के बड़े नेताओं में गिने जाने लगे। वहाँ की जनता राय को अपना हितैषी मानने लगी। आंदोलन में भाग लेकर राय ने भी बहुत बड़ा तजुर्बा हासिल किया और वहाँ के प्रेसिडेन्ट वेनुसटिआनो कैरेन्जे से भी एम. एन. राय का घनिष्ठ सम्बन्ध हो गया। राजनीतिक जीवन में राय का स्थान कितना श्रेष्ठ समझा जाता था। वहां से प्रकाशित होने वाला पत्र–''एल कम्युनिष्ठा' के सम्पादक एवं यहां की कम्युनिस्ट पार्टी के सेक्रेटरी श्री एम. एन. राय के प्रशंसक हो गए। मैक्सिको में ही नहीं बल्कि अमेरिका, स्पेन, जर्मनी, रूस यानी हर जगह के कम्युनिस्ट उनके नाम से परिचित होने लगे।

गाले का पत्र

रूस के प्रसिद्ध बोलशैनिक नेता बोरोडिन किसी खास गुप्त काम से अमेरिका आये थे। वहाँ उनके दोस्तों ने उन्हें मैक्सिको के गाले से सावधान कर दिया था कि वह बहुत धूर्त चालाक आदमी है और ब्रिटिश का गुप्त एजेन्ट है। बोरोडिन मैक्सिको आए तो उन्होंने गाले का मासिक पत्र बिकते हुए देखा और एक प्रति खरीद ली। पढ़ना आरम्भ किया तो देखा कि एम. एन. राय के विरोध में पन्ने भरे पड़े हैं। बोरोडिन ने सोचा कि एम. एन. राय अच्छे आदमी होंगे। उनसे मिलना चाहिए। बोरोडिन राय से मिले और मिलकर परस्पर दोनों बहुत खुश हुए। उसी समय एक-दूसरे के विचारों से परिचित हुए और दोनों में मित्रता हो गई।

लेनिन का निमन्त्रण

बोरोडिन ने लेनिन को पत्र लिखा कि मैक्सिको में मेरी एक हिन्दुस्तानी सज्जन से मुलाकात हुई हैं। उनके क्रांतिकारी संगठन संबंधी विचारों में जादू जैसा असर है।

लेनिन ने बोरोडिन के पास फौरन संदेश भेजा कि राय को मेरी और से रूस आने का निमन्त्रण दो। राय को निमन्त्रण दिखलाया गया। राय अभी जाना नहीं चाहते थे। मैक्सिको के प्रेसिडेंट और उनके मित्र भी अभी राय को भेजना नहीं चाहते थे। वे उन्हें बहुत प्यार तथा इज्जत की नजर से देखते थे। लेकिन लेनिन का बार-बार निमन्त्रण आने पर राय रूस जाने के लिए तैयार हो गए।

यह यात्रा उनके लिए खतरों से भरी हुई थी। ब्रिटेन और अमेरिका की सरकारों ने उनके लिए देश-निकाले का हुक्म दिया हुआ था और मैक्सिको की सरकार से कहा था कि उन्हें गिरफ्तार कर लिया जाए। ऐसे खतरे के समय में

मैक्सिको की सरकार ने उन्हें शरण दी थी। प्रेसिडेन्ट की ओर से उनकी रक्षा के लिए उनके मकान के चारों तरफ सशस्त्र सिपाहियों का पहरा हर समय रहता था। राय को हर सुविधा के साथ वहाँ सुरक्षित रखा जाता था।

रास्ते की सुरक्षा के लिए मैक्सिको सरकार ने राय को एक पासपोर्ट दिया था। जिस पर लिखा था। (मैक्सिको-गवर्न्मेंट के प्रेसीडेन्ट के खास एजेन्ट)

मैक्सिको के प्रेसीडेन्ट एवं मित्रों से सद्‌भावना से विदा ली। जबकि हर तरह से सुरक्षा का प्रबन्ध था। फिर भी खतरे की चादर ओढ़ कर सन् 1919 के अन्त में यूरोप के लिए अलफों से जहाज से रवाना हो गए।

बोरोडिन पहले ही रवाना हो गए थे। दोनों का साथ सफर करना ज्यादा खतरनाक था। श्री एम. एन. राय की गिरफ्तारी का खतरा हवाना में था। जहाज हवाना के बंदरगाह पर रूका बंदरगाह पर मजदूरों की हड़ताल जारी थी। बन्दरगाह पर हफ्तों से बहुत से जहाज रुके पड़े थे। राय का जहाज भी बन्दरगाह पर रूक गया। अमेरिका की सी. आई. डी. पुलिस चारों तरफ वहाँ तैनात थी। राय ने कम्युनिस्ट पार्टी एवं मजदूर आंदोलनों तथा लेटिन अमेरिका में काम किया था। वहाँ के मजदूर उनकी सेवाओं से परिचित थे और उन्हें आदर-सम्मान की नजर से देखते थे। राय ने हड़तालियों के मजदूर-नेता संचालक के पास चुपचाप एक पत्र भेजा। फिर तो देर नहीं लगी। हड़ताली मजदूरों ने राय वाले जहाज पर कोयला-पानी आदि लाद दिया। जहाज की आवश्यकता पूरी हो जाने पर जहाज चल दिया। राय की यह ताकत देखकर जहाज के अधिकारी तथा मुसाफिरों को बहुत आश्चर्य हुआ। राय को बहुत बड़ा आदमी समझा गया। किन्तु यह किसे खबर थी कि राय राजा-महाराजा नहीं एक गरीबों के न्याय-अन्याय को नापने तथा उनपर जान की बाजी लगाने वाला एक प्रसिद्ध क्रांतिकारी नेता एम. एन. राय सफर कर रहा है। जहाज स्पेन पहुंचा, बोरोडिन प्रतीक्षा में थे। स्पेन में वहाँ के समाजवादी क्रांतिकारियों से श्री राय की भेंट हुई। बोरोडिन की स्थापित की हुई कम्युनिस्ट पार्टी को बहुत सुन्दर ढंग से श्री राय ने संगठित किया और कुछ दिन वहां उन्हें रूकना पड़ा। जल्दी ही स्पेन प्रजातंत्र के प्रसिद्ध नेता केवाल्लेरो से राय की घनिष्ट मित्रता हो गई।

लगभग एक महीने के बाद राय जर्मनी के लिए रवाना हो गए और बोरोडिन के साथ कुछ दिन तक राय बर्लिन में रहे। महायुद्ध के अंतिम दिनों में जर्मनी जहाजी फौज के सिपाहियों ने बगावत कर दी। महायुद्ध में जर्मनी की बहुत बुरी हार हुई और कैसर जान बचाकर गद्दी छोड़ कर हालैण्ड भाग गया। युद्ध से लौटे हुए सैनिक भी क्रांति के झंडे के नीचे जमा हो रहे थे क्योंकि क्रांति पहले से ही आरम्भ हो चुकी थी। उन्हीं दिनों रूस में मजदूरों का राज्य स्थापित हो चुका था। जर्मनी मजदूरों पर उसका काफी प्रभाव पड़ा था।

अपने होटल की खिड़की से उन्होंने देखा 'प्रशिया' की विशाल क्रांति विरोधी सेना, जिसने आते ही अपना अधिकार जमा लिया था, बर्लिन से भाग रही है। एक भी गोली चलाए बिना मजदूरों की शानदार विजय। राय विचारों की धारा में बहने लगे कि मानवता को इस घोर विपदा से, युद्धों की खून-खराबियों से और जालिम शोषण से मजदूर क्रांति ही बचा सकती है। आगे बढ़ने की हिम्मत और क्रांतिकारी खूबियां मजदूरों में ही हैं।

जर्मनी से रूस जाने वाली स्टीमर से राय रवाना हो गए और 1920 के आरम्भ में राय रूस पहुंचे।

राय और लेनिन की यह पहली मुलाकात थी। दोनों परस्पर मिलने को उत्सुक थे। लेनिन ने राय को नौजवान देखा तो उन्हें आश्चर्य हुआ। तुरन्त ही मजाक में उन्होंने ऐसा मुंह बना लिया जैसे वह राय की नौजवानी पर नाराज़गी प्रगट कर रहे हों। फिर तुरन्त ही खिलखिता कर हंसते हुए बोले "अरे, मैं तो यह समझे बैठा था कि राय कोई बूढ़ा आदमी होगा। जिसके चेहरे पर लम्बी-लम्बी सफेद दाढ़ी होगी। इस परिचय से और थोड़ी देर की बातों से लेनिन राय से बड़े प्रभावित हुए। राय उनके ऐसे विश्वासपात्र बन गए कि बड़ी जिम्मेदारियों का कार्य उन पर अकेला ही छोड़ देते। राय लेनिन के साथ सोवियत संघ की सफलता के लिए परिश्रम करते रहे।

रूस में विश्व सभा होने वाली थी जिसमें संसार के सब देशों के प्रतिनिधि शामिल होने वाले थे। लेनिन ने एक खास थीसिस लिख कर राय का मत जानने के लिए उनको दिखलाई थी। राय ने उसे पढ़ा और वे कई हिस्सों से सहमत नहीं थे। राय ने उन्हीं प्रश्नों पर अपनी अलग थीसिस लिखी। अधिवेशन में हिन्दुस्तान, अरब, अमेरिका, एशिया आदि के बड़े-बड़े विद्वान आए हुए थे। दोनों के थीसिस उनके सामने पेश हुए तो विदेशों से आए हुए प्रतिनिधि एम.एन. राय के साहस पर हैरान थे और लेनिन के मुकाबले राय की थीसिस को कबूल किया। एक गुलाम देश हिन्दुस्तान के नौजवान का महान नेता लेनिन से टक्कर लेना और उनके मुकाबले अपनी थीसिस पेश करना। बहस के सिलसिले में खुद लेनिन ने एम. एन. राय के अटूट तर्कों को कबूल किया था।

यहां लेनिन के जीवन के लिए दो शब्द लिख देना भी आवश्यक है। जिसमें एक बेयरे की शिक्षा तथा व्यवहार प्राप्त करने वाली शराफत टपकती हैं। लिखोगी?

"हाँ लिखूँगी जरा ठहरो पैन में स्याही भरलूँ। हाँ लिखाओ।"

"लिखो"—

''लेनिन का जीवन इतनी ज्यादा गरीब अवस्था में बीता था कि दोनों जून रूखी–सूखी रोटी का भी जुगाड़ नहीं था। खाने को मिलता भी तो जैसा मिलता खाकर फिर काम में लग जाते। एक दिन वह गरीब मुसाफिर घूमता-फिरता फ्रांस के एक होटल में जा पहुंचे। बैयरे ने पानी पेश करते हुए पूछा, ''बोलो साहब क्या लाऊं ?''

''जो भी हो, लाओ न भाई''।

''सब कुछ है। आपको जो इच्छा हो, वही ले आऊं।''

''इच्छा तो मात्र पेट भरने की है, रसास्वाद की नहीं। केक और बटर काफी होगा।'' कुछ देर के बाद बैयरे ने केक-बटर की प्लेट लाकर रख दी। मुसाफिर ने आभार के साथ मुस्करा कर खाना शुरू किया।

बैयरे को यह यात्री कुछ विचित्र लगा। उसकी वाणी विनम्र तथा खाने-पीने का ढंग अलग ही था। वह बहुत सज्जन व्यक्ति होगा, ऐसा लगता था। मेहनत से म्लान हो गया, शरीर भी छिपे तौर से तेज की आभा फैला रहा था। बैयरा काम करते-करते मुसाफिर की ओर देख लेता था, मगर वह मुसाफिर तो सिर झुकाए चुपचाप खा रहा था।

खाने के बाद जब वह मुसाफिर हाथ-मुंह पोंछ रहा था तभी बैयरे ने विनम्रतापूर्वक उसके सामने बिल रख दिया।

वह गरीब मुसाफिर सोच में पड़ गया। बड़ी विनम्रतापूर्वक बैयरे से कहा ''भाई इस समय तो मेरे पास एक पाई भी नहीं है। बहुत दूर से यात्रा करके बहुत परेशानी से यहां तक आया हूं। भगवान के लिए इस बिल का पैसा तुम ही चुका दो।'' बैयरा सुन कर विस्मित हो गया। फिर अपने को सम्भालते हुए बोला–''ठीक है साहब, मात्र ईश्वर के लिए आपका यह कर्ज मैं चुका दूंगा।''

इस गरीब मुसाफिर की वाणी से बैयरा प्रभावित हो गया था। बिना एक शब्द बोले बिल का पैसा उसने अपने पास से जमा करा दिया।

मुसाफिर नमस्कार कर जाते-जाते बोला, ''मैं तो गरीब का गरीब हूँ, लेकिन ईश्वर आपको गरीब न रखे, आपका भला करें।''

दिन बतीते गए। इस तरह भटकते-फिरते इस गरीब मुसाफिर ने रूस में भव्य क्रांति मचाई। फिर तो वह रूस का प्रधानमंत्री बना। लेकिन फ्रांस के होटल के उस शरीफ ईमानदार बैयरे को वह नहीं भूले। बहुत दिनों का बाद भी उसकी याद आती रहती थी। उन्होंने उस बैयरे के पास अपने कर्ज का पैसा ब्याज के साथ भेजा।

पैसा मिलते ही वह सोच में पड़ गया। लेकिन क्षण भर के बाद उस दिन की याद आने पर उसकी आंखों में हर्ष के आंसू आ गए। उसने वह पैसा लौटाते हुए लिखा, "मैंने एक गरीब मुसाफिर को पैसे दिए थे, रूस के मंत्री लेनिन को नहीं।' गरीब की लाज बचाने वाले ऐसे भी बैयरे थे। अब राय के बारे में लिखो–

छद्‌म वेष में

कम्युनिस्ट पार्टी की ओर से राय को बुलाने का निमन्त्रण मिला कि राय अमेरिका के मजदूर आंदोलन की रहनुमाई अपने हाथों में लें। राय ने निमंत्रण मंजूर नहीं किया क्योंकि वह अपने देश हिन्दुस्तान जाना चाहते थे। जिसको उन्होंने पन्द्रह साल पहले छोड़ा था और वह उन्हें बुला रहा था। अभी तक उन्होंने विदेश से ही जो बन पड़ा किया था। 1930 के अन्त में वह गुप्त रूप से हिन्दुस्तान पहुंचे जबकि निश्चय ही गिरफ्तारी उनके सर पर मंडरा रही थी। छद्‌म वेष में घूम-घूमकर उन्होंने क्रांतिकारी संगठनों को तैयार किया। पंडित जवाहरलाल जी की आत्मकथा से यह भी पता चलता है कि वह करांची-कांग्रेस में भी उपस्थित थे। पुलिस को पता चल गया था कि राय हिन्दुस्तान में ही है। उनके संदेह में कई व्यक्ति गिरफ्तार किए गए थे। अन्धेरी रात में बम्बई मजदूर बस्ती के पास वाले होटल को पुलिस ने घेर लिया। उस समय राय सो रहे थे। पुलिस ने उन्हें गिरफ्तार कर लिया।

21 जून, 1931 को अखबार में बड़े-बड़े अक्षरों में निकला कि प्रसिद्ध क्रांतिकारी बम्बई में गिरफ्तार कर लिए गए। सबको आश्चर्य हुआ कि वह कब हिन्दुस्तान में आए। श्री एम. एन. राय पर ब्रिटिश सरकार का तख्ता उलटने के अनेक अपराधों के आरोप में मुकदमा चला। उन्हें बारह वर्ष कैद की सजा दी गई, जो अपील में घट कर छह वर्ष रह गयी। छह वर्ष कठोर कारावास की यातनाएं भुगतने के बाद एम. एन. राय 20 नवम्बर, 1936 को जेल से रिहा हुए और इस नियत से कांग्रेस में शामिल हुए थे कि कांग्रेस को ही सशक्त बनाकर एक क्रांतिकारी पार्टी बनाया जाए। दूसरे विश्व युद्ध में सिद्धांतिक मतभेदों के कारण श्री राय कांग्रेस से अलग हो गए और रैडिकल डेमोक्रेटिक पार्टी के नाम से उन्होंने अपना राजनैतिक दल बनाया। मतभेद का कारण यह था कि गांधी जी अंग्रेजों को युद्ध में सहायता देना नहीं चाहते थे। एम. एन. राय जी देने के पक्ष में थे। इतिहास लम्बा है। लेकिन यह नारा लगाते हुए कि सहायता देना पाप है, बड़े-बड़े कांग्रेसी नेता गिरफ्तार करके जेलों में भेज दिए गए थे। गांधी जी इसलिए खिलाफ थे कि सन् 1914 में प्रथम विश्व युद्ध में सहायता देने के लिए गांधी जी की अंग्रेजों से भारत को आजादी देने के लिए शर्त हुई थी किन्तु युद्ध के बाद गांधी जी को निराश होना पड़ा था।

श्री विमल जी ने जेल से रिहा होने के बाद कांग्रेस कार्यकर्ता के रूप में जिला कांग्रेस कमेटी के साथ अपना काम शुरू किया था। कुछ ही समय में विमल जी जिले के एक उच्च नेता के रूप में गिने जाने लगे और फिर प्रादेशिक कांग्रेस कमेटी तथा आल इन्डिया कमेटी के सदस्य चुन लिए गए थे। लेकिन विमल जी कांग्रेस से अलग होकर श्री एम. एन. राय के साथ रैडिकल डेमोक्रैटिक पार्टी में शामिल हो गए थे। क्यों हो गए थे – इसका विवरण।

विमल प्रसाद जैन
"क्रांतिकारी जीवन की कुछ झलकियाँ"

प्रथम पुस्तक पृष्ठ 131 पर दिया गया है। मैंने एक दिन विमल जी से कहा कि श्री एम. एन. राय की अध्यक्षता में लखनऊ तथा कलकत्ता में हुई सभा और महिला आदर्श कैम्प के विषय में मैंने लिखा है, आप सुनोगे। विमल जी ने मुस्कुराते हुए कहा कि–जरूर सुनूँगा। लेकिन इस समय मेरा मित्र आने वाला है। यह कहा ही था कि फोन की घंटी बजी तो विमल जी ने चोगा उठाकर हैलो किया और अच्छा कल आओगे कहकर बात समाप्त की। वे चोगा रखते हुए बोले कि मेरा मित्र नहीं आ रहा है। अब सुनाओ।

लखनऊ में कांफ्रेंस

युद्ध के दौरान श्री एम. एन. राय के नेतृत्व में दिसम्बर, 1942 में लखनऊ में कांफ्रेंस हुई उसका सारा इंतजाम देहरादून निवासी कामरेड श्यामलाल जी के हाथ में था। भाषण से पहले सभी का स्वागत इस गाने से कि या जाता था–

चल चले रे नौजवान
तू आगे बढ़े जा
आफत से लड़े जा
आंधी हो या तूफान
फटता हो आसमान
जर्मन है जापान है
इटली और धनवान
चारों तेरे दुश्मन हैं
इनको तू भगाये जा
शोक से दबाये जा
चल चल रे नौजवान
तू आगे बढ़े जा
आफत से लड़े जा
आंधी हो या तूफान

लेकिन सभा में जब यह पास हुआ कि भारत के गरीबों की सही जानकारी ब्रिटिश जनता को बताने के लिए वहाँ रैडिकल पार्टी का होना अनिवार्य है तो मद्रास के रहने वाले बैरिस्टर कामरेड श्री ए. के. पिल्लई जान हथेली पर रखकर पार्टी का संदेश लेकर विलायत जा पहुंचे। विश्व युद्ध चरम सीमा पर था और विलायत पर जर्मन के आग के गोले अंधाधुंध बरस रहे थे। पिल्लई जी ने जिस समय भारत के गरीबों का विलायत की जनता को संदेश सुनाया कि रैडिकल पार्टी के नेतृत्व में गरीब भारत तुम्हारे साथ हिटलर शाही को मिटाने की लड़ाई में लड़ने-मरने के लिए दृढ़ संकल्प है। उस समय दुःखित ब्रिटिश जनता की आजादी हिटलर के आग के गोलों से खेल रही थी। उनके लिए यह बड़ा सुखद संवाद था। श्री पिल्लई ने बहुत महत्वपूर्ण प्रचार किया और ब्रिटेन का ध्यान गरीब भारत की ओर आकर्षित किया।

सन् 1944 जलसे में ब्रिटिश मजदूर पार्टी ने जिसका उस समय राज्य था, मजदूर पार्टी की केन्द्रीय कार्यकारिणी की ओर से कार्य कारिणी के सदस्य श्री जेम्सवाकट ने जलसे में अपने भाषण में कहा–"भारत में, विलायत के गरीबों की पार्टी मजदूर पार्टी की तरह रेडिकल डेमोक्राटिक पार्टी है, जो भारत के श्रमिक वर्ग की पार्टी है। वह दिन प्रतिदिन बढ़ी चली जा रही है। मजदूर पार्टी उस पार्टी की तरक्की चाहती है। श्री पिल्लई उस जलसे में शामिल थे, और वे सन् 1945 के आरम्भ में भारत लौट आए थे।

उसके बाद लंदन आफिस के इंचार्ज ए. के. मुखर्जी थे। आप रहने वाले बंगाल के थे। श्री मुखर्जी 1945 में विश्व मजदूर संघ कांग्रेस, जो लंदन में हुई थी, उसमें भारत मजदूर संघ के प्रतिनिधि मंडल के नेता के रूप में विलायत गए थे।

सभा प्रातःकाल नौ बजे से रात के नौ बजे तक चलती थी। दोपहर को लंच के लिए एक घंटे की छुट्टी होती थी। डिनर के बाद हम कुछ महिलाएं कमरे में आग की अंगठी रख उसके चारों ओर बैठकर आग तापते हुए मूंगफली खाते और बारह बजे तक इधर-उधर की गप लगाते रहते थे। महिलाएं–बैरिस्टर बी. एम. तारकुंडे जी की पत्नी, श्रीमती चित्रा जी, बी. बी. कार्णिक बम्बई हाईकोर्ट के एड़वोकेट की पत्नी श्रीमती बिमला जी, मणी बैन, कारा बाई, मिस्टर पूरी की पत्नी श्रीमती सत्या जी, आदि।

लेकिन जब तक पुरुषों की मंडली से विमल जी लौटकर नहीं आते थे, हमारी यह सभा चलती रहती थी।

एक दिन मणी बैन, कारा बाई आदि सब ने कहा था कि "श्री एम. एन. राय जी की मीटिंग में बच्चों के आने के लिए बन्दिश है, मगर रूपवती जी तुम्हारे

बच्चे तो बहुत सधे हुए हैं, मीटिंग के कमरे में दबे पैर आकर विमल जी और तुम्हारी कुर्सी के पास कुछ देर चुपचाप खड़े होकर बाहर चले जाते हैं।" मैंने कहा कि विमल जी ने बच्चों को समझा दिया था कि "यदि तुम वहां बोले तो श्री एम. एन. राय जी तुम्हें वहां आने के लिए बन्दिश लगा देंगे।"

हम अपनी गैर हाजिरी में बच्चों को सम्भालने के लिए एक लड़के गोपीचन्द जैन को साथ लाए हैं। वह बच्चों को बहुत प्यार से रखता है। जब बच्चे हमारे पास आते हैं तो वह दरवाजे के बार खड़ा रहता है। विमल जी ने बतलाया था कि–श्री एम. एन. राय जी ने बच्चों को आने की इज़ाजत दे दी है।

कांफ्रेंस आठ दिन चली थी।

कलकत्ता में सभा

रैडिकल डेमोक्रटिक पार्टी के प्रयत्न से 31 दिसम्बर, 1940 में कलकत्ता में भारत विख्यात विद्वानों की ओर प्रतिष्ठित व्यक्तियों की फासिस्टवाद के खिलाफ सभा की गयी। जिसके सभापति डॉ. सच्चिदानन्द सिंह और प्रधानमंत्री श्री एम. एन. राय थे।

जिस समय श्री राय भाषण दे रहे थे, पंडाल की छत पर आग लगा दी गयी। रात का समय था। आग चमक उठी, कुछ कामरेड आग बुझाने के लिए भागे। पानी का इन्तजाम था। लगती आग फौरन बुझा दी गयी। भाषण चलता रहा। परन्तु आग लगाने वालों को आग जल्दी बुझ जाना पसन्द नहीं आया। वहां तो इस मलाल में उनकी ओर से लकड़ी चल गयी। दो कामरेड श्री नरेन्द्र सिंह और दत्ता जी के हाथ की हड्डी टूट गयी। विमल जी उनको अस्पताल ले गए और कुछ देर में पट्टी कराकर सभा में उपस्थित हो गये। कांफ्रेंस श्री कामरेडों के पहरे में निश्चित समय के अनुसार प्रतिदिन चलती रही हालांकि फिर कोई घटना नहीं हुई। आग लगने के पूर्व दो साल का शिशिर (पुत्र) पानी पीने गया था। पानी का इन्तजाम गेट के पास ही था। लेकिन मै घबराई कि आग लगी देखकर वह कहीं भाग न जाए। मैं बिटिया इन्दु का हाथ पकड़कर पंडाल से भागी तो देखा शिशिर गेट के पास खड़ा लगी आग देख रहा है और हम पंडाल में वापस आ गए।

इस सभा संघ के निम्नलिखित उद्देश्य थे :

1. नाजीवाद और फासिस्टवाद की हार और इस उद्देश्य की पूर्ति के लिए भारत के सभी साधनों का विकास करना।
2. भारत की रक्षा की जिम्मेदारी में हिस्सा लेना और इस उद्देश्य की पूर्ति के लिए सरकार पर दबाव डालना के वह आम जनता की विश्वासपात्र बनने की आवश्यकता को समझे।

3. व्यवस्थापिकाओं का तुरंत चुनाव करना। (व्यवस्थापिका सभा विधान बनाने वाली वह सभा, जिसके अधिकतर सदस्य जनता द्वारा निर्वाचित किए गए होते हैं)।
4. जिन प्रान्तों में मिनिस्ट्री नहीं थी, वहां पर इमरजेंसी मिनिस्ट्रीयां कायम करना।
5. वायसराय की कार्यकारिणी सभा में स्वतंत्र जनप्रिय प्रतिनिधियों की भर्ती करना।
6. युद्धोद्योगों को पंचायती बनाना।

इन उद्देश्यों की पूर्ति के लिए कलकत्ता में मजदूरों की रैली में एक लाख मजदूर शामिल हुए थे।

महिला आदर्श कैंप

देहरादून मोहनी रोड निवास स्थान पर श्री एम. एन. राय जी ने महिला आदर्श कैंप चलाया था। उसमें काफी संख्या में महिलाएं उपस्थित हुई थीं।

देहरादून में मिस्टर भरतेश्वर प्रसाद जी, श्रीमती प्रेमकान्ता के पास इन्दु शिशिर को छोड़कर मैं कैंप में शामिल हुई। एक दिन दोनों भरतेश जी के साथ मुझसे मिलने कैंप में आए थे। श्री राम जी ने उन्हें बिल्ली के बच्चे दिखलाए थे। जब वे मियाऊं मियाऊं करते हुए धीरे-धीरे आगे बढ़ रहे थे, दोनों बहुत खुश थे। प्रेम कान्ता मेरी बहिन की लड़की और भरतेश जी दामाद। कैंप समाप्त हो जाने पर भरतेश जी मुझे अपने घर ले आए थे। दिल्ली से विमल जी हमें लेने आए और राय जी से मिलने मोहनी रोड गए। वहां से लौटकर उन्होंने मुझे बतलाया कि एम. एन. राय ने तुम्हारे विषय में कहा–"विमल जी तुमने कितना अच्छा वर्कर घर में छिपा रखा है।" मैंने बिमल जी को बतलाया कि श्री एम. एन. राय जी को दिल्ली बम फैक्टरी आदि के अपने कार्य के विषय में बतलाया था। सुनकर वह बहुत प्रभावित हुए थे।

25 जनवरी, 1954 को महान क्रांतिकारी श्री एम. एन. राय जी के जीवन का अन्त हो गया। 26 जनवरी आजादी दिवस मनाया जा रहा था, वह दिन श्री एम. एन. राय जी की क्रिया-कर्म करने का अर्थात् उन्हें विदाई देने का अंतिम दिवस था। आज भी आंखों के सामने चलचित्र की तरह दृश्य घूम रहा है। विमल जी, धन कुमार और मैं मोहनी रोड़ उनके निवास स्थान पर उनको अंतिम विदाई देने के लिए पहुँचे तो वहाँ कामरेडों की भीड़ लगी हुई थी। एलन राय जी शोक सागर में डूबी हुई थीं। उनको मेरा सत् सत् सादर प्रणाम।

विमल जी की स्मृतियां

हम 7/35 दरियागंज दिल्ली में रहते थे। गर्मी का मौसम था। दोनों बच्चे इन्दु और शिशिर सो गए थे। मैं और विमल जी छत पर बैठे हुए इधर-उधर की गप-शप लगा रहे थे तो इन्होंने गप–शप के बीच में मुस्काराते हुए कहा कि "आज तुमने यह नहीं पूछा कि आपने आने में इतनी देर क्यों की। मैंने कहा–मैं भूल गई। परन्तु इस बात को रहने दो काफी अर्सा बीत गया। कोई बात सुनाए आज तो आप अपनी कुछ स्मृतियां की बातें सुनाओ। कुछ क्षण खामोश रहकर बोले कि–"स्मृतियां व्यक्ति की अपनी ऐसी निधि है, जिनका माधुर्य और कटुता वह स्वयं ही अनुभव करता है। कुछ स्मृतियां सुखद होती हैं, कुछ कष्टदायक होती हैं। जब कभी मैं सोचता हूं–सैकड़ों ऐसी स्मृतियां, ऐसे चेहरे और ऐसी घटनाएं चलचित्र की तरह आंखों के सामने घूम जाती हैं। फिर भी कुछ घटनाएं और स्मृतियां ऐसी हैं जो औरों के साथ भी बांटी जा सकता हैं। ध्यान से सुनो"

"हां, सुनाओ"।

"लोग विद्यार्थियों की अनुशासनहीनता का बहुत जिक्र करते रहते हैं। मगर कोई यह नहीं सोचता कि उनको अनुशासन में रखने वाले अध्यापकों का उनके प्रति क्या रवैया है? इस सिलसिले में मैं जिकर करना चाहूंगा। हमारी पार्टी के एक नए सदस्य थे–रनबीर सिंह गहलोट। 5 फुट 11 इंच, कद, खूबसूरत, गठा हुआ बदन, और बी. ए. की फाइनल इयर के विद्यार्थी–रनबीर सिंह उस समय न्यू ब्लौक्स होस्टल में रहते थे और अपने व्यायाम की वजह से रिंग मास्टर के नाम से मशहूर थे। पार्टी के काम के एकदम संलग्न थे। एक दिन पुलिस सुपरिंटेंडेंट अपने दस्ते के साथ प्रिंसिपल की कोठी पर आए और उन्होंने न्यू ब्लौक्स में रनबीर सिंह गहलोट की तलाशी लेने की इजाजत मांगी। प्रिंसिपल साहब के आर्डर थे कि पुलिस कॉलेज या होस्टल में बगैर उनकी इजाजत के नहीं घुस सकती प्रिंसिपल साहब ने सुपरिटेंडेंट साहब को कह दिया कि वह अगले दिन सुबह आएं। इस समय रात को वह इस तरह की कोई इजाजत नहीं दे सकते। बेबस होकर पुलिस को वापिस जाना पड़ा और पुलिस के जाने के बाद प्रिंसिपल साहब न्यू ब्लौक्स की तरफ रवाना हुए और जाकर रनबीर सिंह के कमरे को खटखटाया। रनबीर सिंह प्रिंसिपल साहब को देखकर हैरान रह गया। प्रिंसिपल साहब ने रनबीर सिंह से कहा–"रनबीर सिंह जो रिवाल्वर तुम्हारे पास है, वह मुझे दो"। रनबीर सिंह ने निकाल कर रिवाल्वर और कारतूस प्रिंसिपल साहब के हवाले किए। उसको लेकर अपनी जेब में रखा और कहने लगे "तुम ऐसी बेवकूफी मत किया करो" और चले गए। अगले दिन पुलिस को लाकर अपनी देख-रेख में तलाशी करा दी।

श्री विमल प्रसाद जैन अपने परिवार के साथ

इसी सिलसिले में एक और वाकया भी मुझे याद आता है कि जब साइमन कमीशन हिन्दुस्तान की सर जमीन पर उतरा, नेताओं ने अपने देशवासियों से अपील की कि वे उसका बायकाट करें और अपना रोष दिखाने कें लिए विद्यार्थी अपनी क्लासों में न जाएं। मेरठ कॉलेज में एक हिजान पैदा हो गया था और हर तरफ मुकर्रिर दिन पर हड़ताल करने की सरगर्मियां थीं। प्रिंसिपल साहब ने सब विद्यार्थियों को बड़े हाल में बुलाकर कहा कि उनको उनके विचारों से हमदर्दी है, मगर यह अनुशासन का भंग होगा कि वह हड़ताल करें। सीधा तरीका है कि सब लड़के एप्लीकेशन दे दें कि उनका जमीर उस दिन क्लासों में आने के लिए गवाही नहीं देता और वह साइमन कमीशन के खिलाफ अपना रोष जाहिर करने के लिए क्लासों में नहीं आए। ऐसा ही हुआ और प्रिंसिपल ने उन सब एप्लीकेशनों को मंजूर कर दिया। इसका असर हुक्कामों पर बहुत नाराजगी का हुआ और कमिश्नर, सुपरिंटेडेट ऑफ पुलिस और कलक्टर ने प्रिंसिपल साहब

से भेंट की और चाहा कि वह एप्लीकेशनस उनको मिल जाएं जिससे वह कुछ विद्यार्थियों को पकड़ सकें। प्रिंसिपल ने एकदम इन्कार कर दिया और ताकि मामला आगे न बढ़े उन सब एप्लीकेशनों को कॉलेज से अपने पास मंगाकर आग की भेंट कर दिया। इसी तरह एक और वाक्य सुनो जो मेरे जेल से छूटकर आने के बाद की बात है।"

"हाँ, सुनाओ।"

मेरठ में वीर सावरकर आए थे। उस समय मेरठ में हिन्दू मुस्लिम दंगा हो गया। आदमी के कुछ विचार और भावनाएं ही हैं, अगर उसमें उन विचार और भावनाओं के लिए मर मिटने की शक्ति है तो मेरे लिए वह श्रद्धा-सम्मान का भागी है। वीर सावरकर को मैं उन्हीं महान आत्माओं में समझता हूँ, जिनके विचारों से सहमत होकर मैं सम्मान और श्रद्धा की दृष्टि से देखता हूँ। कारण उनका सारा जीवन एक जबर्दस्त कुर्बानी और त्याग का रहा है। वह अपने विचारों के लिए अपना सब कुछ देते रहे हैं। उस दंगें के वक्त कम्बू गेट के बाहर जो सिनेमा हैं उसमें मेरठ कालेज के बहुत सारे विद्यार्थी फंस गए थे। चारों तरफ बस्ती थी जिसमें उनकी जान का खतरा था। प्रिंसिपल साहब फौरन वहीं दौड़कर आए और अपने सारे विद्यार्थियों को निकाल कर अपनी देख-रेख में ले आए। अब इन सब बातों से जाहिर है कि कौन ऐसा विद्यार्थी होगा जो ऐसे अध्यापक का हुक्म न माने।" "ठीक है आज वीर सावरकर के त्याग। उनकी महानता और कुर्बानी की बातें सुनने को मिली। तथा अध्यापक की महानता भी। और सुनो, "मेरठ की स्मृतियों में एक सज्जन और मुझे याद आ रहे हैं। वह थे– सोती ब्रह्मस्वरूप। मेरठ में ऐसे तो बहुत से आदमी थे, जिनको मेरठ का बच्चा-बच्चा जानता था। मगर ब्रह्मस्वरूप वह आदमी थे, जो मेरठ के काफी बड़े इलाके के बच्चे-बच्चे को जानते थे और उनके हर दुःख-दर्द में शामिल होते थे। नतीजा यह था कि नगरपालिका के हर चुनाव में ब्रह्मस्वरूप हमेशा अपने मुखालिफ को अच्छी खासी हार देते थे। वह मामूली अखबार बेचने का काम करता था और मेरठ के लोगों का दिल मोह लिया था। वह शादी शुदा नहीं था और शराब भी पी लेता था। एक बार जिला कांग्रेस कमेटी में उसके खिलाफ उसके मुखालिफों ने शिकायत की कि वह शराब पीता है और वैश्यागामी है। इससे कांग्रेस के विचारों पर चोट पहुंचती है। जिला कमेटी ने दो आदमियों की कमेटी बना दी जिसमें छोटे जी और मैं और उस समय के जिला प्रेसीडेंट थे। बात पर विचार किया गया। लोगों की गवाही हुई, मगर एक आदमी भी ऐसा पेश न हो पाया जो यह कह सके कि श्री ब्रह्मस्वरूप ने किसी के साथ बदतमीजी का व्यवहार किया है। आपस में कमेटी ने इस बारे में विचार किया तो सबकी राय

यही थी कि व्यक्तिगत रूप से कोई क्या खाता-पीता है, इससे अगर कोई सरोकार रखा जाएगा तो हरेक कांग्रेस के नेता और कार्यकर्ता में कुछ न कुछ बातें मिल ही जाएंगी। हमें केवल यही देखना था कि उसका बर्ताव किसी के साथ ऐसा तो नहीं है जिससे कांग्रेस के नाम पर धब्बा आए। चुनाव उसका यही फैसला किया गया कि श्री ब्रह्मस्वरूप कांग्रेस के डिसीप्लिन को तोड़ने के दोषी नहीं हैं। फैसला देने के बाद ब्रह्मस्वरूप मेरे पास आए और रो पड़े। कहने लगे कि मुझे आज सबसे पहले यह महसूस हुआ कि मैं अकेला नहीं हूँ। वर्ना न मेरे बीबी है, न मेरे बच्चे हैं और शायद बाद में कफन देने वाला भी कोई मेरे न हो।

एक बज गया था अब सोया जाए।

"हाँ, लेकिन आपकी स्मृतियां और ये घटनाएं औरों के साथ भी बांटी जा सकती हैं। आप इनको छिपाकर रखे हुए हैं। ये तो पत्रिकाओं-पुस्तकों में छपनी चाहिए जो देश और समाज के विकास के लिए पथ-प्रदर्शक का काम कर सकें।

मेरठ : दंगे की लपटों में

लेकिन सोने की बात बाद में होगी, पहले यह बात सुनो। क्या यह बात भी तभी की है? साम्प्रदायिक दंगा चल रहा था और हम मेरठ सुमेर भवन में रहते थे। आपके गांव से छज्जू नाई का लड़का खिजमत अपने पैर का इलाज कराने आया हुआ था। गम्भीरी लाल और भागमल आए हुए थे तो उसने भागमल के लिए पूछा था कि "ये कौन हैं?" मैंने बतलाया कि बाबू जी के बड़े भाई साहब के दामाद हैं और गम्भीरी लाल को तुम जानते ही हो उनका लड़का है। शाम के समय आपने माँ से कहा कि "माँ आप सब जल्दी तैयार हो जाओ। विनय सावरकर जी के भाषण में चलना है। उनका बहुत जबर्दस्त भाषण होगा। ब्रिटिश-राज्य के खिलाफ उन्होंने जबर्दस्त कार्य किया था। वे 27 वर्ष बाद अंडमान जेल से रिहा होकर आ रहे हैं।" चलते समय मैंने खिजमत को सावधान करते हुए कहा कि तुम दरवाजा बंद कर लो शायद हमें लौटने में देर हो जाये, तुम ध्यान से रहना। वह बोला कि "मैं दरवाजे से चिपका जागता बैठा रहूंगा। आप कोई चिन्ता न करो"। उसके ऐसा कहने पर आप मुस्कराये थे।

रास्ते में सर पर साफा बान्धे एक अपरचित मुसलमान हमें मिला। उसने आपसे पूछा कि "बाबू जी आप कहां जा रहे हो?" आपने कहा कि "क्यों क्या बात है सावरकर जी के भाषण में जा रहे हैं"। उसने नम्रतापूर्वक कहा कि–"बाबू जी घर लौट जाओ, वहां किसके भाषण सुनने को मिलेंगे, वहां तो जबर्दस्त लकड़ी चलेगी। बहुत ज्यादा "दंगा-फसाद होगा"। उसकी बात पर हम सबके पैर ठिठक गए। लेकिन आपने कहा कि–"तुम सब पिक्चर हाल में बैठकर

पिक्चर देखो, मैं अकेला भाषण सुन आता हूं, समय पर तुम सबको लेने आ जाऊंगा"। किन्तु मेरे मना करने से पहले ही मुसलमान ने पुनः कहा कि–"बाबू जी किसकी पिक्चर, आप मेरी बात मानो और सीधे घर पहुंच जाओ"। इतना सुनना था कि हम सब घर की ओर मुड़ गए। मैंने चमन (नौकर) से कहा कि तुम बच्चों की गाड़ी तेज चला कर, जल्दी घर पहुंच जाओ। वह गाड़ी तेज चलाने लगा अैर हम भी उसके पीछे-पीछे तेजी से भाग रहे थे। परन्तु आप रास्ते में किसी से बात करने के लिए रूके और हम से कहा तुम सब चलो "मैं आ रहा हूं"। जैसे ही हम तेज रफ्तार से आगे बढ़ रहे थे तो देखा परदा बाग से निकलकर चार-पांच मुसलमानियां बुर्का लगाए भागी जा रही है तो मेरे मन में ख्याल आया कि ये अपने को हिन्दुओं से बचा रही है। क्या मुसीबत है? इस भागा-दौड़ी में हमने घर के द्वार पर पहुंच कर देखा, न आप आए न भागमल जी, न गम्भीरी लाल। अम्मा ने कहा "सब हमारे पीछे ही तो आ रहे थे।" छोटी बहन माला बोली "मैंने दोनों को देखा था। मां वे पान वाले की दुकान पर पान खा रहे थे"। उनके आने की प्रतीक्षा में हम सब मेन गेट पर रूक गए। लेकिन कुछ मिनटों में ही हमको झगड़ा होने जैसी तेज आवाजें अर्थात् हल्ला-गुल्ला सुनाई पड़ा तो हमने गेट बन्द किया और सोचा कि वे सब अवश्य दंगा-फसाद में फंस गए हैं।

रात के ग्यारह बजे गम्भीरी लाल और भागमल जी वापस आए। उन्होंने बतलाया कि "जब हम पान की दुकान पर रूके तो वहां कुछ छुट–पुट दंगा-फसाद होना आरम्भ हुआ तो हम पास की एक गली में घुस गए और रास्ता लम्बा निकला। गलियों के अन्दर-ही अन्दर रास्ता ढूंढ़ते हुए बचकर आ रहे हैं"। उनकी कहानी समाप्त भी नहीं हुई थी कि रात के साढ़े ग्यारह बजे के करीब आवाज एक आदमी ने लगाई और कहा "मैं बिजलीघर से आया हूं। टेलीफोन पर बिमल जी ने खबर भेजी है कि मैं उनके घर पर यह सूचना दे दूं कि बिमल जी ठीक हैं। वे अस्पताल में हैं और प्रातःकाल घर आएंगे। हमने उसको तो अच्छा कह दिया लेकिन हम सब चिन्ता में डूब गए कि अस्पताल में क्यों हैं ? मां उदास होने लगी, खिजमत के भी आंसू बहने लगे। चिन्ता में रात बीत गई। प्रातःकाल आप घर आए और अपने न आने का कारण इस प्रकार बतलाया कि "उस आदमी से बात करने के बाद जब मैं चलने को हुआ तो अकस्मात् मैंने देखा कि मेरे एक दोस्त जमरूद का भतीजा जिसको बहुत ज्यादा चोट आई थी, सर और माथे से खून बह रहा था, मैं उसके साथ तांगें में बैठ गया। लेकिन जैसे ही हमारा तांगा अस्पताल के दरवाजे पर रूका, वैसे ही मुसलमानों ने उसे घेर लिया। लेकिन उस बीच में उनको वहां पर बुर्का लगाये चार-पांच मुसलमानियां दिखलाईं दीं तो वे उनके बचाव में लगे तो हम एकदम तांगे से कूद कर

अस्पताल के छोटे गेट से अन्दर घुस गए। तांगे वाले को पैसे मैंने पहले ही दे दिए थे"। दोपहर के समय आपने बतलाया कि "पिक्चर हाल में कुर्सियों को एक दूसरे पर फैंककर परस्पर लड़ाई लड़ी गयी। बहुत जबर्दस्त हांगामा मचा और चोट की चपेट में आने से कोई नहीं बचा। जिन महिलाओं की गोद में बच्चे थे, वे गोद से छुट कर जमीन पर गिर पड़े और कुचले गए। विनय सावर जी को भाषण बन्द करना पड़ा"। मां ने कहा कि "एक अपरिचित मुसलमान देवता के रूप में हमारा सहायक बनकर सामने आया। सबकी जान बचाई। जुग-जुग भला हो उसका"।

मैंने यह वर्णन इसलिए किया कि किसी की भी ऐसी विशाल भावनाओं को भुलाना नहीं चाहिए।

"ठीक बात है यह उसी समय की बात है।" अब सोया जाए।

हम 7/35 दरियागंज में रहते थे। परन्तु मकान बहुत मुश्किल से मिला था। कारण था—मकान मालिक को यह बात मालूम थी कि श्री विमल जी बम पार्टी में थे तथा चन्द्रशेखर आज़ाद के साथी थे और दिल्ली षड्यन्त्र केस के अभियुक्त थे। 6 वर्ष जेल काटकर रिहा हुए थे। वह मकान किराए पर देने से घबराते थे। लेकिन विमल जी ने यह आश्वासन दिया था कि जब वो कहेंगे, मकान खाली कर दिया जाएगा।

श्री प्रेमचन्द जैन मालिक जैना वाच कम्पनी

मकान लेने के बाद मालूम हुआ कि मकान मालिक श्री मनोहरलाल जी (इन्जीनियर) गुड़गाँव के रहने वाले हैं। माँजी गुड़गाँव की बेटी थी तो रिश्ता बहन, भाई और भाभी का हो गया। विमल जी उनको मामा जी व मामी जी कहते थे, इन्दु, शिशिर बाबा जी व दादी जी कहते थे। मकान पहली मंजिल का था, उनकी छत और हमारी छत के बीच दीवार थी, उसमें दरवाजा था। शाम के समय मामी जी दरवाज़े से हमारे पास आ जाती थीं और हम भी उनके पास चले जाते थे। हमारे रहन-सहन, बोलचाल से वह प्रसन्न थीं और बिल्लोचियों की बातें सुनाती थी।

हमारे मकान से कुछ दूर श्री प्रेमचन्द जैन का मकान था। वे जैना वाच कम्पनी के मालिक थे। उनसे भी हमारा काफी मेल-जोल हो गया था जो आज

तक बना हुआ। प्रेमचन्द जी का लड़का कौशल शिशिर कान्त का दोस्त बन गया था। कौशल की दादी शिशिर को बहुत प्यार करती थी। मुझे भी वो इतना स्नेह देती थी कि भुलाया नहीं जाता। विमल जी का प्रेमचन्द जी से दोस्ताना हो गया था। एक दिन कौशल की दादी मेरे पास आई थी और उन्होंने कहा–''तुम्हें मेरे न आने की शिकायत रहती थी, मैं आज आ गयी हूँ।'' उनके पैर छूते हुए मैंने कहा कि मुझे बहुत खुशी हुई, आओ बैठो। कुछ देर बैठने के बाद जब वह जा रही थी उस समय मेरी सहेली सब्जी आ गई। (मैं उन्हें जीजी कहती थी।) उनके जाने के बाद जीजी ने कहा कि–''अम्मा जी जो किसी के यहाँ जाती नहीं, तुम्हारे यहाँ कैसे आ गईं?

श्री प्रेमचन्द ने मालिक जैनावाय कम्पनी श्री विमल जी आ गए और बोले कि ''आज परेड मैदान में श्री विद्यानन्द मुनि जी का उपदेश है, चलना चाहिए। ''मैंने कहा मैं चलने का तैयार हूँ। उन्होंने कहा ''मुझे कुछ काम है, तुम चलो, मैं तुम्हें रास्ते में मिल जाऊँगा।

जैसे ही मैंने एडवर्ड पार्क के सामने से सड़क पार की तो प्रेमचन्द जी की कार मेरे सामने आकर रूक गई। प्रेमचन्द जी ने कार से उतर कर कहा कि– ''कार में बैठो''। मैंने उन्हें जैन साहब की बात बताते हुए कार में बैठने से इन्कार किया तो कार के अन्दर से अम्मा जी बोली कि विमल आ जाएंगे। तुम चिन्ता न करो। मैं तुम्हें बताना भूल गयी थी कि आज विद्यानन्द मुनि जी के उपदेश में हमारे साथ चलना'' मैं बैठ गई और मण्डप में पहुँचकर मैं गेट के पास बैठ गयी। बिमल जी आए और हमने एक दूसरे को देख लिया। ये पुरुषों की मंडली में बैठे और मैं महिला मंडली में बैठ गई।

श्री प्रेमचन्द सभापति पद से श्री विद्यानन्द मुनि जी की जय बोलते हुए बोले कि ''आदरणीय माताओं, भाइयों और बहनों–परमपूज्य श्री विद्यानन्द मुनि महाराज जी का उपदेश ध्यान से सुनों और लाभ उठाओं।''

श्री विद्यानन्द मुनि जी का उपदेश

''जो राष्ट्र अथवा व्यक्ति स्वतंत्रता के अर्थ के जान लेता है, उसे पराधीन रखना इन्द्र के लिए भी अशक्य है। इस स्वतंत्रता को प्राणासन पर प्रतिष्ठित करना चाहिए। जिसके लिए प्राण और स्वतंत्रता एकार्थी शब्द हो गए हैं, वही इसे सुरक्षित रख सकता है। जो प्राण देकर स्वतंत्रता का मूल्य नहीं देना चाहता वह कदाचित् प्राण भय उपस्थित होने पर स्वतंत्रता का त्यागकर परतंत्रता, पाखंडता की बेड़ियां पहन सकता है। जिसकी चेतना के अणु-परमाणुओं में स्वतंत्रता

अभिन्न हो गई है, वही इसकी रक्षा कर सकता है। पराधीनता जिन्हें शूल बन कर चुभती है, सर्प बनकर दंश देती है और विष जैसी मारक लगती है वे उसे नष्ट करने के लिए कफन बांध कर उठते हैं। ''करूं या मरूं, यह उनकी खास वीणा पर क्वणित (ध्वनित) होता रहता है।

छत्रपति शिवाजी ने स्वतंत्रता के लिए अपने से अधिक बलवान दिल्ली पति औरंगजेब से जीवन भर संग्राम किया, महाराणा प्रताप वन-पर्वतों में घास की रोटी खाकर स्वतंत्रता का दिव्यनाद जगाते रहे, महात्मा गांधी ने स्वतंत्रता के लिए अहिंसक क्रांति को जन्म दिया और भगत सिंह, राजगुरु, सुखदेव एवं चन्द्रशेखर आजाद भारत माता के सिर पर स्वतंत्रता का मुकुट लगाते हुए वीर गति को प्राप्त हो गए। इससे पूर्व युग में भगवान महावीर ने मूक पशुओं की हिंसा को रोककर निरीह पशुओं को प्राणों की स्वतंत्रता दी। ''जीओ और जीने दो'' कहकर उन्होंने सम्पूर्ण मानव जाति को आपस में असम्पीड़ित करते हुए रहकर स्वतंत्र जीवन की शिक्षा दी। आध्यात्मिक परम गुरु के रूप में उन्होंने मुक्ति मार्ग बताकर सर्वोत्तम स्वतंत्रता के पथ का मार्ग-दर्शन किया।

यह स्वतंत्रता जीवन को सवांरती है। उद्देश्यपूर्ण जीवन के लिए स्वतंत्रता सहायक है। स्वतंत्र जीवन विकास कर सकता है। जिन पुष्पों को तोड़कर पानी के पात्र में सजा दिया गया है वे अपने वृत्त (डंठल) पर खिले हुए उन्मुक्त पुष्पों की मुस्कान के समक्ष म्लान जैसे हैं। बलिदान के अध्याय स्वतंत्र होने की इच्छा रखने वालों पर लिखे गए हैं। जो अपने उद्देश्यों के लिए प्राण संकट नहीं झेल सकता, वह कभी स्वतंत्र नहीं हो सकता। स्वतंत्रता का दीप शहीदों के रक्त से जलता है। जब तक रक्तदान का अभियान चलता रहता है यह दीपक अखण्ड जलता रहता है। किन्तु जब स्त्रैण और प्राणभीरू लोग इस दीपक में कायरता का पानी देने लगते हैं, तब यह बुझ जाता है। स्वतंत्रता की ठिठुरन चिताओं की घोराग्नि से दूर होती है। स्वतंत्रता के प्रहरी अंगारों पर चलते हैं तथा कांटों पर सोते हैं। परतंत्रता के विषबीजों को चबाकर वे जीवन धारण करते हैं। उनका यौवन अंगारों से खेलता है और ठोकर से फौलाद को तोड़ देता है। स्वतंत्रता क्लीबों, कायरों और विलासियों से उसी प्रकार घृणा करती है जैसे कोई निरोग कुष्ठ रोगी के स्पर्श से। स्वतंत्रता सिंह वृत्ति है। गोमायु (शृंगाल) जिसकी पूंछ शेर को देखते ही भय से सिकुड़ जाती है, इस वीर धात्री, वीर प्रेयसी का वरण नहीं कर सकते।

हमारा भारतवर्ष आज स्वतंत्र है। अंग्रेजों का यूनियन जैक उतार दिया गया है और संसद भवन, लालकिला तथा राष्ट्रपति भवन पर भारतीय तिरंगा ध्वज लहराने लगा है।

प्रतिवर्ष 15 अगस्त को लालकिले पर तिरंगा फहराया जाता है, यह देखने लाखों लोग 'उत्सव-यात्रा' करते हैं और तिरंगा ही है, देखकर आश्वस्त होकर घर लौट आते हैं। लोकसभा और विधान सभाओं के निर्वाचन के समय देश भर में एक पंचवर्षीय ज्वार आता है जिसमें वोट और नोट आपस में विनिमय करते हैं और फिर पांच वर्षों के लिए जीप-गाड़ियों का धुआं गांवों की गलियों से विदा ले लेता है। उस समय भी ऐसा लगता है कि हमारा देश स्वतंत्र है। किन्तु आश्वासन देकर (कुर्सियां लेने वाले) फिर अदृश्य हो जाते हैं। राष्ट्र की स्वतंत्रता निर्वाचन और तिरंगे तक सीमाबद्ध हो गई। तो क्या लालकिला और संसद भवन को राष्ट्र कहना चाहिए। अंग्रेजों के बहिर्गमन को स्वराज मान लेना पर्याप्त है ? सड़कों पर कोलतार पोत देने से क्या स्वतंत्रता की प्रगति चमक उठेगी ? देश तो जड़ होता है, यदि विश्वास नहीं तो मानचित्र उठाकर देख लीजिए। कुछ पहाड़, कुछ नदियां और कुछ बड़े-छोटे गांव-नगर। क्या उन्हें स्वतंत्रता मिली है।

वस्तुतः स्वतंत्रता का सम्बन्ध राष्ट्रवासियों की स्वतंत्रता से है। राष्ट्र में निवास करने वाला अपने देश की भूमि से आत्मीय सम्बन्ध रखता हुआ कहता है—'माता भूमि पुत्रोहं पृथिव्या।'

यह पृथ्वी मेरी माता है, मैं पृथ्वी का पुत्र हूँ। तब पृथ्वी मिट्टी का प्रदेश न रहकर माँ बन जाती है, वन पर्वत तीर्थ भूमि और तपः स्थान, ऋषि-आश्रम बन जाते हैं। कैलास, सम्मेद-शिखर और गंगा-यमुना आत्मीय होकर केवल पर्वत और नदी मात्र नहीं रह जाते, उनसे एक सांस्कृतिक सम्बन्ध स्थापित हो जाता है, जिसके आधार पर देश और हम एक दूसरे के आत्मीय हो उठते है। राष्ट्रीयता का उद्गम इसी आधार पर होता है। इसी रहस्य को हृदयंगम कर कवि कह उठता है—'जननी जन्म भूमिश्च स्वर्गादीप गरीयसी।'

स्वतंत्रता की सीमा अपने उन आचरणों तक है जो पड़ोसी का स्पर्श नहीं करते हों। अर्थात् अपने साथ बैठे हुए के घुटने पर घुटना रखकर बैठते हुए वैसा करना अपनी स्वतंत्रता समझना भूल है। जहां तक दूसरे को बाधा न पहुँचे, वहां तक स्वतंत्रता है। अतएव दो व्यक्तियों में भी स्वतंत्रता पृथक्-पृथक् है। यदि धूम्रपान करने से (बीड़ी-सिगरेट पीने से) पास बैठे हुए दूसरे व्यक्ति को विरोध हो तो धूम्रपान न करना उचित है। इससे अधूम्रपायी की स्वतंत्रता की रक्षा होगी। जिसे धूम्रपान न करने को कहा गया है। वह भी उसकी स्वतंत्रता में योग देकर स्वतंत्रता का समादर करने वाला कहा जाएगा क्योंकि यदि वह निषेध करने पर भी सिगरेट का धुआं उस पर छोड़ेगा तो यह एक प्रकार का आक्रमण होगा और स्वतंत्रता की पहली शर्त अनाक्रमण है।

परस्पर में अनाक्रमण संधि ही व्यावहारिक स्वतंत्रता है। पूजाकर्म सब के अविरोध में होना चाहिए। पूजा का अर्थ देवार्चन और श्रेष्ठ कर्म है। स्वतंत्रता की पूजा भी दूसरों के अविरोध से की जानी चाहिए। स्वतंत्र होने से किसी को किसी पर लाठी चलाने का अधिकार नहीं मिल जाता। अपने आचरण को दूसरे के आचरण का विघात किए बिना पालन करना वास्तविक स्वतंत्रता है। इस प्रकार स्वतंत्रता का अर्थ है उत्तरदायित्व की ओर से सजगता। जो अपनी जिम्मेदारी नहीं समझता, उसे स्वतंत्र होने का कोई अधिकार नहीं। पशु भी जो सरल होते हैं, खुले घूमते हैं। परन्तु कांट खाने वाले कुते को खुला नहीं छोड़ा जाता। यही नियम मानव-समाज के लिए है।

स्वतंत्रता के कुछ निर्धारित नियम होते हैं। स्वतंत्र रहने की भावना रखने वाला प्रत्येक व्यक्ति अपना एक संविधान रखता है। वह सह-अस्तित्व का पालन कर अपने पड़ोसियों के प्रति सहिष्णु होता है। अतः स्वतंत्रता का अर्थ मर्यादा है, सहिष्णुता है, अविरोध भाव है। जो लोग असहिष्णु, अमर्यादित और आक्रामक हैं, उन्होंने स्वतंत्रता और स्वच्छन्दता को एक समान अर्थों में ग्रहण किया प्रतीत होता है। परन्तु स्वच्छन्दता तथा स्वतंत्रता में पाशविक और दैविक वृत्तियों जैसा अन्तर है। बालक स्वच्छन्द है, वह खिलौने तोड़ देता है, स्याही बिखेर देता है, गन्दगी फैलाता रहता है, अतः उस पर नियन्त्रण रखा जाता है। घर का अभिभावक स्वतंत्र है। इसलिए वह व्यवस्था को सम्भालता है। स्वच्छन्द होने पर हाथी विनाश करने लगता है। मनुष्य जब विध्वंसकारी कार्यों में प्रवृत्त होता है तो स्वतंत्र नहीं, स्वच्छन्द कहा जाता है। मैं स्वतंत्र हूं, इसलिए राष्ट्रपति भवन की खिड़कियों के कांच तोड़ने का अधिकार नहीं पा जाता। स्वतंत्रता स्वतंत्रता का समादर करती है और स्वच्छन्ता स्वतंत्रता का गला घोंटती है। आज राष्ट्र में जब-तब जो आन्दोलन, प्रर्दशन होते हैं, उनमें इसी दूषित स्वच्छन्दता के दर्शन होते हैं। मकानों को आग लगाना, दुकान लूटना, तार काट देना, रेल पथ उखाड़ना, विध्वंस करते चलना और अपनी उत्तेजित भीड़ को स्वतंत्रता के नाम पर खुलकर-खेलने देना, स्वाधीनता के कण्ठ पर कुठारापात करना है। हिंसा और विध्वंस स्वतंत्र मनोवृत्ति के परिचायक नहीं। स्वच्छन्दता में अनुशासन-हीनता है। और स्वतंत्रता ह्रदय से अनुशासन-रक्षनी होती है। स्वतंत्र व्यक्ति स्वाभिमानी तो होता है परन्तु दूरभिमान नहीं रखता। स्वच्छन्द व्यक्ति दूरभिमानी होता है। और स्वाभिमान रक्षा की उपेक्षा कर देता है। अपने अधिकार की रक्षा–यह स्वतंत्रता का अर्थ है। इसमें पराये अधिकारों पर चोट करना नहीं आता। जो पराये की रक्षा करता है, वह स्व की रक्षा कर लेता है। अतः स्वतंत्रता

का तात्पर्य उदारता है। स्वतंत्र व्यक्ति और राष्ट्र समष्टि और विश्व को समुन्नत बनाने में यत्नवान होते हैं। जो व्यक्ति गड्ढे से बाहर खड़ा है, वही गर्त में पड़े हुए को खींचकर बाहर कर सकता है। एक स्वतंत्र व्यक्ति परतंत्र के हृदय की वेदना को जान सकता है। स्वच्छन्द स्वयं भी विनाश मार्ग पर चलता है और दूसरों को भी घसीट ले जाता है। स्वतंत्र व्यक्ति किसी को परतंत्र बनाने की चेष्टा नहीं करता, क्योंकि परतंत्र दुःखों का वह स्वयं भुक्तभोगी होता है। परन्तु अनुभवहीन स्वच्छन्दता अनर्थों की ओर ले जाती है। अध्यात्मपरक विचारधारा में कहा जाये तो कहना होगा कि स्वतंत्र सिद्ध भगवान है जो सम्पूर्ण बन्धनों को काट कर उन्मुक्त हो गए हैं और स्वच्छन्द संसार के वे लोग हैं जो जान-बूझ कर कर्मबन्धनों को दृढ़ करते जा रहे हैं।

जो इन्द्रिय-विलासों पर धर्म का नियंत्रण नहीं मानते और आहार-विहार में एवं चारित्र मार्ग में उच्छृंखल होकर प्रवर्तमान हैं, वे स्वच्छन्द हैं क्योंकि स्वच्छन्द का यही अर्थ है। स्व (अपनी) छन्द (इच्छा) अर्थात् स्वेच्छाचारी। स्वेच्छाचारी कभी धर्मनिष्ठ नहीं हो सकता। जो कार्य अकार्य में शास्त्रप्रमाण से अनुवर्तन करेगा, वही मुक्त होकर स्वतंत्र होगा। स्वच्छन्द के लिए तो बन्धन रज्जुएं सदैव प्रस्तुत हैं। इस प्रकार स्वतंत्रता अपने महत्व की पूजा है, गौरव की अर्चा है और जीवन को प्रशस्त तथा समुन्नत बनाती है। जो अपनी जन्मभूमि को हार बैठते हैं, उन्हें जीने का कोई अधिकार नहीं। पृथ्वी स्वतंत्र व्यक्तियों द्वारा रोपे गए की कीर्तिस्तम्भों को तो झेल लेती है किन्तु परतन्त्र गुलामों के पैर के नख स्पर्श को भी सहन नहीं करती। स्वतंत्रता गुलाब के फूल के समान है जिसके साथ कांटे लगे रहते हैं। प्रत्येक अच्छी वस्तु की रक्षा के लिए शस्त्र रखना होता है। शस्त्र बल से रक्षित राष्ट्र ही शास्त्रचिन्ता (आगम वर्चा) कर सकता है। इस प्रकार स्वतंत्र राष्ट्र ही ज्ञान-विज्ञान की शोध में प्रवृत्ति कर सकते है। जिसकी नींव को चूहे खोखली कर रहे हों, उस दीवार पर आश्वस्त होकर कैसे बैठा जा सकता है? स्वतंत्रता की रक्षा सन्धि-पत्रों या विरोध-पत्रों से नहीं की जाती। उसके लिए प्रत्येक राष्ट्रवासी को शपथ लेनी होगी, रक्षा का दम्भ भरने वालों को रात-दिन जागते रहना होगा। जो राष्ट्र स्वतंत्रता को कागज पर लिखकर सो जाता है, उसकी आजादी का रात्रि के स्वप्न के समान प्रभात धो देता है–मिटा देता है। स्वतंत्रता केवल राजनैतिक ही नहीं होती, विचारों की स्वतंत्रता, आर्थिक स्वतंत्रता, औद्योगिक स्वतंत्रता, उत्पादन स्वतंत्रता इत्यादि अनेक अंग इसके होते हैं।

अभी तो हमारा देश औद्योगिक निर्भरता के लिए पराश्रित है, शिक्षा क्षेत्र में मानसिक दासता का शिकार है। अभी हमारी सीमाओं का चीर–हरण हो रहा है।

ऐसी स्थिति में मात्र राष्ट्रध्वज उठाकर, आनन्द–उल्लास मान कर कृत–कृत्य होने का समय नहीं है। जो अधूरी आजादी मिली है, उसकी रक्षा करते हुए पूर्णता की ओर बढ़ना है।

एक समय राणा प्रताप ने प्रण किया था कि जब तक सम्पूर्ण मेवाड़ का मुगल शासन से उद्धार नहीं कर लूंगा, थाली में भोजन नहीं करूंगा। शैय्या पर शयन नहीं करूंगा और उसे प्रतिज्ञा का पालन करते हुए उन्होंने प्राण त्याग किया। आज सीमाओं पर आक्रमण हो रहे हैं, अन्न की समस्या है, मंहगाई बढ़ रही है। परन्तु स्वतंत्र कहलाने में गर्व करने वाले भारतीयों में कितने हैं जिन्होंने देशहित की कोई प्रतिज्ञा ली हो। क्लब, सिनेमा, अधिक वस्त्र संचय, मिठाइयों की भरमार, मैदा बनाने वाली मिलें, श्रृंगार के नित्य नये प्रसाधन–किस वस्तु पर नियंत्रण लगाया है भारतीयों ने। हमारी दृष्टि हिमालय से उतर कर अपने पैरों पर आ गई है और अपनी पदप्रमाण भूमि (कुर्सी) को बनाए रखने के दांव खेलने वाले हिमालय को असहाय छोड़ने तक मानस संकल्प रखते हैं। यह स्वतंत्रता की रक्षा का मार्ग नहीं है। स्वतंत्रता का अर्थ है अपनी सभ्यता-संस्कृति के पालन में किसी बाधा का न होना। अहिंसा, सत्य, अचौर्य, अपरिग्रह, ब्रह्मचर्य इन महाव्रतों के पालन का प्रयत्न करते हुए राष्ट्र में फैले हुए भ्रष्टाचार को समूल नाश करना हमारा स्वधर्म होना चाहिए। ऐसा चरित्र यदि प्रत्येक व्यक्ति पालन करने लगे तो राष्ट्र समृद्ध और स्वतंत्र रहता है।

जैसे शरीर के हाथ, पैर, कान, नाक, इत्यादि अनेक अंग हैं। उसी प्रकार राष्ट्र शरीर के भी पंजाब, बंगाल, गुजरात, राजस्थान आदि अनेक अंग हैं। जिस प्रकार हम अपने सम्पूर्ण शरीर को समान प्रेम करते हैं, उसी प्रकार हमें अपने राष्ट्र देश की शरीर के सभी अंगों से प्रेम करना चाहिए। इससे एकत्व की भावना बढ़ती है और देश बलवान होता है।

जिस राष्ट्र में चरित्रवान, बुद्धिमान, बलवान और धनवान व्यक्ति होंगे वह सर्वोन्मुखी उन्नति करेगा। हमें अपने राष्ट्र की उन्नति में सहयोग देने के लिए परिश्रमी, विद्वान और नैतिकता के प्रति जागरणशील रहना चाहिए। जो व्यक्ति अपनी योग्यता के अनुसार ईमानदारी से कर्तव्य करता है, चाहे वह खेतों में अन्न बो रहा है या कारखाने में यन्त्र बना रहा है या सीमा पर खड़ा शत्रु को ललकार रहा है। अपने-अपने स्थान पर ये सभी छोटे-बड़े राष्ट्र की सेवा कर रहे हैं। कर्तव्यपालन कर रहे हैं।

जैसे पिता अपनी सन्तान पर विश्वास करता है और जैसे पुत्र अपने पिता के प्रति विश्वासी होने की शपथ नहीं लेकर भी अत्यन्त विश्वसनीय समझा जाता

है, उसी प्रकार हमें इस देश के प्रति सदैव विश्वास करने योग्य अपने आपको प्रमाणित करना चाहिए जिसकी धूली में हमारा जीवन खड़ा मुस्कुरा रहा है।

सूर्य समय पर उगता है और अन्धकार मिटाकर प्रकाश देता है। चन्द्रमा भी रात्रि में आकर दिन-भर के थके-हारे प्राणों को शीतल छाया देता है। फूल छोटा-सा है, किन्तु अपने विकास के समय पर अपनी जगह खड़ा खिल उठता है और आस-पड़ोस को सुगंधी देता है। इन्हें कर्तव्यों के पाठ पढ़ाने नहीं होते हैं उसी प्रकार हमें जो योग्यता मिली है, उसका पूरा उपयोग राष्ट्र के लिए करें। किसी के कहने की अपेक्षा किए बिना ही कार्य में लगे रहना कर्तव्य पालन है। डन्डे से तो पशुओं को हांका जाता है। मनुष्य को हांकने के लिए तो उसी का अपना विवेक है।

अकर्मण्य व्यक्तियों से राष्ट्र कमजोर पड़ता है। अतः काम करो, स्वयं सेवक बनो, गली-मुहल्लों की सफाई करो, धर्म-चर्चा करो, देवं-मन्दिरों में जाकर पवित्रता के पाठ पढ़ो, उदार बनो, संकीर्ण भावनाओं को छोड़ों। शीलवान धैर्यवान, बलवान बनो। संयम, शिष्टाचार का पालन करो। चौबीस घण्टे में कुछ समय उपासना में, देश-रक्षा के कार्यों में, अनाथों-दुखियों की सेवा में भी लगाओ।

उपदेश की समाप्ति पर प्रेमचन्द जी ने धन्यवाद ज्ञापन किया। विद्यानन्द मुनि जी की जय से मंडप गूँज उठा।

वहाँ पर उपस्थित मिलने-जुलने वालों से मुलाकात करने के बाद हम जब जा रहे थे तो एक पुरुष, महिला व तेरह-चौदह वर्ष का लड़का हमारे साथ-साथ चल रहे थे। श्री विमल जी रास्ते में बोले—"ऐसे महान मुनियों के उपदेशों की देश को हर समय बहुत जरूरत है और उनके आग्रह से उनके उपदेशों में हरिजनों का उपस्थित होना एवं उनके बैठने के लिए बाकायदा जगह बनवाना, कितने महत्व की बात है। यह श्री महावीर भगवान का अनुकरण है। श्री महावीर भगवान के समोशरण में उपस्थित होने के लिए किसी प्राणी अथवा मनुष्य के लिए कोई बन्दिश नहीं थी। उनके उपदेशों का सब पर इतना ज्यादा प्रभाव पड़ता था कि शेर और बकरी एक घाट पर पानी पीते थे।"

हमारे साथ-साथ चल रहा पुरुष बोला कि "बाबूजी हम हरिजन हैं। आप के साधु जी हमारा बहुत ध्यान करते हैं। हम उनका उपदेश सुनकर आ रहे हैं। बाबू जी हम भी महावीर भगवान की याद में दिवाली के दिन दिये जलाकर रोशनी करते हैं। विमल जी ने कहा—"ठीक बात है, श्री भगवान महावीर सबके भगवान हैं।" उसी समय उनका परिचित कोई आदमी उन्हें मिल गया और वे उससे बातें करने लगे। हम आगे बढ़ गए।

दो-चार कदम चलने के बाद विमल जी ने कहा कि "तुम विद्यानन्द मुनि का उपदेश बहुत ध्यान से सुन रही थी। मैंने कहा कि, "हाँ–देश घटना कार्यों पर आधारित जैसे उनका उपदेश आगे बढ़ता जाता था, उसी प्रकार मेरे विचार भी उसी आधार पर आगे बढ़ते रहते थे। कभी-कभी आवाज़ में परिणत हो जाते थे।

परम पूज्य विद्यानन्द जी का उपदेश पर्वतों से भी ऊंचा आसमान को छूने वाला है। हृदय में खुशहाली के बीज आरोपित करने वाला, हम देशवासियों के लिए सुख शान्ति का रास्ता दिखलाने वाला तथा आजादी के दीवानों का सम्मान बढ़ाने वाला है। जो उनके बलिदानों के उद्देश्यों के प्रति हमें नतमस्तक करता है। हमें देश और समाज में उत्पन्न हुई समस्याओं को हल करने के लिए कृत–संकल्प होना चाहिए। तभी हम उनके प्रति सच्ची श्रद्धांजलि अर्पित कर सकते हैं।

महान श्री विद्यानन्द मुनि जी के गुणों की प्राप्ति के लिए मैं नत् मस्तक हूँ उन्हें बारम्बार नमस्कार करती हूँ।

नमस्कार करते हुए ऐसा लगता है कि यह उपदेश दुश्मन के हृदय को भी पवित्र कर देने वाला रास्ता है।

'जागृति' पिक्चर में राणा प्रताप सिंह, वीर शिवाजी की वीरता पर प्रकाश डालते हुए दर्शाता गया है–

आओ बच्चों, तुम्हें दिखाये झांकी हिन्दुस्तान की
इस मिट्टी से तिलक करो, ये धरती है बलिदान की
बन्दे मातरम्–बन्दे मातरम्–

ये है अपना राजपुताना नाज इसे तलवारों पै
जिसने सारा जीवन कांटा बरछी तीर कटारों पै
ये प्रताप का वतन पला है आजादी के नारों पै
कूद पड़ी थी यहां हजारों पद्मनियां अंगारों पै
यहां लगा दी बहनों ने भी बाजी अपनी जान की
आओ बच्चों तुम्हें दिखायें झांकी हिन्दुस्तान की
इस मिट्टी से तिलक करो यह धरती है बलिदान की
बन्दे मातरम्–बन्दे मातरम्–

ये है मुल्क मराठों का यहां शिवाजी दौड़ा था
मुगलों की ताकत को, जिसने तलवारों पै तोला था

हर पर्वत पर आग लगी थी, हर पर्वत एक शोला था
बोली हर–हर महादेव की बच्चा–बच्चा बोला था
गुंज रही थी कण–कण में कुर्बानी राजस्थान की
इस मिट्टी से तिलक करो, ये धरती है बलिदान की,
बन्दे मातरम्–बन्दे मातरम्–

वीर शिवाजी ने रखी थी लाज हमारे शान की
इस मिट्टी से तिलक करो यह धरती है बलिदान की
आओ बच्चों तुम्हें दिखायें झांकी हिन्दुस्तान की
इस मिट्टी से तिलक करो यह धरती है बलिदान की
बन्दे मातरम्–बन्दे मातरम्–

विमल जी ने कहा कि "तुम्हारी भावनाओं में जागृति पिक्चर के गाने का इतिहास उजागर होता रहा और उनके उपदेश को सम्मान मिलता रहा।"

"जब कभी भी इतिहास सामने आता है, वह दृश्य चलचित्र बनकर आंखों के सामने खिच जाता है। अनेक बहनों की मांग के सिन्दूर पुछ गए थे– अनगिनत माओं की गोद सूनी हो गई थी। ह्रदय कांप जाता है, सूखी आंखें जल से भीग जाती हैं।" इस प्रकार रास्ता तय करते हुए हम घर पहुँच गए।

मोर्चा की समाप्ति का परिणाम

सन् 1942 में दूसरा विश्व युद्ध चल रहा था और सम्प्रदायिक दंगे बहुत जोरों से जगह-जगह फैले हुए थे जिनकी लहर से मुजफ्फरनगर भी अछूता नहीं थी। गली-मुहल्लों में निकलना खतरे से खाली नहीं था। दोनों ओर हिन्दू-मुस्लिम मोर्चे लग गए थे। मेरे बड़े भाई श्री मिट्ठन लाल जैन मुजफ्फरनगर में वकालत करते थे, वह भी मोर्चे में शामिल थे। लेकिन उन्होंने कहा कि "मैं जाकर मुसलमानों से बात करता हूँ।" सुनकर सब घबराये और कहा कि "हम आपको अकेले नहीं जाने देंगे। हम साथ चलेंगे।" मगर भाई जी ने किसी को भी साथ ले जाने से इंकार किया और बिना कुछ हाथ में लिए अकेले ही मोर्चे पर मिलने के लिए चल दिए।

भाई जी को दूर से देखते ही सब मुसलमानों ने हाथ के हथियार डाल दिए और आगे बढ़ते हुए भाई जी का अदब से स्वागत करते हुए कहा कि "वकील साहब आपको आने की तकलीफ उठानी पड़ी। हम आना चाह रहे थे, मगर भय के कारण नहीं आए। गले मिले और परस्पर दोस्ती हो गई। लगे मौर्चे समाप्त हो गए। स्वागत करने वालों में एक आदमी यह भी था, जिसे भाई जी ने जेल

से मुक्त कराया था। बात यह थी कि उस आदमी पर एक महिला ने अदालत में जबर्दस्ती हमला करने का इल्जाम लगाकर उसको फंसाया था। भाई जी ने अदालत में जिरह करते हुए महिला से पूछा था कि "जिस समय अभियुक्त ने तुम्हारे ऊपर जबर्दस्त अनुचित हमला किया, उस समय तुम्हारे हाथ कहां थे। महिला ने उत्तर दिया "कमर पर" जिरह समाप्त हो गई अदालत ने मर्जी का मामला बतला कर अभियुक्त को जेल से रिहा कर दिया था।

भाई जी ने घर पहुंचा कर कहा कि "खुशियां मनाओ, दोनों और से मोर्चे समाप्त हो गए। मैं मोर्चे पर मुसलमानों से मिलने गया था। भाभी जी ने आश्चर्य से कहा–"आप को डर नहीं लगा।" भाई जी ने मुस्कराते हुए कहा कि "पता है मैं किसका भाई हूं। मैं रूपवती का ही भाई नहीं विमल प्रसाद मेरे बहनोई हैं और मैं राजाराम का भी भाई हूं। श्री चन्द्रशेखर आजाद की जिस समय नाटबाबर आदि से इलाहाबाद एल्फ्रेड पार्क में गोलियों से मुकाबला हो रहा था, राजाराम के मयोर कॉलेज के कम्पाउंड से यह मुठभेड़ होती देखकर उसमें जोश भर गया था। यदि उसके पास कोई रिवाल्वर होता तो वह गोली चलाकर आजाद की रक्षा करता। वह अच्छा निशानेबाज था। मैं मिठाई लाया हूँ, खुशी में मुंह मीठा करो"।

यह बात मैंने विमल जी को बतायी थी तो उन्होंने कहा था कि भाई साहब वकालत करने में तजुरबेकार हैं। गरीबों से बिना फीस लिए अदालत में उनका मुकदमा लड़ते हैं। यह उनकी उसी महानता का परिगाम है।

टीचर की परीक्षा

मेरे भाई साहब त्रिलोकचंद जैन मेरठ सदर में सी. ए. बी. हाई स्कूल में साईंस मास्टर थे। उनकी बेटी शशिकान्ता रघुनाथ स्कूल में आठवीं कक्षा में पढ़ती थी। एक दिन प्रातःकाल अचानक आवाज आई "मास्टर जी"। भाई जी दरवाजे पर गए तो देखा रघुनाथ स्कूल का चपरासी पर्चा लाया है। चपरासी पर्चा देकर चला गया। भाई जी ने पर्चे में

श्री त्रिलोकचन्द जैन अपनी पत्नी अगूंरमाला के साथ

पढ़ा कि ''शशिकान्ता हिसाब में बहुत कमजोर है।'' भाई जी को आश्चर्य हुआ और भाभी को बतला कर भाई जी स्कूल पहुँचे। क्लास टीचर से मिल कर भाई जी ने शशि को सवाल बोले एवं टीचर से भी कहा कि ''आप भी सवाल लिखिए। शशि ने दोनों सवाल ठीक किए परन्तु टीचर ने एक सवाल ठीक किया दूसरा गलत किया। भाई जी ने टीचर से कहा कि आप शशि को सवाल बोलो। टीचर के बोले सवाल शशि ने ठीक किए। टीचर झेप गई थी। शशि घर आई, वह खुश थी।

(इस बात पर मुझे विमल जी की सुनाई बात का स्मरण हो आया कि ''लोग विद्यार्थियों की अनुशासनहीनता का बहुत जिक्र करते रहते हैं। मगर कोई यह नहीं सोचता कि उनको अनुशासन में रखने वाले अध्यापकों का उनके प्रति क्या रवैया है।) भाई जी ट्यूशन भी करते थे परन्तु गरीब घराने के बच्चों को मुफ्त पढ़ाते थे। यह बात नहीं थी कि उन बच्चों को पढ़ाने में बेपरवाही की जाए। एक बार भाई जी ने बच्चे की मां के पास पर्चा लिख कर भेजा था कि ''बच्चा पढ़ने के लिए प्रतिदिन आना चाहिए। मैं बदनाम नहीं होना चाहता कि मैंने बच्चे को ठीक नहीं पढ़ाया।''

भाई जी मुसलमान मोहल्ले में रहते थे। लेकिन साम्प्रदायिक दंगे-फसाद में सब मुसलमान कहते थे कि ''मास्टर जी आप को डरने की कोई बात नहीं है, आप खुले दरवाजे सोओ।'' उनका केवल कहना ही नहीं था, ऐसा अवसर भी आया कि उन्होंने मुझे और मेरी बड़ी बहन रूपकली को गुण्डों से बचाया था और हमें घर तक पहुँचाया था। मोहल्ले में भाई जी किसी गरीब को भूखा नहीं देख सकते थे। पहले राशन उनके घर पहुंचाते थे, बाद में अपने घर लाते थे। आज भी जब कभी मेरी मुलाकात उनसे हो जाती है तो भाई जी की प्रशंसा करते हुए कहते हैं कि–''हम टी. सी. जैन को कभी नहीं भूलेंगे। आज हम जो बने हैं बहन जी, सब टी. सी. जैन की ही देन है।''

मेरी माँ बीमार थी तो मुस्लिम महिला, पुरुष और बच्चे उनसे मिलने आए। भाभी ने आदरपूर्वक उनको बैठाया और बतलाया मांजी को होश नहीं है। वे बोलती नहीं है। उन्होंने कहा कि ''बहन जी, हम तो उनके दर्शन करने अथवा उनका आशीर्वाद लेने आए हैं।'' भाभी ने मां को बतलाया कि–''ये सब आपसे मिलने आए हैं। सबने जमीन में माथा टेककर मां को सलाम किया। मां बोल नहीं सकी किंतु मां ने हाथ ऊपर उठा दिया था, यही उनका सबको आशीर्वाद देना था। जमीन में माथा टेकते हुए सब ऐसे प्रतीत हो रहे थे जैसे मस्जिद में

नमाज पढ़ रहे हों। भाभी ने उन्हें जलपान कराना चाहा तो उन्होंने कहा कि "इस समय हम कुछ नहीं लेंगे। हमारी तो यह तीर्थ-यात्रा है।"

छात्र और अध्यापक

एक दफा का जिक्र है कि भाभी अंगूर माला जैन बेटी शशि के पास कानपुर से मेरठ आ रही थी ? उनके दामाद सुशीलचन्द जैन इंजीनियर उनको ट्रेन में बैठाने स्टेशन आए थे, वे सीट आदि की व्यवस्था ठीक से कर भी नहीं पाए कि ट्रेन सीटी देकर समय से पहले ही चल दी। उस डिब्बे में कुछ विद्यार्थी भी सफर कर रहे थे और वे सीट पर फैले हुए बैठे थे। भाभी ने विद्यार्थियों से बैठने के लिए जगह मांगी। लेकिन उन्होंने बेपरवाही से उत्तर दिया–"हमारे पास कोई जगह-वगह नहीं।" भाभी खड़ी रही लेकिन कुछ दूरी पर एक पंजाबी सज्जन भीड़ में बैठे थे। उन्होंने भाभी से पूछा कि "बहन जी आप कहां जाओगी?" "भैया मुझे मेरठ जाना है' "मैं भी मेरठ जा रहा हूँ। आप किस स्थान पर जाओगी। मैं आपको पहुंचा दूंगा।" "नहीं भैया स्टेशन पर मुझे लेने टी. सी. जैन आएंगे, कोई चिन्ता की बात नहीं है।" भाभी का इतना कहना था कि विद्यार्थियों ने घबराई आवाज में कहा कि "आप तो हमारी मां हो। हमसे बड़ी भूल हो गई। हमें क्षमा करो।" कहने के बाद उन्होंने भाभी के पैर छुए और बैठने के लिए जगह दी। तमाम रास्ते भाभी की आव-भगत करने में लगे रहे।

गाड़ी तेज रफ्तार पकड़ चुकी थी। स्टेशन आया। ट्रेन रूकी एक आदमी ट्रेन में चढ़ा। किन्तु वह गेट के पास ही लुढ़क गया। मुश्किल से उसने अपने को सम्भाला। भाभी गेट के पास सीट पर बैठी थी। आदमी की धीरे से निकली आवाज कि "मैं भूखा हूँ।" भाभी ने सुनी। भाभी के पास खाना नहीं था। भाभी के कहने पर कि "कोई इसे खाना दो।" खाना उसे "सज्जन ने खिलाया। खाना खाकर उसमें कुछ जान आई। उसने भाभी से कहा कि–"बहन जी मैं भिखारी नहीं हूं।" नौकरी की तलाश में आया था। नौकरी नहीं मिली, जो पास में था सब खर्च हो गया। मैं बेटे के पास जा रहा हूं।" इंजन में खराबी हो जाने से ट्रेन एक घन्टा लेट हो गई। सब के टिकट चैक करते हुए टिकट चैकर आदमी के पास पहुँचा। टिकट न मिलने पर उसे ट्रेन से नीचे उतर जाने के लिए कहा। किन्तु, भाभी ने ट्रेन में मुसाफिरों से चन्दा इकट्ठा करके आदमी के टिकट का प्रबन्ध किया। चन्दा भाभी ने भी दिया था। आदमी नत मस्तक हो गया था। ट्रेन लेट हो जाने से विद्यार्थी मटरमस्ती पर चले गए थे। वे लोट आए ट्रेन चल दी। मेरठ का स्टेशन आया। विद्यार्थियों ने टी. सी. जैन को नमस्ते की और सामान

उतरवाने में मदद की। जब दोनों रिक्शा में बैठ गए, दोनों को नमस्ते करते हुए वे अपने रास्ते चले गए। भाई जी ने भाभी से कहा कि "इन लड़कों का साथ मिलने पर तुम्हें सफर में कोई परेशानी नहीं हुई होगी। "भाभी बोली" हाँ, सफर अच्छा रहा। किन्तु भाभी ने सफर की सब बातें भाई जी को बता दी थी।

शाम को सब विद्यार्थी मास्टर जी से मिलने आए और चरण छूकर माफी मांगी। किन्तु उनका चेहरा दुःखित देखकर उन्होंने कहा कि–"मास्टर जी आप दुःखित क्यों हो, अपराधी तो हम हैं। हमें आप जो चाहे सजा दे। कहने बाद वे कान पकड़कर खड़े हो गए। भाई जी ने उन्हें बैठ जाने के लिए कहा और कुछ क्षण खामोश रहे और पुनः कहा कि "मुझे यह दुःख नहीं कि तुमने इनके साथ ऐसा व्यवहार किया। दुःख की बात तो यह है कि तुम मेरी कक्षा के विद्यार्थी, ऐसा अपराध करो। मास्टर का विद्यार्थियों के साथ परस्पर बाप-बेटों जैसा सम्बन्ध होता है। यदि अपना बच्चा इस प्रकार के अपराध करे तो सुनकर मां-बाप को जो दुःख होता है, वहीं मुझे हुआ। मेरा आदर-सम्मान तुम तभी कर सकोगे, जब तुम प्रतिज्ञा करो कि ऐसा व्यवहार किसी के साथ नहीं करोगे। उन्होंने प्रतीज्ञा की कि आज से ऐसे अपराधी हम कभी नहीं बनेंगे। भाई जी ने कुछ क्षण रूक कर उनसे पूछा--"तुमने अपनी पुस्तक में अपना-पराया शीर्षक की कहानी पढ़ी।"

"हाँ मास्टर जी" ! "उससे तुम्हें क्या शिक्षा मिली।" "मास्टर जी आज हम उसी शीर्षक के अपराधी हैं।" भाई जी ने उन्हें क्षमा करते हुए कहा कि मुझे इस बात की खुशी है कि "तुमने अपना किया अपराध स्वयं समझा।"

ये घटी घटनाएँ मैने श्री विमल जी को बतलाई थी। उन्होंने कहा था कि– "त्रिलोकचन्द्र जी का सादा रहन-सहन त्याग एवं उनकी भावनाओं को मैं सदा आदर-सत्कार की दृष्टि से देखता रहा हूं। संसार की आपदाओं को रोकने वाला तथा उनसे अपने को बचाने एवं देश और समाज को ऊँचा उठाकर विकसित करने वाला उनका यह रास्ता है। इस मार्ग पर सबको चलना चाहिए। राजा हो या रंक सभी प्राणी अन्तःकरण से परस्पर कल्याण की भावना रखें। मोहल्ले में भाई साहब और वहां के वासिंदों में परस्पर एकता तथा भाईचारे का व्यवहार है और भाभी जी उनकी भावनाओं में सहायक रहती हैं। न्याय की प्रतिष्ठा पूरा-पूरा समाज करता है और अगर नहीं करता तो उसका नतीजा भोगता है।

भाई साहब की भावना समाज को रास्ता दिखाने वाली श्रेष्ठ भावना है। हम सबको यह रास्ता अपनाना चाहिए। यदि इन बातों पर ध्यान दिया जाए तो ये बहुत महत्व और उपयोगी बातें हैं। मनुष्य जन्म से नहीं, कर्म से महान बनता है।

भूल और दोस्ताना

बात सन् 1940 की है। दूसरा विश्व युद्ध चल रहा था और चारों तरफ हिन्दू-मुस्लिम दंगे हो रहे थे। हम मेरठ सदर ढोलकी मुहल्ले में रहते थे। गांव से विमल जी की भाभी बच्चे आए हुए थे। होली का मौसम था, बड़े भाई साहब की लड़की शैला के पास होली के उपलक्ष में कुछ उपहार भेजना था। मैं और भाभी रसोईघर में मिठाई, मठरी आदि सामान बना रहे थे, बच्चे खेल में मग्न थे, किन्तु शिशिर के रोने की आवाज सुनी तो मैं तुरंत उसके पास आई और देखा कि जाल पर गिर जाने से उसके हाथ की कलाई की हड्डी टूट गई। यह सूचना भाभी को देकर, मैंने बरांडे से देखा कि सड़क पर एक आदमी रिक्शा लिए खड़ा है। मैंने उसे आवाज दी और उसे रूके रहने के लिए कहा और भाभी को सूचना दी कि मैं डॉ. भोपाल के यहां जा रही हूं। लेकिन जब मैंने रिक्शा वाले से डॉक्टर के यहां चलने के लिए कहा तो वह बोला–"बहन जी आप को मालूम नहीं तीन दिन से कर्फ्यू लगा हुआ है?" मैंने बताया "बच्चे के हाथ की हड्डी टूट गई है इसलिए भैया कर्फ्यू में जाने की मजबूरी है। चलते हैं यदि रास्ता नहीं मिला तो लौट आएंगे। कोई जुर्माना भरने की बात हुई तो मैं सम्भालूंगी। वह चलने को राजी हो गया। किन्तु रास्ते में वह बोला–"बहन जी घबराना नहीं मैं मुसलमान हूं।" सुनकर मेरा ध्यान उस ओर गया कि रिक्शा पर दोहरा हमला हो सकता है। लेकिन मैंने उसकी बात का तुरंत उत्तर दिया, "नहीं भैया मुझे तुम्हारी रिक्शा में बैठकर कोई घबराहट नहीं।" कहा ही था कि एक पुलिस मैन ने आगे बढ़ कर रिक्शा रोकी तो मैंने शिशिर का हाथ दिखाते हुए डॉक्टर के यहां जाने की मजबूरी बताई तो उसने जाने दिया। किन्तु कुछ दूर चलने पर फिर पुलिसमैन द्वारा रिक्शा रोकी गयी परन्तु हाथ की मजबूरी पर वहां से भी छुटकारा मिल गया और डॉक्टर के यहां पहुंच गए।

डॉक्टर साहब ने शिशिर के हाथ की यथा योग्य खरपचियां लगाकर पट्टी की। फिर उन्होंने मुझ से सवाल किया कि "कर्फ्यू के अन्दर पुलिस ने तुम्हें आने दिया।" मैंने रास्ते की सब बातें बताते हुए कहा कि मैं रिक्शा से आई हूं। वह बाहर खड़ी है। उसी से वापस जाना है। डॉक्टर साहब ने रिक्शा पर नजर डालते हुए कहा कि "रिक्शा मुसलमान की है।" मैंने बताया कि "आदमी विश्वासपात्र जान पड़ता है। आप चिन्ता न करें, मैं चली जाऊँगी।" डॉक्टर साहब ने विमल जी के लिए पूछा तो मैंने बताया कि वे दिल्ली गये हुए हैं। डॉक्टर साहब ने रिक्शा का नम्बर नोट किया और फीस नहीं ली।

लौटते समय मार्ग में पुलिसमैन मिले। परन्तु किसी ने कोई रोक-टोक नहीं की। मैं आराम से घर पहुंच गई। रिक्शा वाले को पैसे देकर मैंने उसे ठहर जाने

के लिए कहा और शीघ्रता से शिशिर को तकिये के सहारे बिठा कर कुछ खाने का सामान एवं उसके लिए कुरता जब मैंने रिक्शा वाले को दिया तो उसने आंखों में पानी लाकर रूंधे गले से कहा "बहन जी, कर्फ्यू के कारण मेरे बच्चे दो दिन से घर में भूखे बैठे हैं। न मैं रिक्शा चला सका, न उनका पेट भर सका। सुनकर मैंने कहा–"हाँ, भैया, ठीक कहते हो, जुल्म कोई करता है, पिसता कोई और है।"

यहां यह उल्लेख कर देना भी जरूरी है कि डॉक्टर भोपाल जी विमल जी की भाभी को देखने हमारे घर भी आए थे। विमल जी ने फीस देने के लिए बहुत जोर डाला था। परन्तु उन्होंने फीस कभी नहीं ली। उस भूल को एक दोस्ताने के रूप में अपने को हमेशा पेश करते रहे ।

साम्प्रदायिकता की लपटें

साम्प्रदायिक दंगें चल रहे थे। रात के समय हम चम्पालाल जी के यहाँ गए। दरियागंज में उनका मकान पास ही था। हमारे पहुंचते ही सबजी जीजी ने हंगामा मचाया कि घटा मस्जिद से मुसलमान मकान पर चढ़ आए हैं। मकान में किराएदार भी रहते थे। सब ने लाठियाँ सम्भाल ली–क्या स्त्री, क्या पुरुष ! विमल जी ने सब बच्चों को कमरे में बन्द करके ताला लगा दिया था। जिस महिला की गोद में बच्चा था, वह बच्चों के पास थी।

चम्पालाल जी के हाथ में लाठी काँपती देखकर विमल जी ने कहा कि भाई साहब लाठी ठीक से सम्भालों और मुसलमानों को विनयपूर्वक कहा कि भाइयों हमारा किसी प्राणी मात्र से कोई बैर नहीं है। विमल जी आगे कुछ कह भी नहीं पाए थे कि बीच में ही तीन-चार ईंट मुसलमानों की ओर से चौंक में फैंकी गयी। विमल जी के इशारे पर सबने एक साथ लाठियों का धमाका जमीन पर किया तो मकान दहल गया। दूसरी तरफ से कोई हमले की बात नहीं हुई।

यह हंगामा आधा-पौने घंटे तक रहा। उनके भाग जाने की आवाज सुनाई दी। ताला खोलकर बच्चों को निकाला गया। कुछ देर इस विषय में चर्चा रही। जब हम घर वापस आए तो रामसिंह जी और सावित्री जी ने कहा–"हंगामा सुनकर हम तुम्हारे घर गए थे, वहाँ जीने में ताला लगा देखा।" (रामसिंह जी का मकान मेन गेट पर था।)

विमल जी ने हंगामे के विषय में सब बताया।

साम्प्रदायिक दंगें दिन पर दिन बढ़ते ही जा रहे थे। मेरे बड़े भाई साहब मिठ्टन लाल जी वकील का लड़का सुरेश चन्द जैन इंजीनियर पहाड़गंज

(दिल्ली) में रहता था। पहाड़गंज मुसलमानों का इलाका था। कर्फ्यू खुलने के बाद विमल जी ने उसको वहाँ से लाने के लिए लाला मक्खनलाल ठेकेदार से कार मांगी और एक बन्दूकधारी पुलिसमैन साथ लिया। मक्खनलाल जी का बड़ा लड़का मोतीलाल खुद कार चलाकर ले गया था। सुरेश के पास पहुँचे तो उसने कहा "फूफा जी, मैं यहाँ बहुत सुरक्षित हूं। यहां के सब मुसलमान मेरे समर्थक हैं। यदि कोई बात हुई तो मैं स्वयं ही आपके पास पहुँच जाऊँगा। आप कोई चिन्ता न करे।" विमल जी लौट आए।

तीन-चार दिन बाद दिन छिपे के करीब विमल जी ने सूचना दी कि "दस हजार मुसलमान दरियागंज पर हमला करने आ रहे हैं और घरों में आग लगाएंगे, पानी भरकर रख लेना। यह बात मुझे एक आदमी ने बताई है। मैंने ड्रम आदि छतों पर कुटी मिर्चें और ईंटें इकट्ठी करके रख ली। सावित्री जी, मक्खनलाल जी के यहाँ से औरतें आदि सब हमारे यहाँ आ गयी। विमल जी ने शम्भू और कंवर सैन नाई से पूछा–"तुमने बीबी बच्चों का क्या इन्तजाम किया है?" उन्होंने कहा–'बाबूजी हमने उन्हें कोठे में बन्द करके ताला लगा दिया है।" विमल जी ने कहा–"उन्हें हमारे यहाँ भेज दो, घरों में आग लगाई जाएगी। पानी भरकर रख लो।" सब हमारे यहाँ आ गए। मैंने कहा "दूध रखा है जिस बच्चे को दूध पिलाना हो, पिला लेना।"

नाइयों का घर हमारे दरवाजे के सामने ही था। हमारा मकान गली में पीछे की ओर होने के कारण सुरक्षित समझा गया था। छत का दरवाजा खोलकर दोनों घर एक हो गए थे। हमलावारों का अन्दर घुसने का जो रास्ता था, उन्हीं नुक्कड़ के घरों पर मोर्चा लगाया गया था। जब विमल जी, रामसिंह जी आदि कैलाशचन्द के घर मोर्चे पर जाने लगे तो इन्दु और शिशिर ने घबराकर कहा कि "पिता जी हम भी आप के साथ चलेंगे।" तो विमल जी ने दोनों के सिर पर साड़ी बाँध कर व हाथ में डंडा देकर समझाया कि तुम बहादुर हो, घर पर पहरा दो। फिर सब मोर्चे पर चले गए।

सावित्री जी ऊपर छत पर बच्चों के साथ गई तो हर-हर महादेव का नारा सुनकर घबरा गयी और जीना बन्द करके नीचे आकर घबराई आवाज़ में कहा कि "हमला हो गया।" उस समय महिलाएं भजन पढ़कर भगवान से प्रार्थना कर रहीं थी। बच्चों ने रात के एक बजे तक घूम-घूम कर पहरा दिया और मैंने उनसे कहा कि तुम थक गए होंगे, थोड़ी देर आराम कर लो। वे खाट पर बैठे तो बैठे-बैठे ही सो गए। हमले की प्रतीक्षा में सुबह हो गई। विमल जी आ गए सब अपने-अपने घर चले गए। यह संदेह बराबर रहा था कि हमला कभी भी हो सकता है। लेकिन अगले दिन विमल जी ने बतलाया कि उस आदमी ने झूठी अफवाह उड़ाई थी।

श्री राम सिंह

ग्वालियर का युद्ध

झांसी की रानी लक्ष्मीबाई का स्वभाव था कि वे जहां जाती थी, उसके चौगिर्द का बारीकी के साथ निरीक्षण करती थी। इस निरीक्षण में उनको युद्ध के लिए मोर्चे बनाने में बड़ी सुविधा होती थी। उनकी रणनीति में इस क्रिया का विशेष स्थान था। उन्होंने देखा कि ग्वालियर का किला और पश्चिम-दक्षिण की पहाड़ियां ग्वालियर की बस्ती और लश्कर के नगर की अच्छी रक्षा कर सकती है। पूरब की ओर पहाड़ियों का सिलसिला लश्कर से लगभग दो मील पड़ता था–यह भी रक्षा का साधन हो सकता था।

इस निरीक्षण में उनको एक बाबा गंगादास का पता चला। इनकी कुटी सोन रेखा नाले से उत्तर की ओर कुछ दूरी पर हट कर थी–किले के दक्षिणी छोर से पूरब की दिशा में।

संध्या होने में देर थी। लू तेज चल रही थी। रानी मुन्दर के साथ स्त्री-वेश में गंगादास की कुटी पर पहुंची। घोड़े पेड़ से बांध दिए गए। बाबा के सामने पहुंच कर नमस्कार किया।

रानी ने कहा "मैं आपसे कुछ पूछने आई हूं, मेरा मन अशान्त है। आप से शान्ति मिलने की आशा है।"

बाबा बोले – "मैं राम भजन के सिवाय कुछ जानता ही नहीं हूं"।

रानी – "आप ब्राह्मण भोज में गए"।

बाबा – "नहीं गया, यहीं बहुत खाने को मिल जाता है।"

रानी – "इसीलिए आप के पास आई। आप टाल नहीं सकेंगे। बतलाना होगा आपने अकेले अपने मन को शान्त कर लिया तो क्या हुआ ? हम लोगों को भी शान्ति दीजिए।"

बाबा बोले – "पूछो बेटी यदि समझ में आ गया तो बतला दूंगा"।

रानी ने कहा – "यहां थोड़े दिनों में युद्ध होने वाला है। आपकी कुटी का स्थान रक्षित नहीं है। किसी सुरक्षित स्थान में न चले जाइये"।

बाबा – "सुरक्षित है, बात पूछो"।

रानी – "इस देश को स्वराज्य कैसे प्राप्त होगा" ?

बाबा – "इस प्रश्न का उत्तर तो राजा लोग दे सकते हैं"।

रानी – "नहीं दे सकते, तभी आप से पूछने आई हूं"।

बाबा – "जैसे प्राप्त होता आया है, वैसे ही होगा"।

रानी – "वैसे बाबा जी"।

बाबा – "सेवा, तपस्या, बलिदान से।

रानी – "हम लोग कैसे स्वराज्य स्थापित कर पावेंगे"।

बाबा – "गड्ढे कैसे भरे जाते हैं ? नींव कैसे पूरी जाती है। एक पत्थर गिरता है, फिर दूसरा, फिर तीसरा और चौथा, इस प्रकार और तब उसके ऊपर भवन खड़ा होता है। नींव के पत्थर भवन को नहीं देख पाते। परन्तु भवन खड़ा होता है उन्हीं के भरोसे–जो नींव में गड़े हुए हैं गड्ढा या नींव एक पत्थर से नहीं भर जाते और न एक दिन में, अनवरत प्रयत्न, निरंतर बलिदान आवश्यक है।"

रानी – "हम लोगों के जीवनकाल में स्वराज्य स्थापित हो जाएगा" ?

बाबा – "यह मोह क्यों ? तुमने आरम्भ किए हुए कार्य को आगे बढ़ा दिया है। अन्य लोग आएंगे, वे इस को बढ़ाते जाएंगे। अभी कसर है। स्वराज्य स्थापना के आदर्शवादी अपने–अपने छोटे–छोटे राज्य बनाकर बैठ जाते हैं। जनता और उनके बीच का अन्तर नहीं मिटता। जनता त्रस्त बनी रहती है। जब जनता का पूरा सहयोग राज्य को प्राप्त हो जाए और राजा टीमटाम, विलासिता का दासत्व छोड़कर प्रजा का सेवक बन जाए तब जानो स्वराज्य की नींव भर गई और भवन बनना आरम्भ हो गया। शाश्वत धर्म का रूप बिगड़ गया है। इसके सुधार के बिना यह भवन खड़ा न हो पाएगा"।

रानी – "हम लोग प्रयत्न करते रहें"।

बाबा – "अवश्य, तुम तो भगवान कृष्ण और गीता की भक्त हो"।

रानी – "आपने कैसे जाना"?

बाबा मुस्कराए, बोले – "सब कहते हैं"।

रानी – "मैं पाठ करती हूं, परन्तु समझते तो आप महात्मा लोग ही हैं"।

बाबा – "ग्रहस्थ से बढ़कर और कोई साधू नहीं। मुझसे कुछ और नहीं हो सकता, इसलिए कुटी बना ली।"

सूर्यास्त होने को आया। रानी को सन्ध्या–ध्यान का स्मरण हुआ। कहा, "बाबा जी फिर कभी दर्शन करूंगी। आपकी इतनी बात से चित को बहुत शान्ति मिली" और नमस्कार करके चली गई।

मार्ग में मुन्दर ने कहा, "सरकार भी इन्हीं बातों को बतलाया करती है"।

परन्तु रानी बोली, "बाबा के समान होने में बहुत देर है"।

17 जून को सवेरे ब्रिगेडियर स्मिथ ने लड़ाई का बिगुल बजाया। लड़ाई आरम्भ हो गई। ब्रिगेडियर स्मिथ का आक्रमण कोटा की सराय से शहर पर होना था, पूरब दिशा में जहां लक्ष्मीबाई का मोर्चा था। जैसे ही अंग्रेजी सेना रानी को तोपों की मार के भीतर आई, रानी ने गोलन्दाओं को संकेत दिया, गोलाबारी होते ही अंग्रेजी सेना की दुर्गति हुई और वह पीछे हटी। लेकिन अंग्रेज वीरता के साथ लड़े और बहुत से मारे भी गए। रानी की सेना ने कमाल का युद्ध किया। अंग्रेजों के छक्के छुड़ा दिए। ब्रिगेडियर स्मिथ को मात खानी पड़ी। अंग्रेजों ने उस दिन का युद्ध बन्द करके दम लिया।

रानी ने उस दिन निरन्तर परिश्रम किया था और उनकी सेना ने भी। इस पर भी रानी ने रात को योजनाएं सुधारी, परिवर्तित की, सलाह सम्मति दी, उनके जिन योद्धाओं ने उस दिन के युद्ध में विशेष कार्य किया था, उनको शाबाशी दी और पुरस्कार दिए। गुल मुहम्मद को कुंवर की उपाधि प्रदान की।

18 जून, आई। पौ फटी। ऊषा ने अपनी किरणें बिखेरीं। रानी स्नान ध्यान गीता के पाठ से फारिग हुई और नित्यवत अपने रिसाले की मर्दानी पोशाक पहनी, दोनों ओर एक–एक तलवार बांधी और पिस्तौलें लटकाई। गले में मोतियों और हीरों की माला–जिससे संग्राम के घमासान में उनके सिपाहियों को उन्हें पहचानने में सुविधा रहे। लोहे के कुले पर चन्देरी की जरतारी लाल साफा बांधा। लोहे के दस्ताने और भुजबन्द पहने। अपनी तैयार खड़ी सेना को हिदायतें दीं।

रानी ने कहा – "कुंवर गुल मुहम्मद आज तुमको अपने जौहर का जौहर दिखलाना है। कल की लड़ाई का हाल देखकर आज जीत की आशा होती है।"

गुल मुहम्मद ने कहा – "अम सब पठान आज कट जाने का कसस खाया है। हमारा भोत पठान मारा गया। सरकार उनका यादगार बनवाना"। रानी कुछ कह भी न पाई कि अंग्रेजों के बिगुल का नाद गूंज उठा। तोप का धड़ाका हुआ, गोला सन्ना कर ऊपर से गुजर गया। फिर कई तोपों के धड़ाके हुए। रानी मुस्कुराई और विचार किया कि यह तात्या की तोपों का जवाब है। रानी की सेना उत्तर, पश्चिम, और दक्षिण में फैली हुई थी। उन्होंने घोड़े को ऐड़ लगाई और पूरब की ओर झपट चली। गत दिवस की हार के कारण अंग्रेज जनरल सावधान और चिंतित थे। दोनों ओर के घुड़सवारों की बेहिसाब दौड़ से धूल के बादल छा गए। रानी के आक्रमण रणकौशल के मारे अंग्रेज जनरल थर्रा गए। काफी समय हो गया। जूही की तोपें गजब ढा रही थी। रानी ने जूही को सहायता के लिए बेभुक भेजी। परन्तु उधर घुड़सवार जूही के तोपखाने पर जा टूटे, जूही घिर गई और मारी गई। अंग्रेजी सेना बाढ़ कर आई हुई नदी की तरह फैलने लगी।

दोनों ओर से जमकर युद्ध हो रहा था। रानी खटाखट तलवार चला कर आगे बढ़ रही थी। एक संगीत वरदार की हुल रानी के सीने के नीचे पड़ी। रानी ने उसी समय तलवार से उसे खत्म किया। एक अंग्रेज सवार ने मुन्दर पर भी वार करके उसे मार डाला। रानी की तलवार से मुन्दर को मारने वाला भी मारा गया। गुल मुहम्मद बाकी अंग्रेज सवारों से उलझा। घायल हुई रानी तेजी से घोड़े को दौड़ाती हुई नाले की ढाग पर आ गई। अंग्रेज सवार भी वहां आ गए। एक गोरे ने रानी पर वार किया। तलवार रानी की बाईं जांघ पर पड़ी। रानी ने अपने को सम्भालते हुए अपनी तलवार से उसको भी समाप्त कर दिया। किसी प्रकार वह गंगादास बाबा की कुटी पर पहुँची तो बाबा ने पहचान लिया। पास आये। रानी ने कहा–"बाबा मैं स्वराज्य की नींव का पत्थर बनने जा रही हूँ। मेरी लाश अंग्रेज फौज को न छूने देना। बाबा ने कहा–"बिटिया ऐसा ही होगा"। बाबा ने रानी को घोड़े से उतार कर बिछी चारपाई पर लिटाया और गंगाजल पिलाया पह सोचते हुए कि लकड़ी का बन्दोबस्त करने लगा तो मैं रानी को दिया अपना वचन न निभा सकूंगा, उन्होंने अपनी कुटी तोड़कर रानी की लाश का अन्तिम क्रिया-कर्म किया। वहाँ जब तक अंग्रेज फौज पहुँची रानी की चिता जल चुकी थी। मैंने विमल जी को सुनाते हुए कहा कि "महान रानी का साहस तप-त्याग जीवन की कहानी लिखना ऐसा है जैसे सूर्य को दीपक दिखलाना। किन्तु उनको भुला देने की बात हृदय ने स्वीकार नहीं की।

जिसमें गंगादास बाबा के महान त्याग की जीवन गाथा भी प्रगट हो गई। विमल जी ने बतलाया कि "यहां यह उल्लेख करना भी लाजिमी है कि मुन्दर,

जूही और कासी ने जब लक्ष्मीबाई रानी के सामने अपने को पेश करते हुए कहा था कि–"हम आपकी दासी हैं। "रानी ने उन्हें प्यार करते हुए कहा था–"दासी नहीं सहेली हो"। रानी उनको घुड़सवारी सिखाती तथा कवायद–परेड आदि कराती थी। लड़ाई के नक्शे बनाकर उन्हें समझाती थी और ये फौज में कर्नल थी।"

भारतीय स्वातंत्र्य-संघर्ष में सेना की भूमिका क्या होगी इसके विषय में 10 मार्च, 1920 के असहयोग घोषणा-पत्र में गांधी जी ने कहा था–"सैनिकों को सेना में काम करने से रोक देने का समय अभी नहीं आया है। यह उपाय अंतिम है, पहला नहीं है। यानी देश की मुक्ति का अंतिम उपाय तो यही है कि सेना के भारतीय सिपाही विदेशी शासकों के लिए अपने ही देश को गुलाम बनाए रखने से इन्कार करें। इसका खुलासा अर्थ यही होता है कि भारतीय सेना विद्रोह करेगी जिसके आधार पर जनक्रांति हो सकती है परन्तु क्रांतिकारियों का सदा यही विश्वास रहा कि अन्ततोगत्वा सेना और जनता के सहयोग से सशस्त्र क्रांति द्वारा ही स्वराज्य प्राप्त होगा। अमर शहीद सरदार भगत सिंह और चन्द्रशेखर आजाद आदि क्रांतिकारियों की कृत्तियां इसी उद्देश्य से प्रेरित थी।

सन् 1939 में ब्रिटिश सरकार फिर द्वितीय विश्व युद्ध में फंसी थी। सन् 1942 के आंदोलन में महात्मा गांधी जी के "करो या मरो" का आह्वान किया। नेताजी श्री सुभाषचन्द्र बोस की आजाद हिन्द सेना का निर्माण किया। सन् 1943 के जून महीने में नेता जी पनडुब्बी (सबमेरीन) से जर्मनी से पनांग (मलाया) पहुँचे तथा फिर हवाई जहाज से टोकियो गए एवं तत्कालीन जापान के प्रधानमंत्री तोजो से मिले। उनसे शर्त करवाई की जब आजाद हिन्द फौज भारत से ब्रिटिश साम्राज्यवाद को खत्म कर देगी तो भारत की पूर्ण स्वाधीनता जापानियों को मान लेनी पड़ेगी।

8 जुलाई, 1943 को सिंगापुर में एक विशाल स्वागत सभा हुई। जिसमें नेताजी के वहाँ पहुँचने पर उत्साहपूर्वक स्वागत किया गया। इण्डियन इंडीपेन्डेस लीग के सदस्यों में जिनमें डॉ. लक्ष्मी स्वामीनाथन भी थी, उन्होंने फौजी परिवेश में अभिनन्दन किया। इतनी सुव्यवस्थित महिलाओं की टुकडी को देखकर नेताजी सुभाषचन्द्र बोस गद्गद हो गए और नेताजी ने अपने विचार प्रकट करते हुए कहा कि इन सैनिक फौजी महिलाओं के साथ मैं रानी झांसी रेजीमेन्ट की स्थापना की घोषणा करता हूं, जो भारतीय स्वतन्त्रता की आजादी के लिए युद्ध क्षेत्र में कार्यरत रहेगी।

यहाँ उल्लेखनीय है कि इस अवसर पर बंगाली जन-गण-मन गायन का हिन्दुस्तानी रूपान्तर कर राष्ट्रीय गायन के रूप में गाया गया था।

21 अक्तूबर, 1943 को आजाद हिन्द फौज बनी और नेताजी उसके अध्यक्ष तथा सर्वोच्च सेनापति बने। तीन लाख लोगों की ट्रेनिंग शुरू हो गई और सरकार के खिलाफ युद्ध का ऐलान हुआ।

यहां यह भी उल्लेख करना जरूरी है कि दक्षिण, पूर्वी एशिया के सभी देशों जैसे मलाया, सिंगापुर, जावा, सुमात्रा, बोर्निया, जापान, चीन, थाइलैंड, बर्मा आदि में जो तीस लाख प्रवासी भारतीय थे, उनके प्रत्येक परिवार से आजाद हिन्द फौज में एक-एक नौजवान भर्ती हुआ तथा लड़कियां झांसी रानी वाहिनी में शामिल हुईं। इस तीस लाख प्रवासी भारतीयों ने अरबों रुपये नेताजी को दान में दिए थे।

सिंगापुर से इम्फाल (मणिपुर) तथा कोहिमा (नागालैंड) का मोर्चा 2775 मील का है। इतने लम्बे मोर्चे पर सरकार के विरुद्ध जमकर लड़ाई हुई और आजाद हिन्द फौज के बहुत से सेनानी मोर्चे पर मारे गए।

इस आजाद हिन्द फौज की लड़ाई से भारत के मणिपुर प्रांत का दो तिहाई भाग एवं समूचा नागालैंड आजाद हुआ। मणिपुर की पुरानी राजधानी मोयरांग में सर्वप्रथम तिरंगा झंडा कर्नल मलिक द्वारा फहराया गया था।

आजाद हिन्द फौज की लड़ाई में हजारों प्रवासी भारतीय लड़कियां झांसी रानी वाहिनी में शामिल होकर, कर्नल डॉ. लक्ष्मी सहगल की रहनुमाई में आजाद हिन्द फौज के मर्द स्वाधीनता सेनानियों के साथ कंधे-से-कंधा मिलाकर भारत को आजाद कराने के लिए बहादुरी से लड़ी, किन्तु रसद एवं विमानों की कमी के कारण तीन महीनों के बाद ही आजाद हिन्द फौज को भारत की भूमि मणिपुर, नागालैंड छोड़नी पड़ी।

लेकिन आजादी मिलने के बाद भी नेता जी के लिए साधू आदि भेष में छुपे रहने की चर्चा अखबारों में निकलती रहती थी। मैंने एक दिन श्री विमल जी से इस विषय में जिक्र किया तो उन्होंने बतलाया आजादी मिलने के बाद भी नेताजी श्री सुभाषचन्द्र बोस किस डर से छुपे हुए हैं। यह सब बकवास है। मंचूरिया जाते समय उनके विमान में आग लग गई थी। वह 18 अगस्त, 1945 को शहीद हो गए और मेरे लेख में भूल को बतलाते हुए विमल जी ने कहा–7 दिसम्बर 1941 को जापान ने प्रशांत महासागर स्थित हवाई टापू के बन्दरगाह होनोलू लू पर अचानक बमबारी करके अमरीका के नाविक बेड़े को नष्ट कर दिया था तो अमरीका को जापान, जर्मनी और इटली के विरुद्ध ब्रिटेन पक्ष में युद्ध में शामिल होना पड़ा था और अमरीका के भी बहुत से सैनिक मारे गये थे।

जागृति फिल्म के गाने में बंगाल और नेताजी की महानता दर्शाई गई थी।

यह देखो बंगाल यहां का हर चप्पा हरयाला है।
यहां का बच्चा-बच्चा अपने देश पर मरने वाला है।
पाला था इसको बिजली तूफानों ने
मुट्ठी में तूफान बन्धा है प्राणों में ज्वाला है
जन्मभूमि है यही हमारे वीर सुभाष महान की
आओ बच्चों तुम्हें दिखायें झांकी हिन्दुस्तान की
इस मिट्टी से तिलक करो, यह धरती है बलिदान की
बन्दे मातरम्–बन्दे मातरम्।

जिस दिन ब्रिटिश संसद में इंडिया इंडिपेंडेस बिल पेश किया गया तो चर्चिल ने इसका विरोध किया। यदि उस समय उनकी पार्टी सत्ता में होती तो भारत 1947 में स्वतंत्र नहीं होता। परन्तु उस समय लेबर पार्टी की सरकार के प्रधानमंत्री एटली ने बहस का उत्तर देते हुए कहा था–''अब भारतीय फौज अंग्रेजों की वफादार नहीं रही और विदेशी फौज से किसी देश पर शासन करना सम्भव नहीं है। अतः अंग्रेजों की भलाई इसी में है कि सम्मानपूर्वक भारत छोड़ दें।

श्री एम. एन. राय ने चर्चिल के विरोध का उत्तर देते हुए कहा था कि ब्रिटेन में लेबर सरकार आ गई है। जिसके प्रधानमंत्री एटली हैं। फिर हिन्दुस्तान की आजादी के लिए क्यों देर है?

परिस्थिति को समझते हुए सत्ता कांग्रेस को हस्तान्तरित कर दी गई और भारत 15 अगस्त, 1947 को स्वतंत्र हो गया। कांग्रेस का व्यापक खुला अंहिसात्मक आंदोलन और क्रांतिकारियों का गुप्त सशस्त्र आंदोलन एक चिमटे के दो फलक रहे हैं। कभी विद्रोह कभी समझौता करते हुए कभी तेज कभी धीरे पास-पास आते गए और अन्त में मिल गए और उससे भारत ने विदेशी दासता को पकड़ कर दूर फैंक दिया लेकिन उनके सिद्धांतों को समझने की बात है कि स्वतंत्रता की प्राप्ति की उसमें सशस्त्र प्रतिकार की उपयोगिता को ही नहीं, उसकी पवित्रता से आज हम अपनी स्वतंत्रता की रक्षा पूर्ण रूप से सशस्त्र होकर कर रहे हैं।

15 अगस्त, 1947 को भारत को आजादी मिली और देश का बंटवारा हो गया। पाकिस्तान से जनसंख्या की अदला-बदली शुरू हो गई। हिन्दू, मुस्लिम कत्लेआम और दंगे होने लगे। तबाही मची हुई थी। एक दिन उसी दौरान जीने के दरवाजे पर थाप लगी। मैंने कहा–कौन है, आवाज आई–''मैं अब्दुल हकीम

की बेटी हूं, चाची दरवाजा खोलो"। मैंने दरवाजा खोल दिया। वह अन्दर आ गई। उसके साथ दो आदमी थे। वे यह कहते हुए जीने से वापस चले गए कि "बेटी हम हकीम जी को तुम्हारी सूचना दे देंगे। तुम कोई चिन्ता न करना"। मैंने उनसे कहा कि बिटिया ठीक स्थान पर पहुंच गई है। कोई चिन्ता की बात नहीं।

वह स्नान कर रही थी, विमल जी आ गए थे। कर्फ्यू खुलने के बाद वे बाजार से कुछ सामान लेने गए थे। मैंने उसके आने के बारे में उन्हें सूचना दे दी। विमल जी से मिल कर उसने कहा कि–"चाचा, आपके पास आने के सिवाय मुझे तो कोई स्थान ही नजर नहीं आया। इन्होंने प्यार से सिर पर हाथ फेरते हुए कहा "तुमने बहुत अच्छा किया, मुझे बहुत खुशी हुई।" चाय और नास्ता करते समय हमने उसका नाम नीलम रख दिया। फिर हमने उससे पूछा कि तुम्हारा ऐसे दंगे-फसाद में कैसे आना हुआ ? जिसके साथ तुम आई हो वे कौन थे। तुम्हारी ससुराल में सब ठीक हैं।" उसने बतलाया–"हम सब पुलिस की हिफाजत में पाकिस्तान जाने के लिए ट्रेन में सफर कर रहे थे। फिर भी हमारे ऊपर हमला हुआ और जब मुझे होश आया तो मैंने अपने को अस्पताल में पाया। मुझे किसी के बारे में भी मालूम नहीं–कौन कहां है, आपके दामाद तो ट्रेन में मेरे पास ही बैठे थे। मैंने पाकिस्तान जाने का इरादा छोड़ दिया कि वहां किसके पास कहां जाऊं। किसी प्रकार मैं दिल्ली पहाड़गंज पापा के पास पहुंची। घर पर ताला लगा हुआ देखा। मैंने पड़ोसी से कहा कि आप मुझे विमल चाचा के यहां पहुंचा दो तो उसने कहा–"बेटी मैं उनका घर नहीं जानता"। मैंने कहा घर तो मैं जानती हूं, आप मेरी साथ चलो। पापा के मित्र पड़ोसियों के साथ आई हूं। बतला कर वह उदास हो गई। हमने उसको धीरज दिया कि तुम घबराओ नहीं। हम उनकी खोज-बीन करके उनका भरपूर पता लगाएंगे। अब तुम आराम करो।

हमने इन्दु और शिशिर दोनों बच्चों को बतला दिया था कि यह तुम्हारी नीलम दीदी है। वह सब कामों में मेरा हाथ बटाती थी और बच्चों के साथ खेलती थी। हमने उसकी चोट देखी–पैर के घुटने के नीचे, हाथ की कोहनी के ऊपर और कमर पर दो गहरे बड़े-बड़े घाव के निशान थे जो ब्लाऊज-साड़ी में छिप गए थे। अब्दुल हकीम तीसरे दिन प्रातःकाल बेटी से मिलने आए थे और उनको इस बात से तसल्ली थी कि बेटी हमारे पास पहुंची। उनके कई बार आने पर हमने उन्हें मना किया कि मौहल्ला हिन्दुओं का है, जान का खतरा है। अभी तुम्हें आना नहीं चाहिए। वैसे हकीम जी हिन्दू लिबास में ही आते थे।

उन दिनों हम 7/35, दरियागंज, में दिल्ली में रहते थे। प्रसिद्ध कथाकार जैनेन्द्र कुमार जी का मकान हमारे मकान के सामने पास ही था। उनकी धर्मपत्नी भगवती जी मेरी सहेली थी। एक दिन वह मेरे पास आई और उन्होंने

बतलाया "रूपवती कर्फ्यू खुलने पर जब मैं घर का सामान लेने बाजार जा रही थी, रास्ते में मुझे एक आदमी मिला और उसने कहा–"विमल जी के यहां मुसलमान महिला रहती है। वह कहां से आई"। मैंने कहा मुझे तो इस विषय में कुछ पता नहीं तो उसने कहा–"आपका उनके घर बहुत ज्यादा आना जाना है। रूपवती से तुम्हारा काफी मेल-जोल है। क्यों आप ने महिला को देखा नहीं"? मैंने कहा–"मैं उनके घर गई थी। मैंने तो देखा नहीं।" कुछ क्षण दीदी चुप रही और पुनः कहा–"रूपवती यह मौहल्ला हिन्दुओं का है और शंका पैदा हो गई है। किसी दिन भी कुछ खतरा पैदा हो सकता है"। मैंने भी दीदी को बतलाया एक आदमी मेरे पास भी आया था। कहने लगा–"मैं विमल जी का दोस्त हूं और जानना चाहता हूं भाभी यह बतलाओ कि तुम हिन्दुओं की तरफ हो या मुसलमानों की तरफ"। मैंने कहा–तरफदारी या बेतरफदारी का सवाल तब होता है कि कौन कसूरवार है, कौन नहीं। तो उसने फिर सवाल किया–"अच्छा भाभी आप यह बतलाओ कि तुम हिन्दुओं को मारोगी या मुसलमानों को"। मैंने कहा जो हमें मारेगा, हम उसको मारेंगे। वह हिन्दू हो या मुसलमान। जिस समय हमारी बातें हो रही थी विमल जी आ गए थे।

दोनों ने एक साथ कहा–"तुमने ठीक उत्तर दिया"। कुछ क्षण के लिए हम खामोश हो गए थे। लेकिन खामोशी को तोड़ते हुए दीदी ने कहा–"तुम घबराना नहीं मैं तुम्हारे साथ हूं। कोई कुछ भी कहे महिला मुसलमानी बिलकुल नहीं लगती। उसको बच्चा होने वाला है। बच्चा घर पर ही जन्म लेगा, अस्पताल में नहीं। जिस समय तुम मुझे खबर दोगी मैं हाजिर हूं। मेरी जान-पहचान की एक नर्स है। मैं उसको बुला लाऊंगी।" विमल जी ने कहा–"भाभी आपके सामने हमें कोई चिन्ता नहीं। लेकिन बच्चा पैदा होने की नौबत आई ही नहीं। डेढ़ महीने के बाद अब्दुल हकीम जी आए और नीलम को अपने साथ ले गए। जब तक उसके पति अथवा ससुराल वालों का पता नहीं लगा था। उसका अपना असली नाम क्या था मुझे याद नहीं आ रहा। अब्दुल हकीम विमल जी के दोस्त थे, ओर वह पाकिस्तान चले गये थे। उस समय के हालात ऐसे थे कि चिट्ठी-पत्री का आना-जाना भी खतरे से खाली नहीं था। शान्ति के बाद हकीम जी और विमल जी की चिट्ठी-पत्री आती-जाती रहती थी। किन्तु मुलाकात कभी नहीं हुई।

विमल जी के दोस्त

श्री विमल जी के जेल से छूटने के बाद नया हिन्दुस्तान प्रेस जो चान्दनी चौक में कुमार सिनेमा के पीछे, उसमें श्री सीताराम गोयल की पुस्तकें छपती थी। एक

दिन गोयल जी श्री यशपाल की सिंहावलोकन पुस्तक में दिल्ली षड्यंत्र केस में विमल प्रसाद जैन के विषय में उनकी जेल यातनाएं और उनके साहस के विषय में लिखे गये विवरण को पढ़ रहे थे तो उसी समय विमल जी उनके पास पहुँच गये। गोयल जी ने विमल जी से पूछा–"विमल, यह दिल्ली षड्यंत्र केस में विमल जी जैन कौन है? क्या तुम उसको जानते हो?" विमल जी ने कहा–"मैं ही क्यों जानता हूँ, उसको तो तुम भी जानते हो।" विमल जी ने कहा–"वह आपके सामने ही बैठा है।" गोयल जी ने आश्चर्य चकित होकर कहा–"तुम्हें परस्पर मिलते-जुलते एक डेढ़ साल से ज्यादा गुजर गया परन्तु तुमने तो अपनी जेल-यात्रा के बारे में एक शब्द भी नहीं बोला। दुनिया तो शान बघारती रहती है कि हमने देश के लिए यह किया, वह किया और जेलों के अनेक कष्ट सहे।" विमल जी मुस्कराते हुए खामोश रहे।

Statement of Bimal Parshad Jain accused in the Delhi Conspiracy Case

I have patiently and carefully watched the spirit and the proceeding of the Prosecution Agency from the moment of my arrest uptil now, and after hearing the best part of the so called—"Evidence" of the "Chief approver" "Kailaspati, "which represents skilled craftmanship of the Prosecution Agency, I have been forced to the conclusion that I should not lend myself to the elaborate force which is to follow, and while reserving to myself the right of making such further statement as may be called for at the proper stage I shall altogether disassociate myself from the proceedings in this case. But I owe it to myself, and the spirit of justice which should characterize an impartial trial to make my position clear and save public time and money in so far as I am concerned by explaining why I am in the dock, and thereafter, refrain from the participation in the trial. I may add that whatever is to follow has no reference to any of the colccused, and I am alone solely responsible for it.

As mine will be the part of a Passive spectator unconcerned with the trail, during the rest of the proceeding, I expect the commissioner to bear with me for a while.

It has been stated that I am one of those who believe in violent upheaval of the present order of the society, and ardently desire to break with the past and the present, to bring about a complete revolution in the method, manner, and basic principle of the Govt. and my reply to the charge is the following. The basic formulla underlying all political struggle, the *Ultima-thule* of national enterprise is that no nation has a right to hold in thrall and govern any other nation. Wherever such a situation holds sway, the boast that the ruling country motivate the subject one to self-realization is a despicable false because a ruling country is, in the nature of things to place its own interest first and exploit in all possible way the subject nation which it claims to educate. An arrangement of the kind to which one country or one class is exploited by another by no stretch of imagination be called satisfacatory and justifiable, it should be our duty to put an end to such exploitation wherever it occurs and for this all means proved by history as effective should be employed. It is often contented that in this struggle for economic freedom the conditions of the normal times should be observed, and the exploiters should not be refused consideration. The constitutionalists who put this contention forget that the clash between the instinct possession is by no means a normal peaceful clash, because the very condition in which one country finds itself subject to another is abnormal and unstable condition, and abnormal efforts are required to overcome it. Therefore, continuance of normal condition is only a guarantee to stagnatic and national ruin.

Among the historical remedies of the evils of the exploitation is the application of the force. The position of the constitutionalists regarding the ethics of force is also equally untenable. They may that the use of force is violence, which is not only undesirable but morally wrong. They forget, or perhaps deliberately ignore two important considerations. The first is that the exploiter organises and mobilises force to preserve his illgotten power, which the exploited is compelled to overcome, if he is to save himself from the rapacity of his adversary. Secondly when force is used for self-preservation, by the exploited by whatever name it may be called, it is legitimate, it becomes morally indefensible only when it supports aggression. The use of force by the exploited is therefore natural and morally justified, and the question of its desirability does not arise.

The situation in India today is an impossible situation, and cannot continue because we have now come to a crises. India is hungry and discontented and a miserable victim of exploitation, all in the interest of a minority , of a pempere class in whose name the present Government actually rule our country. Ever since the advent of the exploiters three hundred years ago a struggle generated by political and economic unrest and based on national consciousness, has gone on between them and ourselves. But it has not been sufficiently dynamic. The difference between our strength and that of the Govt. is too great. The masses of toilers, the bulk of population have been purposely denied education, and the consequent lack of familiarity with their natural economic rights has lead to suicidal contentment, and a sense of apathetic helplessness against organised forces. There have been various risings, based undoubtedly on revolutionary principles but not well enough organised to achieve their end. Some of these risings have left their heritage of the "Will to resist" and the desire to reach the goal of ending subjection and exploitation, but for one reason or another there has not been sufficient driving force behind them.

Today things are different of course even today we do not lack cunning adversaries and foolish friends who will tell us that British holds India for India's good. But we are no longer guilable enough to swallow that without a very large pinch of salt. The growing poverty of Indias million proves to us beyond the shadow of doubt that whatever else Britain may hold India for, it certainly does not do so for India's good. We are hungry and we know it, and the tall talk of constituionalists means nothing to us. They tell us that the exploiters and powerful and the energy needed to fight them is inordinate and inconsistent with the results which might be attained and that perhaps through discussion the exploiter might be persuaded to permit us to strike off some of the fetters with which we are bound. Perhaps the constitutionalists can achieve that much. But what we ask them is, “will talk get us bread” ? It is no use deluding ourselves that constitutional methods will get us anything. We are being governed by force and force is blind and deaf and ruthless: It does not see reasons or listen to talk, or brook even the mildest opposition. Proof of this ruthlessness is not far to seek. All over India the Government has suppressed even revolutionary opinion. Even the left wingers of the congress have found that the Government does not invite any discussion of its policy, much less opposition to it. All most all leftist constitutionalists have had the experience having been kept under restrain often without trial or without appeal. And in fact to suppress the masses and prevent them from self-expression, the Government is indulging in an orgy of constant organised terrorism.

The natural consequence of such a repressive policy, adopted by the Government is counter agitation and terrorism. This terrorism is an offensive move; it is the only way left open to the politically enlightened to a show their indignation and to awaken public feelings. The advocates of this counter terrorism are fully conscious of the fact that it may, if not properly controlled, lead to anarchy and chaos. But at the same time they fully realize that the terrorism is the only way by which a great and telling affect can be achieved with the minimum possible in put. Further it cannot be denied that one terrorist action at a crucial movement has as much tactical value as a regular cavalry charge in battle. Sometimes, of course it may happen that a hand may be raised against seemingly innocent man, women or a child. The responsibility of such a isolated action committed by an individual and not by any responsible organisation does not lie with the movement but at the door of the Government, which creates conditions in which not much action is possible, which by its own in-human cruelty rouses others to a pitch of feeling in which they cease to be responsible for their actions.

To avoid the danger of uncontrolled terrorism and to direct and regulate political consciousness generated by it a great amount of organisation musk is necessary. This organisation must bind together the important workers into one group, all the sympathisers into another groups, closely related to and governed by the former. But as has been said before, such organisation work cannot be done openly, because all attempt towards this end, will be crushed in the incipient stage by the Government, which can not tolerate any defiance of authority actual or imagined. Therefore in the incipient stage and till sufficient strength for self protection is attained, this organisation work must be done in secret. Even the congress movement which repudiated the need for secrecy, when the Civil Disobedience movement started, had to admit its necessity in later stages, when number of workers was so small that open war would have meant instant extermination.

The foregoing does not imply that the revolutionary is even wedded to a terroristic policy. The revolutionary faith is a dynamic faith, because revolution itself means movement. The object of the terrorism is to rouse political consciousness. Once a country is fully alive to its political needs terrorism ceases to have any value tactical or otherwise.

In India today, unrest, political, economic, is at a climax. The constitutional struggle has ended in a truce, which is a very white washed failure of the congress. On the other hand, revolutionary enterprize has been successful in various ways at various centres, e. g. Sholapur, Surat, Tharawadi. The integerty of character, millitant spirit, the unfalling courage and the boundless capacity for sacrifice which our revolutionary here have shown has roused the instinct for hero-worship latent in the public mind. The tireless devotion and energy of such a man as Chander Shekhar Azad the undaunted spirit with which we stood and the fine calm with which he faced his WARRIOR'S DEATH, the unstinted generosity of

BHAGWTI CHARAN, who literally gave away his all for the cause, who did some of the most brilliant organisation work that India has known and who likewise smilingly met his death with the words, "I am going but let my work continue. The illustrious revolutionary characters of such man as Jatine, Bhagatsingh and Rajguru, of whose heroic sacrifice any nation may be proud, the rackless daring of Harikishan R. K. Viswas, Dinesh Gupta, B. K. Basu, Chakarwarti, Markande, Shaligram (of Cawnpere) Basheshwer Nath (of Lahore), Jagdish Chander and others they are not things which the public, even the sleepy Indian public can ingnore or forget. These things are remembered and followed they have attained their end. Terrorism has almost outlived its usefulness. It is now needed only in certain situations of great psychological value to which there can be no other solution. One principle need today is organisation of students, workers, peasants, and the unemployed and certain other revolutionary forces which the awakening has brought into existence.

But the greater the success of revolutionary enterprize in the eyes of the public the greater the vindicative ferocity of the Government.

There was a day when the Government made pretence to the dispensation of justice. That day is no more. Today special police departments and special legislation have been brought into existence to deal with the revolutionary awakening. People are arrested and jailed without trial, alleged revolutionaries instead of being arressted and giving a fair hearing, are attacked wherever seen, and often shot down dead. Punitive police is posted wherever there are indications of revolutionary consciousness, legal proceedings are curtailed to save the Government time, money, and worry, no attention being paid to the difficulties of the accused or to the fact that this summary manner of trial is an object travesty or justice. These things, while to give some idea of the extent of political unrest in the country provide also a far stronger proof of the fact that the Government is not out to do justice but to exploit the masses, to drain the country of all vitality and wealth, material, intellectual, or moral, and to suppress ruthlessly any attempts at discussion and condemnation of or opposition to its policy. Further proof, if any needed is provided in the mean and pernicious propaganda which the Govt. is carrying on against revolutionaries, casting aspersions at their character and questioning their moral integrity.

It is not for us to meet these lies with counter vilification. We shall do our work and go our way. We will not, when we are being penalised, try to defend ourselves in the so-called case because in this country the poor man is starved and oppressed under judicial forms, which confer the imposing title of Justice on a crude system of bludgeoning and perjury. Our courts are not temples of justice but places where attempts are made to satisfy the insatible repacity and vindictiveness of the Govt. An apt illustration is provided in the murder of Saunders, a petty police official, who had provoked the very manhood of the country and was a culprit in the eyes of the whole Indian nation for which three young men were hanged and a dozen others were sentenced to transportation for life on the films lest evidence in the teeth of opposition from all enlightened quarters including the advance wing of the British Parliament. On the other hand, a whiten skin shot down an innocent rickshaw porter and got off with fine of a thousand rupees, merely because the offender belonged to the exploiting and the later to the exploited class. Or again the death of Mr. Peddy was marked by the closing down of all the offices of Bengal, while when comrade Bishamberdayal, a valliant solider in the cause of India's freedom laid down his life after countless suffering, the very court where his alleged compateriots were being tried, could not be adjourned for a single day. What a sad commentary on the boosted principles of the sacredness of humanlife : Even the most extravagent apologist of British Justice are not try to explain these vagaries.

The tribunal which is designed to serve as a short cut to the gallows for all those young men and women who have the inconvenient courage to oppose and expose the Govt., and before which I stand charged today is but a link in the vaste conspiracy of Imperialist exploitation. The fate of the young men in the dock was sealed long before this tribunal itself was created. Probably the actual judgement itself had been written and laid aside to be taken up and read out at a suitable occasion. What distains to give the dignified name of trial to this immoral force where the accused himself is the prosecution, the judge and the executioner !

To expect justice or even a fair hearing at the hands of such an agency is eminently absurd, and the only consistent course left open for me to adopt is the course that I have already indicated.

I have taken my decision with a firm purpose and a single mind. The Govt. is doing strange things but my equanimity is shaken. A revolutiontist sees very far a head and marks his purpose.

There is hardly a fate for which he is not prepared. However, do not be lulled into a false conviction that for your actions you are responsible only to yourself. You may think that I alone am on trial but remember that everyone present in this court, the spectators, the police, the prosecution, the defence and even you honourable commissioners are being considered and judged day by day by those who have the power and the will to shake the entire social and political structure of the country. Woe unto him that is found guilty in that court.

With these few observations I resume my seat and henceforth shall be a passive spectator in this punch and jury system until except that the time comes for me to make statement for explaining my position.

Dated
21 May, 1931 (SD.) BIMAL PARSHAD JAIN

Long Live Revolution

भूल चूक के लिए क्षमा

पुस्तक की समाप्ति तक मैंने सावधानी रखते हुए और कलम पर नियंत्रण रखते हुए लिखा है। ताकि मुझसे कोई ऐसा अनुचित अपराध उनके प्रति कदाचित् न हो जाए कि उनके अपनाए मार्ग एवं भावनाओं पर लेशमात्र भी ठेस लगे। देश के लिए सर्वस्व न्यौछावर करने वाले भाई-बहनों और बच्चों की पुनीत स्मृति में श्रद्धांजलि अर्पित करना आवश्यक है। उन देशभक्तों के जीवन तथा कार्य देशवासियों एवं आने वाली पीढ़ियों के लिए प्रेरणा के स्रोत हैं। ब्रिटिश शासन की गुलामी से मुक्ति पाने के लिए सर हथेली पर रख आग में कूदने वाले सभी हुतात्मा देशवासियों के लिए वंदनीय और पूजनीय हैं। उन आजादी के दीवानों की पुकार है–"राष्ट्र निर्माण के लिए राष्ट्रीय चरित्र निर्माण की सबसे अधिक जरूरत है। राष्ट्रीय चरित्र के अभाव में अनेक बुराइयों उपजती और पनपती हैं। देश समृद्धिशाली बने, यह समाज पर निर्भर है। उपदेश या लेख से दूसरों पर अच्छा प्रभाव पड़े। उन आदर्श भावनाओं पर स्वयं अपने को ढालना ही देश और समाज की भलाई के लिये हितकर है। तभी दूसरों पर प्रभाव पड़ता है। हम इसके बिगाड़ने-संवारने के स्वयं मालिक हैं।

हां, पार्टी में एक दूसरे से जानकारी गुप्त रखी जाती थी। यहां तक कि कौन क्या करता है, किससे किसका क्या सम्बन्ध है, यह भी गोपनीय ही रहता था। इसलिए भूल-चूक हो सकती है, उसके लिए मैं क्षमा चाहती हूं। विमल जी की सहायता से किया गया यह मेरा छोटा-सा प्रयास है। आशा है कि पाठकगण इसे रुचि से पढ़ेंगे और लाभान्वित होंगे।

रूपवती जैन
A-54, स्वतन्त्रता सेनानी विहार
नेब सराय, नई दिल्ली
पिन-110068